Wigbert Löer
Oliver Schröm

Geld Macht Politik

**Das Beziehungskonto von
Carsten Maschmeyer, Gerhard Schröder
und Christian Wulff**

Besuchen Sie uns im Internet:
www.droemer.de

Copyright © 2014 bei Droemer Verlag.
Ein Unternehmen der Droemerschen Verlagsanstalt
Th. Knaur Nachf. GmbH & Co. KG, München.
Alle Rechte vorbehalten. Das Werk darf – auch teilweise –
nur mit Genehmigung des Verlags wiedergegeben werden.
Umschlaggestaltung: Felix Bringmann, Michel Lengenfelder
Umschlagabbildung: Gettyimages; imago / Müller-Stauffenberg;
BrauerPhotos / Neugebauer
Satz: Adobe InDesign im Verlag
Druck und Bindung: CPI books GmbH, Leck
ISBN 978-3-426-27662-4

5 4 3 2 1

Inhalt

Prolog
Die Methode Maschmeyer oder:
Wie Geld Politik macht

Gerhard Schröder und Carsten Maschmeyer verbindet eine tiefe Freundschaft. »Wir wären, wenn uns was passiert, gegenseitig für unsere Kinder da«, sagt der Unternehmer über sich selbst und den früheren Bundeskanzler. Carsten Maschmeyer war viele Jahre Chef und Großaktionär des Finanzvertriebs AWD. Er ist Milliardär. Seinen Reichtum baute er auf Heerscharen von Opfern auf. Zehntausende Kleinsparer verloren durch den AWD hohe Summen. Der Sozialdemokrat Gerhard Schröder freundete sich trotzdem mit ihm an.

Auch der Christdemokrat und frühere Bundespräsident Christian Wulff steht Carsten Maschmeyer persönlich sehr nahe. Die beiden lernten sich kennen, bevor Wulff zum Ministerpräsidenten von Niedersachsen gewählt wurde. »Aus der Beziehung ist eine Freundschaft geworden«, sagte Wulff 2009, als er an einer Feier zu Ehren Maschmeyers teilnahm.

Schröder und Maschmeyer.

Wulff und Maschmeyer.

Der Begriff der politischen Korruption fiel bislang nicht, wenn von diesen Freundschaften die Rede war.

Es ist ja auch kaum vorstellbar: Ein amtierender Bundeskanzler verkauft sich für eine obszön hohe Summe an einen Unternehmer, der von der Politik dieses Bundeskanzlers in hohem Maße profitiert hat.

Es überrascht ebenfalls, wie regelmäßig und intensiv
Christian Wulff als Ministerpräsident und Carsten Maschmeyer als AWD-Chef das Prinzip des Gebens und Nehmens
lebten. Hier eine Gefälligkeit, dort ein Anliegen – ohne
Scham und Hemmungen bat der eine den anderen um Hilfe.
Vor einer wichtigen Sitzung des CDU-Präsidiums trug
Maschmeyer seinem Freund Wulff schriftlich auf, ein Papier
der Versicherungslobby zu lesen und zu verinnerlichen. Im
selben Brief versprach Maschmeyer, wie gewünscht eine Feier der Landesregierung zu sponsern.

Von Spitzenpolitikern muss man erwarten, dass sie zu
Menschen wie Maschmeyer zumindest beruflich Abstand
halten. Sie dürfen sich nicht benutzen lassen, um Anliegen in
hohe Parteigremien zu tragen. Sie dürfen auch nicht profitieren von ihrer Freundschaft.

Es musste Gerhard Schröder und Christian Wulff klar sein,
dass sie für einen Unternehmer vom Schlage Carsten Maschmeyers aus geschäftlichen Gründen interessant sind. Und es
musste Gerhard Schröder und Christian Wulff klar sein, dass
sie sich dem AWD-Chef auslieferten, wenn sie ihm politisch
halfen. Spitzenpolitiker wie Christian Wulff und Gerhard
Schröder dürfen sich nicht gefügig machen lassen, weder
durch Millionensummen noch durch teure Weine, noch
durch Küchengeräte, noch durch Hilfestellungen im Alltag.

Carsten Maschmeyer weiß um die Vorteile, Freunde wie
Gerhard Schröder und Christian Wulff zu haben. Er bezeichnet auch die Bundesministerin Ursula von der Leyen und den
aktuellen niedersächsischen Ministerpräsidenten Stephan
Weil als Freunde.

Der Unternehmer spricht selbst vom »Beziehungskonto«.
Darauf müsse man zunächst viel einzahlen, um später davon
abheben zu können. Das Beziehungskonto sei »ein Bild da-

für, dass man mit Kontakten in gewissen Phasen beruflich besser vorankommt«, erklärte Maschmeyer. Doch seine Freundschaft mit Spitzenpolitikern laufe anders, darauf legt er Wert: »Privat bleibt privat. Ich habe weder beruflich noch geschäftlich Kontakte zu Politikern.« Seinen Medienanwalt ließ Maschmeyer mitteilen, mit seinen Kontakten zu Politikern verfolge er keinerlei wirtschaftliche Interessen.

Es ist dem persönlichen Mut von einigen Whistleblowern zu verdanken, dass man solchen Behauptungen jetzt die Wahrheit entgegenstellen kann. Die Dokumente, die sie zur Verfügung stellten, offenbaren Anbiederungen und Abhängigkeiten. Sie zeigen erstmals die Anatomie der »Freundschaften« Carsten Maschmeyers.

Die Unterlagen dokumentieren außerdem, wie der Mann, dem Spitzenpolitiker vertrauen, zu seinem Geld kam. Allein die Art und Weise, wie Maschmeyer mit Hilfe seiner Vertriebskolonnen Million um Million machte, wäre für den Sozialdemokraten Schröder und für den Christdemokraten Wulff Grund genug gewesen, einen großen Bogen um den Unternehmer zu machen.

Dieses Buch basiert auf Tausenden persönlichen, firmeneigenen und juristischen Dokumenten. Briefe, Faxe, E-Mails und Kurznachrichten konnten ausgewertet werden, Protokolle von Vorstandssitzungen und Geschäftsführerkonferenzen, Verträge, handschriftliche Aufzeichnungen, Redemanuskripte und Sprechzettel, Jahresbilanzen, Bankunterlagen, Bewerberübersichten, Strategiepapiere, Schulungsmaterialien, Vorträge und Präsentationen, schließlich Videos und Fotos, interne Firmenpublikationen und Kundendateien. Die Whistleblower baten darum, anonym zu bleiben, ebenso die ehemaligen Führungskräfte und Vertriebsmitarbeiter des AWD, die sich für Gespräche zur Verfügung stellten.

Der promovierte Wirtschaftswissenschaftler Gero Hocker hingegen willigte ein, in diesem Buch namentlich genannt zu werden. Hocker ist heute Landtagsabgeordneter der FDP und Generalsekretär seiner Partei in Niedersachsen. Zuvor arbeitete er ein Jahr als persönlicher Assistent des AWD-Vorstandsvorsitzenden Maschmeyer. Betriebsgeheimnisse und andere Interna könne und wolle er nicht verraten, sagte Hocker. Zu seiner Vergangenheit als Assistent des AWD-Chefs stehe er aber. Hocker hielt auch das Thema des Buches für wichtig, die Nähe eines mächtigen Unternehmers zu Entscheidungsträgern der Politik. Er willigte deshalb ein, seine persönlichen Erfahrungen in seiner Zeit beim AWD zu schildern.

Carsten Maschmeyer sorgte dafür, dass sein Beziehungskonto immer prall gefüllt war. Und er hob regelmäßig davon ab. Er war Günstling und Gönner der Mächtigen. So funktionierte die Methode Maschmeyer. So funktioniert Korruption, ohne gegen Gesetze zu verstoßen. Die Methode Maschmeyer zeigt, wie man in Deutschland mit Geld Politik macht.

Die Autoren Wigbert Löer und Oliver Schröm sind zu erreichen unter: beziehungskonto@stern.de

1.
AWD-Methoden
Wie Carsten Maschmeyer an
seine Millionen kommt

Thomas Gottschalk war begeistert. Er stand in der Eilenriedehalle in Hannover, auf ihn zu kam ein ausgewachse-
ner Elefant. Geritten wurde der Elefant von einem ausge-
wachsenen und als Afrikaner verkleideten Niedersachsen.
Geritten wurde der Elefant vom AWD-Chef Carsten Maschmeyer.

Der Allgemeine Wirtschaftsdienst (AWD) hatte am 1. April
1989 Geburtstag. Er wurde ein Jahr alt. Dass ein Unternehmen 365 Tage bestand, ließ sich dezenter begehen. Doch die
Feier sollte laut sein, außergewöhnlich, am besten einzigartig.

Der falsche Afrikaner Maschmeyer war 29 Jahre alt und
fand, es gebe allen Grund zu feiern. Der AWD hatte in seinem
ersten Jahr eine Milliarde Mark umgesetzt. Deshalb sicherte
Maschmeyer sich die Dienste des »Wetten, dass ...?«-Mode-
rators. Deshalb bestieg er den Elefanten. 1700 Gäste, viele von
ihnen Mitarbeiter, jubelten ihm zu. Ein Jahr lang hatten sie
Menschen angesprochen und ihnen Lebensversicherungen,
Investmentfonds, Bausparverträge und andere Kapitalanlagen vermittelt. Einen Teil der Provisionen hatten sie behalten
dürfen, ein Teil ging an den AWD. Nun schenkte der AWD ihnen eine große Party. Und Carsten Maschmeyer gab ihnen das
Gefühl, dass auch sie reich werden könnten – so reich wie er.
Der Mann auf dem Elefanten war schon mit 24 Jahren Millionär geworden.

Dass die Deutschen das erführen, dafür hatte Maschmeyer

selbst gesorgt, 1987 bereits, als der AWD noch gar nicht gegründet war.

Im Spätsommer traf er sich mit Autoren der »Bild«-Zei-
tung. Der Artikel, der dem Gespräch folgte, erschien am 14.
September 1987. »Geld-Genie: Ab auf eigene Bahamas-In-
sel«, lautete die Überschrift. Mit der Insel war das Eiland
Meek Patch Key gemeint, mit dem »Geld-Genie« Carsten
Maschmeyer. Der Hannoveraner, der in Bremen geboren und
in Hildesheim aufgewachsen war, hatte schon bei der Bun-
deswehr und als Student Finanzprodukte vermittelt und zuletzt für den Finanzvertrieb »Organisation zur Vermittlung
von Bausparverträgen« (OVB) 3000 Mitarbeiter in 40 Büros
dirigiert. Die Mitarbeiter und die Büros hatte er dann der
OVB überlassen, für eine »achtstellige Summe«, wie er in
dem Bericht sagte.

Maschmeyer erzählte in der »Bild«-Zeitung auch, dass seine Karriere zu schnell gegangen sei. Er müsse jetzt zu sich
selbst kommen. Bei seinem »bisherigen 16-Stunden-Tag« sei
das Leben an ihm und seiner Freundin vorbeigegangen. Deshalb fliege er auf die Karibik-Insel, für die er »mehrere Millionen« bezahlt habe.

Das Magazin »Bunte« schilderte das Leben Carsten Maschmeyers ein paar Monate später unter der Überschrift: »Mo-
natsgehalt: eine halbe Million«. So viel hatte Maschmeyer
nach eigenen Angaben zuletzt verdient. Zu seiner ersten Million teilte er der »Bunten« mit: »Ich hab's gar nicht gemerkt.
Meine Sekretärin hat mir gesagt, dass ich eine Million Vermögen habe. Irgendwann hatte ich den Überblick verloren.« Die
Autoren gaben am Ende ihres Textes eine Einschätzung ab:
»Irgendwie ist dieser Erfolgsmensch wie ein Junge geblieben.
Einer, für den das Wort Neid noch heute ein Fremdwort ist,
der Intrigen hasst wie den Konkurrenzkampf in der Finanzwelt.« Das war eine klare, aber verklärende Bewertung. Den

Konkurrenzkampf in der Finanzwelt zumindest hatte Maschmeyer auf dem Weg zum Millionär kräftig geschürt.

Gegründet hatte den AWD 1988 Maschmeyers Schwager Kai Lange. Maschmeyer durfte nach der Millionenzahlung seines früheren Unternehmens OVB noch nicht selbst für einen Konkurrenten arbeiten. Er stieg etwas später ein und baute binnen Monaten einen Finanzvertrieb gewaltigen Ausmaßes auf.

In der Presse bekam er dafür Bestnoten. »Das Wunderkind der Anlagestrategie« schrieb etwa die christliche Wochenzeitung »Rheinischer Merkur« über den »Senkrechtstarter im hart umkämpften Markt der Finanzdienstleistungen«. Der Autor des Artikels, Lutz Kuche, berichtete: »Bereits nach dem ersten Geschäftsjahr beschäftigte das konzernunabhängige Beratungsunternehmen mehr als 1000 Mitarbeiter bundesweit und erzielte einen Umsatz von einer Milliarde Mark. Der Sprung über die Zwei-Milliarden-Umsatzhürde wird nach weiteren zwölf Monaten im Frühjahr dieses Jahres erwartet.«

Lutz Kuche vom »Rheinischen Merkur«, der später als Stasi-Agent enttarnt wurde, beschrieb Maschmeyers Wirken so euphorisch, als habe dieser tatsächlich in Rekordzeit 1000 sichere Arbeitsplätze geschaffen. In Wirklichkeit handelte es sich beim AWD um einen Strukturvertrieb. Die AWD-Berater blieben in der Regel selbständige Handelsvertreter. Sie erhielten vom AWD keinen Lohn und kein Gehalt, sondern nur Provisionen auf die vermittelten Verträge. Für ihre Sozialversicherung mussten sie selbst aufkommen.

Viele Finanzberater häuften gleich beim Einstieg Schulden auf, die sie so schnell nicht wieder loswurden. Weil sie zu Beginn ihrer Karriere nicht vom Ersparten leben konnten, zahlte der AWD ihnen den sogenannten Linearisierungsvorschuss, eine Art Übergangsgeld auf Leihbasis. Neue Mitar-

beiter vermittelten gewöhnlich ja nicht schon nach zwei Wochen den ersten Bausparvertrag. Und wenn es dann so weit
war und ein Kunde unterschrieb, lag die Provision auch nicht
gleich auf dem Konto.

Um ein Büro zu unterhalten, gewährte der AWD auch Kredit. Er half außerdem, wenn ein Mitarbeiter zum Büroleiter
aufgestiegen war und nun etwa eines größeren Autos bedurfte. Nur die Arbeitskleidung – »keine Kettchen«, »im Winter
darf es ruhig der wärmende Loden-, Leder- oder Stoffmantel
sein«, »leuchtende, aber nicht schrille Krawatten«, lauteten
die Empfehlungen der Zentrale – gab es nicht auf Pump.

Der Erfolgsdruck, der auf den AWD-Außendienstlern las-
tete, war nicht zuletzt durch die häufig schnelle Verschuldung von Beginn an immens. Viele AWD-Anfänger gaben im
ersten Jahr auf. Verschuldete Mitarbeiter konnte man aber
auch noch auf höheren Stufen der AWD-Hierarchie finden.
Eine interne Liste aus dem Jahr 2004 zeigt, dass die Schulden
der Führungskräfte bei dem Unternehmen erdrückend hoch
waren.

Der freie Handelsvertreter Rüdiger Maurer etwa (Name geändert) trat im April 1988 als sogenannter Mitarbeiter I dem
AWD bei. Er belegte Seminar um Seminar, wurde nacheinan-
der Mitarbeiter II, Repräsentant I und II, Geschäftsstellenlei-
ter, Direktionsassistent und Direktionsmanager. Schließlich
stieg er zum AWD-Direktor auf. Im Juli 2004 stand Rüdiger
Maurer beim AWD mit 1 036 630,83 Euro in der Kreide. Kün-
digen konnte er mit mehr als einer Million Euro Schulden
kaum. Er musste mit den Vertriebseinheiten, die ihm unter-
stellt waren, weiterhin Umsatz machen.

Von den 24 Direktoren des AWD Deutschland im Sommer
2004 hatten gerade mal sieben keine Schulden bei ihrem Ar-
beitgeber. Diese sieben arbeiteten allerdings mit einer Ausnahme auch noch nicht lange für den AWD. Einen Direktor

hingegen drückte ein Darlehen von fast 700 000, zwei seiner Kollegen hatten sich mit rund 450 000 Euro verschuldet. Der Rest lag irgendwo dazwischen. Für die 33 Manager, die AWD Deutschland zu diesem Zeitpunkt zählte, weist die Liste ebenfalls etliche Schulden aus, nicht wenige im mittleren fünfstelligen Bereich.

Sie alle hatten sich im internen Trainingscenter fortgebildet und dafür kräftig bezahlt. Der AWD verdiente sein Geld nicht nur bei den Kunden, sondern auch bei den eigenen Mitarbeitern: Die AWD-Übersicht »Teamleiter-Lehrgang 1-99« etwa veranschlagte das »Seminar Personalführung« mit »DM 450,– plus Übernachtungskosten (DM 190,– im Einzelzimmer)«. Die »Prüfung Personalentwicklung« kostete weitere 300 Mark. 1993 berechnete das Unternehmen für einen »AWD-Ziel-/Zeitplaner mit Reißverschlussmappe« und Namensaufdruck 552,20 Mark. Selbst ein AWD-Eiskratzer fürs Auto kostete 1,50 Mark.

Die Struktur unter sich zu pflegen und aufzubauen konnte für Führungskräfte ebenfalls teuer sein. Allein der Ordner »Train the trainer« mit Folien für den Overhead-Projektor kostete Ende der neunziger Jahre mehr als 1000 Mark. Damit leiteten höhere AWD-Kader ihre Untergebenen bei der Personalführung an.

Der lange Zeit wachsende Finanzvertrieb legte auch Wert darauf, dass seine Berater Wohlstand ausstrahlten. Je weiter ein AWD-Mitarbeiter aufstieg, desto besser situiert sollte er sich geben. Die Kleidung wurde feiner, die Wagen protziger und die monatlichen Leasingraten für die Autos höher. Die AWD-Büros wirkten ihrerseits großzügig, befanden sich oft in bester Lage und enthielten die technisch neueste Ausstattung. All das kostete. Und all das bezahlte vor allem die selbständige Führungskraft, nicht die Zentrale in Hannover.

Ein weiterer Grund für die Verschuldung konnte das Prin-

zip des Mitverdienens sein – es schlug für manche Direktoren
schlicht ins Gegenteil um. Sie kassierten mit bei jeder Provision ihrer Struktur, aber sie mussten auch mit bezahlen, wenn
Verträge storniert wurden.

Von 1998 an allerdings hofften viele AWD-Direktoren,
bald Millionär zu sein. Ihr Unternehmen ging an die Börse,
vorbörslich konnten sie Aktien erwerben und taten das auch.
Es waren die Jahre des Börsenhypes, beim Konkurrenten
MLP etwa hieß es, selbst Assistenten hätten hier ein Aktien-
vermögen von einer Million Mark angehäuft. Die Schulden
beim eigenen Unternehmen, dachte manche Führungskraft
beim AWD, könnten durch Wertzuwachs der Aktien leicht
kompensiert werden. Doch das gelang in den allermeisten
Fällen nicht.

In seiner Mitarbeiterzeitschrift »Report« druckte der Finanzvertrieb regelmäßig unterschiedliche Mitarbeiter-Rang-
listen ab. Unermüdlich gab das Magazin bekannt, wer besonders viel Umsatz gemacht hatte. Das Ranking der höchstver-
schuldeten Direktoren oder Manager allerdings fand keinen
Platz im »Report«. Führungskräfte suchten deshalb in der
Regel die Schuld bei sich selbst, wenn ihr Darlehen wuchs
und wuchs. Dass sie beim AWD keine Einzelfälle waren,
blieb ihnen verborgen.

Finanziell nach vorn zu kommen war für Vertriebsmitarbeiter beim AWD eine schwierige Aufgabe. Das lag am System. Beim Abschluss einer Lebensversicherung verdiente ein
Vertreter der Allianz ungleich mehr als ein Mitarbeiter auf
der untersten Stufe der AWD-Pyramide. Der AWD-Berater
musste seine Provision mit all den Ebenen über ihm teilen. Er
brauchte deshalb mehr Abschlüsse.

Der Kundenfang begann meist im persönlichen Umfeld.
Carsten Maschmeyer schilderte diesen Start in seinem Buch

»Selfmade. erfolg reich leben« so, als funktioniere alles wie
von selbst. In jungen Jahren vermittelte er kurzerhand der
Vormieterin seiner Wohnung Finanzprodukte, dann dem Ki-
oskbesitzer, der Frau aus der Reinigung, dem Tankwart um
die Ecke, später, nach einem Umzug, auch dem neuen Haus-
meister, den Mitmietern und deren Freunden. Wo auch immer er sich gerade aufhielt – Carsten Maschmeyer stieß offenbar in jeder Umgebung auf Menschen, die er zu Kunden
machte.

AWD-Berater sollten genauso vorgehen. Die Vorgabe lautete, zuerst einmal eine Liste mit 250 möglichen Kunden anzulegen. Das Unternehmen gab ihnen dafür sogenannte As-
soziationshilfen zur Hand.

Ein Weg war, sich irgendeinen Bekannten vorzustellen und
dessen Beruf zu notieren. Dann konnte man Bekannte aufschreiben, die denselben Beruf ausübten. War das Auto des
Bekannten zum Beispiel ein Opel – welche Opelfahrer kannte man noch? Und falls der Opel rot war: Wer fuhr noch ein
rotes Auto? Vielleicht spielte der Bekannte Fußball, dann
sollte der AWD-Bewerber einmal notieren, mit welchen Fuß-
ballern er sonst noch im Kontakt stand. Der Bekannte war
nach Mallorca geflogen? Wer hatte in den letzten Jahren noch
einen Mallorca-Urlaub gemacht? Trug der Bekannte eine
Brille, konnte man andere Brillenträger aufschreiben, war er
dick, dann andere Dicke. Begann sein Nachname mit B,
kannte man sicher auch noch andere Leute, deren Nach-
namen mit B anfingen. Und falls der Bekannte im selben
Supermarkt wie der Berater einkaufte: Wen hatte man dort
eigentlich sonst noch getroffen? Und wer waren dessen beste
Kumpels? Und kannte man vielleicht deren Geschwister?
Die Assoziationen ließen sich ausdehnen, und schnell hatte
ein AWD-Berater 250 Namen festgehalten. Von diesen blieb
nach erster Durchsicht in der Regel eine große Zahl Men-

schen übrig, denen er sich in der Absicht nähern konnte, ihnen Finanzprodukte zu vermitteln.

Wie leicht das war, zeigte ihnen der AWD-Chef per Video. Maschmeyer ließ sich dafür im Cockpit eines Flugzeugs filmen. »Mehr Termine machen!«, empfahl er. »Wer doppelt so viel Kunden hat, wird auch das doppelte Einkommen haben. Wer mehr rekrutiert, wird auch schneller Karriere realisieren. Sie bestimmen selbst, wie viel Sie verdienen beziehungsweise wie schnell Sie aufsteigen.« Das Video zeigte dann einen Lufthansa-Jumbo, der über schneebedeckten Berggipfeln in die Höhe stieg. Maschmeyer sagte: »Die Sparbücher sind so voll wie nie. Geld ohne Ende.«

Bevor neue Mitarbeiter hoch motiviert ihr soziales Umfeld im Namen des AWD angehen durften, hatten sie ein Einführungsgespräch und einen Anfängerkurs hinter sich gebracht. In dem Gespräch legte ihnen der AWD-Büroleiter, für den sie Kunden akquirieren sollten, möglicherweise auch eine Selbstprüfung auf AWD-Tauglichkeit vor.

Dieser »Eignungstest« fand sich in den offiziellen AWD-Schulungsunterlagen. Der AWD gaukelte darin den perfekten Arbeitsalltag vor.

Wer mehr als die Hälfte der 30 Fragen bejahen konnte, eignete sich laut AWD bereits »gut« für das Unternehmen. Die Fragen lauteten:

»Würden Sie gerne …
1. … morgens länger ausschlafen und eine lange Mittagspause haben?
2. … den Feierabend selber bestimmen und auch mal kurzfristig ganz freimachen können?
3. … mehr Freizeit und eine ca. 25-Stunden-Woche haben?
4. … häufiger, länger und schöner Urlaub machen?

5. ... unabhängig von Vorgesetzten sein und selbständig arbeiten dürfen?

6. ... für besondere Leistungen entsprechende Anerkennung erhalten?

7. ... so arbeiten können, dass Sie regelmäßig Erfolgserlebnisse haben?

8. ... von einem positiven, gewinnenden, lebensbejahenden Arbeitsklima umgeben sein?

9. ... mit Kollegen zusammen Ideen entwickeln und obendrein deren Hilfe gewiss sein?

10. ... ein höheres Einkommen erhalten (für Haus, Auto, Luxus)?

11. ... in Ihrem Arbeitsvertrag geregelt wissen, dass Ihr Einkommen nach oben nicht begrenzt ist?

12. ... eine angenehme Lebensqualität genießen können (zufrieden, stress- und sorgenfrei)?

13. ... bei höherer Leistung auch ein höheres Einkommen beanspruchen?

14. ... in der Branche arbeiten, wo das meiste Geld verdient wird?

15. ... in einer nachweisbar krisensicheren und konjunkturunabhängigen Branche arbeiten?

16. ... in der Wachstumsbranche Nr. 1 tätig sein?

17. ... in einer Firma arbeiten, die nur seriöse und anerkannte Qualitätsprodukte vertreibt?

18. ... durch Wettbewerbe schöne Reisen und wertvolle Sachpreise gewinnen?

19. ... ein hervorragendes Image und eine anerkannte, mit hohem Ansehen verbundene Tätigkeit Ihr Eigen nennen?

20. ... eine Karriere ins Management und sogar bis in die Direktionsebene realisieren?

21. ... sehr effizient arbeiten (also mit wenig Ursache viel Wirkung erreichen)?

22. ... langfristig andere für sich arbeiten lassen?
23. ... eine außergewöhnlich hohe und garantierte Altersversorgung erhalten?
24. ... eine interessante, sinnvolle Tätigkeit, die auch Spaß macht, ausüben?
25. ... anderen Menschen mit einer wertvollen Dienstleistung helfen?
26. ... nach einigen Jahren und ab einer gewissen Karrierestufe am Gewinn der Firma beteiligt sein?
27. ... die Geschicke der Firma mitbestimmen und um Ihre Meinung gefragt werden?
28. ... frei wie ein Unternehmer, aber geborgen wie ein Angestellter sein?
29. ... ohne Eigenkapital und langes Studium vermögend und somit finanziell unabhängig werden?
30. ... bei Ihrem altersbedingten Ausscheiden für das, was Sie aufgebaut haben, eine Art Abfindung oder Pension erhalten?«

Hatte ein künftiger Berater sogar 26 oder mehr Fragen mit Ja beantwortet, war er laut AWD ein »Glückspilz« und konnte in der Testauswertung über sich lesen: »Sie scheinen genau in dem Beruf und in der Firma anzufangen, die Ihren Traumvorstellungen entspricht. Sie wollten schon immer hoch hinaus, anderen helfen, aber dabei selber ein schönes, angenehmes und zufriedenes Leben führen. Durch Ihren Ehrgeiz und Ihren Einsatz werden Sie auf der Gewinnerseite des Lebens stehen.« Ein Platz auf der »Gewinnerseite« war bereits ein großes Versprechen, aber der AWD legte noch nach. »Ihre Einkommens- und Karrieresituation, die Sie früher nicht realisieren konnten, werden Sie in dieser interessanten Firma und Zukunftsbranche erreichen und somit zu den ›oberen Zehntausend‹ gehören.«

War der AWD-Berater nach dieser Verklärung im grauen Alltag angekommen, fühlte er sich in den meisten Fällen keineswegs »geborgen wie ein Angestellter«. Es ging ihm auch ziemlich schnell nicht mehr darum, »anderen Menschen mit einer wertvollen Dienstleistung zu helfen«. Die »25-Stunden-Woche« mochte er sich vielleicht auch nicht gleich genehmigen. Wollte er »ein höheres Einkommen erhalten (für Haus, Auto, Luxus)«, musste er zügig seine ersten 250 Kontakte abarbeiten. Doch die waren bald abgegrast, und irgendwann führten auch neue Assoziationen immer wieder zu denselben Menschen.

Der Neu-Berater konnte sich jetzt noch an die schöne Botschaft von der Unabhängigkeit klammern. Carsten Maschmeyer selbst verbreitete sie in Gesprächen mit Journalisten unaufhörlich. Oft drang er damit durch, und die Idee klang ja auch bestechend: Anders als etwa die Deutsche Vermögensberatung (DVAG), die nur Produkte bestimmter Banken und Versicherungen vermittelte, gab der AWD an, aus der ganzen Palette der Finanzindustrie zu schöpfen, und zwar vorgeblich exakt das Produkt, das den individuellen Wünschen des Kunden entsprach. »Best select« nannte Maschmeyer das.

Das Interesse des Vermittlers deckte sich allerdings längst nicht immer mit dem Interesse des Kunden. Der Vermittler war ja in die Struktur des Unternehmens eingebettet, musste für viele andere mitverdienen und verspürte entsprechend Druck, das zu vertreiben, was hohe Provisionen einbrachte. Vor dem Kunden konnte er sich als objektive Instanz ausgeben. In Wirklichkeit aber wählte er natürlich auch nach der Höhe der Provision aus, wenn er Karriere machen und die nächste Stufe im Unternehmen erklimmen wollte.

Die Provision fiel bei jedem Produkt und bei jedem Anbieter unterschiedlich aus. Das zeigt zum Beispiel die interne

»Provisionsliste Nr. 24 der Allgemeinen Wirtschaftsdienst
GmbH« mit »Gültigkeit ab 19.1.1998«. Sie nennt als Wäh-
rung nicht Mark, sondern die AWD-internen »Einheiten«.
Vertrieb ein Berater etwa eine Lebensversicherung der West-
fälischen Provinzial, erzielte er 2,0 AWD-Einheiten pro 1000
DM Beitragssumme. Bei der Signal-Versicherung verdiente
er ebenso viel. Brachte er aber einen Vertragsabschluss für
eine Lebensversicherung der Generali zustande, wurden ihm
2,4 AWD-Einheiten pro 1000 DM Beitragssumme gutge-
schrieben.

Interessierte sich ein Kunde für eine private Krankenversi-
cherung, lohnte es sich für den Berater erst recht, die Liste
der sogenannten Partnergesellschaften genau anzuschauen.
Bei der Gothaer Versicherung erzielte er eine Provision von
3,0 AWD-Einheiten pro zehn Monatsbeiträgen. Eine private
Krankenversicherung der Barmenia brachte ihm schon 3,8
Einheiten, bei der Signal gab es sogar 4,5 Einheiten. Am lu-
krativsten war die Colonia mit 5,5 Einheiten. Dass jeder
AWD-Berater »unabhängig« agieren konnte, wurde von den
Beratern selbst und auch von Carsten Maschmeyer trotzdem
verkündet.

Maschmeyer wusste als ehemaliger Leiter von rund 1500
Verkäufern um die Bedeutung der Vermittler vor Ort. Sie gewannen neue Kunden, machten Abschlüsse, erzielten Umsatz, verdienten für alle mit, die in der Hierarchie über ihnen
standen. Finanzvermittler waren allerdings in ihrer großen
Mehrzahl unberechenbare Bauchmenschen. Sie zögerten
nicht, ein Unternehmen zu verlassen, wenn sie das Gefühl
überkam, woanders sei mehr zu holen. Die Vermittler zu
binden, sie dem AWD gewogen zu halten und bestenfalls zu
treuen Gefolgsleuten zu machen – darin sah Maschmeyer seine ureigene Aufgabe. Er reiste dafür durch die Lande, vermittelte den AWD-Beratern Nähe und Wertschätzung. »Ich

gelte in der Branche als der fleißigste Inhaber«, sagte er dem »Manager-Magazin« 1991.

Maschmeyer setzte bei der Motivation auch auf Feste und Reisen. Von Anfang an bemühte er sich darum, dass sein Unternehmen beim Feiern und Belohnen als erstklassige Adresse galt. Mitarbeiter, die gute Zahlen brachten, durften Ende der achtziger und Anfang der neunziger Jahre in Florida Steffi Graf beim Tennistraining zuschauen. Sie feierten auf AWD-Kosten in Rio de Janeiro und in Monaco. Im Fürstentum logierten sie im Beach Plaza Hotel. Nebenan residierte Boris Becker, eine Ecke weiter der James-Bond-Darsteller Roger Moore. Und in der vom AWD gemieteten Lodge in den »schneebedeckten Tannenwäldern« Kanadas schauten Hirsche zum Fenster herein.

Bei einer Gala 1991 schickte der AWD ein Grüppchen Gewinner gemeinsam mit der Bundesligamannschaft von Borussia Dortmund ins Trainingslager auf die Atlantikinsel Madeira. Dort würden sie unter anderem die bekannten Borussia-Spieler Michael Zorc, Frank Mill, Thomas Helmer und Michael Rummenigge kennenlernen. »Donnerwetter«, kommentierte Günther Jauch, der Maschmeyer an diesem Abend bei der Moderation assistierte. Mehr als 100 andere AWD-Berater bekamen auf der Bühne einen blauen Schal umgelegt, sie durften für eine Woche zum Skifahren nach Österreich. »Alle, die Kinder haben, nehmen die selbstverständlich mit. Babysitter, Kindergärtner, alles da. Wir sind eine Familie«, donnerte Maschmeyer in den Saal.

77 Berater gewannen eine Reise nach Sri Lanka. Günther Jauch fragte einige von ihnen im Scheinwerferlicht, ob sie schon einmal dort gewesen seien. Der prominente Fernsehmann schwärmte ihnen bereitwillig vor: »Das ist toll da. Ich war da vor acht Jahren. Das ist traumhaft. Immer schön 25 Grad, tolles Wasser, gleichzeitig Dschungel, tolle Strände, ein

paar Affen flitzen da auch rum. Vorsicht, die nehmen Ihnen
die Nüsse weg.«

Carsten Maschmeyer erteilte weitere Reisehinweise und
spielte dabei auf den ersten AWD-Geburtstag an: »Am Flughafen steht ein AWD-Elefant, den ich persönlich gut kenne,
mit AWD-Banner. Wir werden ein Elefantenwettrennen machen, in eine Lagune fahren, wo es Champagner-Brunch gibt,
ein AWD-Spiel ohne Grenzen durchführen. Und eines Morgens bekommen Sie einen Erfrischungscocktail mit AWD-far-
benen Eiswürfeln drin. Darin sind drei Edelsteine in Mint,
Türkis und Lila, die Sie sich dann in einer Goldschmiede in
ein Schmuckstück Ihrer Wahl einsetzen lassen.«

Nach der Gala bemühte sich Maschmeyer, die internen Mo-
tivationsfeiern mit geschickter Öffentlichkeitsarbeit zu er-
gänzen. Im Münchner Restaurant Da Pippo traf er Barbara
Dickmann. Die Journalistin hatte in der ARD die »Tagesthemen« moderiert und wollte über die Begegnung mit dem
jungen Finanzunternehmer einen Bericht für das »Industrie-
magazin« verfassen.

Zu schreiben hatte sie nach dem Abend genug. Carsten
Maschmeyer erklärte der prominenten Journalistin seinen
Plan: Einen »Supermarkt in Sachen Finanzen« baue er auf,
von der Kreditkarte über Aktiendepots und Metallkonten bis
zu Termingeldkonten – alles aus einer Hand. »Banken, Versicherungen und andere Institute werden dagegen nur noch
Tante-Emma-Läden sein.« Bei Tagliatelle mit frischen Trüf-
feln stellte Maschmeyer aber nicht nur sein ausgeprägtes
Selbstbewusstsein zur Schau. Er maßte sich an, den amerikanischen Schriftsteller und Philanthropen Dale Carnegie zu
zitieren: »Mache andere glücklich, und du wirst glücklich
sein.« Solch eine Lebenseinstellung einfach mal für sich re-
klamieren – Carsten Maschmeyer konnte das. Er sagte seiner

Gesprächspartnerin, dass er Carnegies Lehre vom »praktisch zu lebenden Christentum« uneingeschränkt befolge. Das schnelle Geld interessiere ihn nicht. »Das ist kein Werbeslogan, ich handle danach«, beteuerte er.

Maschmeyer inszenierte sich schon in den ersten Jahren des AWD ohne Maß und Skrupel. Einmal gab er den Christen, der seinen Kunden Gutes tat. Dann galt seine Empathie wieder seinen Mitarbeitern. Dem »Stern« erläuterte er 1991 mit Blick auf sein Unternehmen, dass »wir nicht nur Money-Maker, sondern auch People-Maker sind«. Maschmeyer spielte auf die Fortbildungen seiner Verkäufer an. »Wir produzieren Charming Boys mit Siegerlächeln und der Mentalität des netten Jungen von nebenan.«

Zu den »Charming Boys« gehörten für Maschmeyer auch die Supporting Girls. Er sah es gern, wenn seine Verkäufer verheiratet waren und von der Ehefrau unterstützt wurden. Singles, ist auf dem Chart einer AWD-Präsentation zu lesen, lägen deutlich öfter im Krankenhaus als Verheiratete. Maschmeyer wollte als Chef seinen Teil dazu beitragen, dass seine Berater in glücklichen Ehen lebten. Die Frauen seiner Mitarbeiter wirkten laut Maschmeyer als »emotionale Regulatoren«, die den gestressten Mann »bei Euphorie bremsen und bei Rückschlägen aufbauen«. Der AWD-Chef ließ an der Ostsee und am Chiemsee »Damen-Seminare« veranstalten, auf denen Themen wie »Eheprobleme durch Karriere« behandelt, aber auch ökonomische Einsichten vertieft wurden.

Maschmeyers Sprüche zum Thema wandelten sich über die Jahre, seine Überzeugung aber blieb, dass »ein Mensch so gut ist wie der Partner, der hinter ihm steht, oder so schlecht wie der Partner, der ihm im Weg steht«. In Vorträgen sensibilisierte er später auch die Vertriebsmitarbeiter selbst für die Notwendigkeit, in die Beziehung zu investieren. Er referierte über das »antizyklische Zeitverhalten«, das »Pilot, Chefarzt,

Sportler, Musiker«, aber eben auch AWD-Mitarbeiter an den
Tag legten, wenn sie Abende nicht zu Hause auf dem Sofa,
sondern beim Termin mit dem Kunden verbrachten.

Der AWD-Chef baute in seine Vorträge über Partnerschaft
allerlei Klischees ein, zitierte etwa aus dem »Wörterbuch
männlicher Sprachmuster«: »Was er sagt – die Lüge: ›Du
wirkst angespannt. Komm, ich massiere dich.‹ – Was er meint –
die Wahrheit: ›Ich will in den nächsten zehn Minuten Sex mit
dir.‹« Er kalauerte: »Die Ehe ist der einzige lebenslange Vertrag. Manche bevorzugen Leasing.« Doch am Ende seiner
Präsentation wurde er wieder ernst und erteilte Lebenshilfe.
»Menschen verändern sich nur, wenn sie fühlen, dass man sie
so liebt und akzeptiert, wie sie sind. Wer sich kritisiert, unge-
liebt und unerwünscht fühlt, der kann sich nicht verändern«,
lernte das Publikum vom AWD-Chef. Und der untermauerte
sein Anliegen dann auch noch statistisch: »Ehen, in denen der
Mann sich weigert, seine Macht zu teilen, scheitern viermal
häufiger.«

Maschmeyer arbeitete viel, beinahe unaufhörlich dafür, den
AWD größer zu machen. Sein Ziel war der Börsengang. Einen Fernsehfilm der ZDF-Reihe »Zündstoff«, der sein Geschäft kritisch hinterfragte und es mit anderen Strukturver-
trieben verglich, empfand der Unternehmer als Störfeuer. Er
wehrte sich entschieden. Frühzeitig und auf mehreren Wegen
versuchte er, den AWD aus dem Beitrag herauszuhalten.

Der Münchner Filmemacher Reinhold Rühl hatte für seine
45-minütige Reportage monatelang im Milieu der Finanzvermittler recherchiert und sich dabei auch ausführlich mit
Maschmeyers Methoden auseinandergesetzt. Der Titel seines
Beitrags lautete: »Nur der Chef sahnt ab«. Am 9. Dezember
1993 erhielt Rühl ein Fax mit dem Hinweis »E I L T ! BITTE
SOFORT VORLEGEN!«. Die Geschäftsführung des AWD

machte ihm darin klar, dass Ärger drohe, wenn er Kenntnisse aus einer Büroleiterkonferenz im AWD im Mai 1993 in seinen Beitrag einbaue. »Rein vorsorglich« warnte sie Rühl vor einer »falschen Berichterstattung«.

Keine Woche später erhielt Rühl einen Brief der Hamburger Anwaltskanzlei Prinz.

Der Inhaber Matthias Prinz war gerade dabei, Deutschlands bekanntester Medienanwalt zu werden. Prinz, Sohn eines früheren Vorstands des Springer-Verlags, hatte 1992 Schadensersatz für Prinzessin Caroline von Monaco erklagt. Später vertrat er den Sterbehelfer Julius Hackethal, den Designer Karl Lagerfeld, den Bergsteiger Reinhold Messner, beriet den VW-Teilhaber Ferdinand Piëch und den Sultan von Brunei. Nun zeigte Matthias Prinz die Vertretung des AWD an und behauptete, es sei rechtswidrig, wenn Rühl ein früher geführtes Interview mit Carsten Maschmeyer für die geplante ZDF-Sendung verwende. Prinz warnte ebenfalls vor falschen Tatsachenbehauptungen und appellierte an Rühls »journalistische Sorgfaltspflicht«. Dann kam er zum entscheidenden Punkt: »Mein Mandant hat keinerlei Interesse daran, erst nach einer unwahren Berichterstattung tätig zu werden und die dann entstandenen Schadensersatzansprüche geltend zu machen. Um Schäden von vornherein zu vermeiden, appellieren wir vielmehr dringend an Sie, wahrheitsgemäß zu berichten.« Der Anwalt fügte seinem Schreiben eine dreiseitige Stellungnahme zu einzelnen Aussagen des ZDF-Beitrags an. Den hatte er zwar noch gar nicht gesehen, doch Prinz leitete die Punkte aus einem vorab veröffentlichten Hinweis auf die Sendung ab.

Hätte der Journalist Reinhold Rühl die von Prinz gesandten Bemerkungen wie vorgeschlagen verwandt, hätten die ZDF-Zuschauer vom AWD ein wunderbares Bild bekommen. Der Finanzvertrieb beschäftigte demnach »überwiegend hochqualifizierte Freiberufler, die die seriösesten Produkte großer Banken und Versicherungen, darunter allererste Adressen, anbieten«. Diese Mitarbeiter würden »sehr großzügig« bevorschusst, sie hätten beim AWD auch einen »fairen, transparenten Karriereplan«. Auch baue das ganze Unternehmen keineswegs auf einem »Schneeballsystem« auf.

Schneeballsysteme bezeichnen Geschäftsmodelle, die eine ständig wachsende Anzahl an Teilnehmern benötigen, um zu funktionieren. In den pyramidenartig aufgebauten Hierarchien kann die Spitze verdienen, weil die breite Basis arbeitet. Der AWD hatte das Prinzip in seinem Eignungstest für Bewerber selbst gut auf den Punkt gebracht: »Würden Sie gerne langfristig andere für sich arbeiten lassen?«, lautete die Frage 21.

Es war daher unverständlich, dass der Rechtsanwalt Prinz das Schneeballsystem für den AWD nun aufs entschiedenste verwarf. In dem Brief an Reinhold Rühl behauptete er keck: »Diese Art von Machenschaften ist Konsumgutvertreibern gemein und nicht die Arbeitsweise des Allgemeinen Wirtschaftsdienstes.«

Im Januar 1994 bemühte sich dann auch wieder Carsten Maschmeyer persönlich darum, den kritischen und aus seiner Sicht möglicherweise falschen Beitrag zu verhindern. Auf einer Veranstaltung der Fernsehzeitschrift »Gong« sprach er mit Klaus Bresser, dem Chefredakteur des ZDF. Maschmeyer bot an, einen »Report« zu schicken, der wohl die Seriosität seines Unternehmens belegen sollte. Seinem Schreiben an Bresser zwei Tage nach dem Treffen fügte er auch eine eidesstattliche Versicherung der AWD-Abteilungsleiterin Personal- und Rechtswesen bei. Die Erklärung der Personalchefin sollte belegen, dass eine Informantin Reinhold Rühls von »Rachsucht« getrieben sei.

Dies war der Versuch, Rühls Recherchen an höchster Stelle zu diskreditieren. Doch Maschmeyers Mission misslang, das ZDF sendete den Beitrag »Nur der Chef sahnt ab«. Der AWD-Chef war eine der Hauptfiguren der Reportage.

Bei dem Buch »Deutschlands Milliarden Magier« hingegen intervenierte der AWD wenige Wochen später zwar unorthodox, aber erfolgreich. Zuerst hatte es nicht gut ausgesehen für den Finanzvertrieb. Maria Marschner-Martin, eine frühere AWD-Beraterin, hatte dem Wirtschaftsjournalisten Andreas Matern einen dicken Stapel von Interviews mit anderen ehemaligen AWD-Mitarbeitern zur Verfügung gestellt, zudem noch zahlreiche Ausgaben des unternehmensinternen AWD-Reports. Matern verarbeitete das Material und eigene Recherchen zu einem 240 Seiten dicken Buch mit dem Untertitel »Das Parallel-Universum des Finanz-Messias Carsten Maschmeyer«. Das Buch gab der frühere Chefredakteur des Magazins »Cash« im Eigenverlag heraus. Maria Marschner-Martin fungierte als Koautorin.

Bevor es das Werk in die Buchläden schaffte, wurde es allerdings gestoppt. Maria Marschner-Martin hatte sich zwar in einer Selbsthilfegruppe von AWD-Aussteigern in München engagiert und sich noch im März 1994 im ZDF kritisch über die Methoden des Finanzvertriebs geäußert. Zwei Monate später aber distanzierte sie sich plötzlich von ihrem eigenen Werk und gab an, der Journalist Andreas Matern habe ihre Urheberrechte verletzt. Die profilierte AWD-Gegnerin versuchte nun vor Gericht, ein AWD-kritisches Buch zu verhindern. Juristisch vertreten wurde sie dabei von, auch das überraschte: Matthias Prinz.

Ausgerechnet mit Prinz' Hilfe setzte Marschner-Martin eine einstweilige Verfügung gegen das Erscheinen des Buches durch. Sie selbst erklärte den verblüffenden Vorgang mit der Tatsache, dass sie den AWD-Geschäftsführer und Maschmeyer-Schwager Kai Lange getroffen habe. Danach sei

ihr klargeworden, »dass ich viele Dinge fehlinterpretiert
habe«.

Doch das Landgericht Hamburg hob diese Verfügung wieder auf. Es glaubte Maria Marschner-Martin nicht, dass sie
wirklich an dem Werk mitgeschrieben habe. Damit konnte
das Buch theoretisch wieder erscheinen. Der Autor Andreas
Matern gab sich seinerseits kampfbereit. Er lasse sich »für
kein Geld der Welt vom AWD kaufen«.

Der AWD hatte sich allerdings bei seinem Kampf gegen das
kritische Buch nicht nur auf das »Treffen« mit der Kritikerin
Maria Marschner-Martin verlassen. Der Finanzvertrieb er-
wirkte auch selbst zwei einstweilige Verfügungen gegen das
Werk. Der Autor Andreas Matern kündigte jedoch an, vor
Gericht für sein Buch zu streiten.

Andreas Matern starb 2003. Sein Sohn erinnert sich heute
noch gut an jenen Sommer, in dem sich sein Vater mit dem
AWD anlegte. »Er war sehr angespannt, und er verspürte
Druck.«

Der Journalist und Buchautor Andreas Matern gab den
Widerstand gegen den AWD im August 1994 auf. In einer
Pressemeldung verkündete er: »Wir sind Fehlinterpretatio-
nen aufgesessen, die eine Neuauflage nicht zulassen. Der Titel wird vom Markt genommen.« Mit dem AWD habe er sich
darauf geeinigt, »auf langwierige Auseinandersetzungen zu
verzichten«. Seinem Sohn sagte Andreas Matern, er habe als
Einzelkämpfer einfach nicht mehr länger durchhalten können.

Viel Kritik am AWD kam Mitte der neunziger Jahre nicht
mehr auf. Carsten Maschmeyer vermeldete Umsatzrekord
um Umsatzrekord. 1998 begann er, sich auch in die Politik
einzumischen.

In Niedersachsen ging der Landtagswahlkampf zu Ende. Der amtierende Ministerpräsident Gerhard Schröder lag in den Umfragen gegenüber seinem Herausforderer Christian Wulff weit vorn. Am Samstag, dem 29. Februar 1998, erschien in allen 16 niedersächsischen Tageszeitungen dieselbe Anzeige. Auf einer Doppelseite war das Foto jedes deutschen Bundeskanzlers von Adenauer bis Kohl zu sehen. Unter jedem Foto stand die Bemerkung: »Kein Niedersachse«. Darunter war in großen Buchstaben geschrieben: »Der nächste Kanzler muss ein Niedersachse sein.« Außerdem war ein kleiner Text zu lesen: »Alle großen Parteien haben ihre Stärken und Schwächen. Aber was uns Niedersachsen wirklich weiterbringt, ist ein Kanzler aus unserem Bundesland. Deshalb: Machen auch Sie mit! Hängen Sie dieses Poster gut sichtbar auf, damit morgen möglichst viele zur Wahl gehen. Sie haben es in der Hand!«

Die Anzeige richtete sich an jene Wähler, denen klar war, dass Gerhard Schröder bei einem guten Ergebnis in Niedersachsen sofort Spitzenkandidat der SPD für die Bundestagswahl im September 1998 würde. Schröder und nicht der SPD-Vorsitzende Oskar Lafontaine hätte dann als Herausforderer des 68-jährigen Helmut Kohl beste Chancen auf das Kanzleramt. Der Appell war eindeutig: Wählt Schröder, der schlägt im Herbst locker Kohl, und unser Bundesland stellt dann den Bundeskanzler!

Einen der Ihren als Bundeskanzler zu haben, der Gedanke verfing offenbar bei einigen Niedersachsen. Gerhard Schröder jedenfalls steigerte das SPD-Ergebnis von 44,3 Prozent aus dem Jahr 1994 auf 47,9 Prozent. Noch am Wahlabend trat in Saarbrücken Oskar Lafontaine an seinem Gartenzaun vor die Kameras. Der SPD-Vorsitzende hatte als Favorit auf die Kanzlerkandidatur gegolten. Nun überließ er Gerhard Schröder den Vortritt.

Wer die Werbung initiiert hatte, enthüllten am 26. März
1998 Reporter des »Stern«. Die Anzeigen hatten insgesamt
650 000 Mark gekostet, es kam also nur ein extrem potenter
Finanzier in Frage. Als offizieller Auftraggeber fungierte gegenüber den Zeitungen ein »Kuratorium zur Förderung von
Gerhard Schröder«. Hinter diesem Kuratorium stand Carsten Maschmeyer, der inzwischen 38 Jahre alt und Chef von
rund 5000 AWD-Beratern war.

Maschmeyer hatte bislang jede Chance genutzt, in der Öffentlichkeit für sich und den AWD zu werben. Doch diesmal
war ihm nicht daran gelegen, sich als Unterstützer Gerhard
Schröders zu erkennen zu geben. Erst als ihm klar war, dass
der »Stern« seine Urheberschaft entdeckt hatte, ging er in die
Offensive. In Faxen an verschiedene Redaktionen bekannte
er sich zur anonym geschalteten Anzeige, bevor das Magazin
am Kiosk war. Dem »Stern« wiederum sagte Maschmeyer:
»Ich wollte ein politisches Zeichen setzen in Deutschland
und damit keine Werbung für mich machen. Am liebsten hätte ich es bis auf mein Sterbebett für mich behalten.«

Carsten Maschmeyer hatte das Geld zuerst an eine GmbH
des AWD-Wirtschaftsprüfers Gotthard Haferkorn gegeben.
Haferkorn leitete es dann an die Werbeagentur von Maschmeyers Freund Jean-Remy von Matt weiter. Der bekannte
Werber ließ die Kampagne danach umsetzen.

Maschmeyers wohl erste Unterstützung für Gerhard
Schröder war damit ziemlich schnell aufgeflogen. Im Som-
mer 1998, bei einer anderen Spende an Schröder, gingen die
Akteure vorsichtiger zu Werke. Diesmal trat eine »Initiative
Mittelstand« als Unterstützer auf.

Das Dokument, das von diesem Vorgang berichtet, ist ein
Brief des Düsseldorfer Verlags »Kapitalmarkt intern« vom
13. Juli 1998 an Bettina Raddatz, die Mittelstandsbeauftragte
der Niedersächsischen Staatskanzlei. Unter der Betreffzeile

»Maschmeyer / AWD« schreibt Axel J. Prümm, Chefredakteur von »Kapitalmarkt intern«:

»Sehr geehrte Frau Raddatz,
aufgrund unserer Vermittlung dürfen Sie gesichert davon ausgehen, dass der fehlende Betrag zur Finanzierung der weiteren drei Veranstaltungen sichergestellt ist. Weil H[err]. Maschmeyer naturgemäß Probleme damit hat, wenn denn nun ein zweites Mal herauskäme, dass er Herrn Schröder persönlich unterstützen wollte, habe ich ihm angeboten, für ihn als Clearingstelle aufzutreten. Wir sind übereingekommen, dass wir Ihnen den Betrag formal zur Verfügung stellen. Wir können im Moment davon ausgehen, dass es sich um 150 000,– DM handeln wird.

Sie müssten uns, sehr geehrte Frau Raddatz, bitte eine Konto-Nummer mitteilen. Dies sollten Sie bitte in einem vertraulich an den Unterzeichner gekennzeichneten Brief tun. Es versteht sich, dass wir eine entsprechende Spendenquittung benötigen.

Der Unterzeichner ist bis zum 24. Juli 1998 urlaubsbedingt ortsabwesend.

In der Hoffnung, Ihnen eine kleine Freude bereitet zu haben, verbleiben wir mit den besten Grüßen«.

Die Mittelstandsbeauftragte Bettina Raddatz notierte auf dem Brief zwei Tage nach dem Wahltag am 27. September mit blauer Tinte: »Frau Krampitz: Mit der Spende von Herrn M. sind drei Großanzeigen (›Welt‹, ›FAZ‹, ›Welt am Sonntag‹) finanziert worden. Vielleicht rufen Sie gelegentlich mal bei Herrn M. an und bedanken sich (für MP) für sein Engagement??«

Mit »Frau Krampitz« war Sigrid Krampitz gemeint, die

langjährige Büroleiterin und Vertraute Gerhard Schröders;
»für MP« bedeutete »für den Ministerpräsidenten«, der
Schröder ja an diesem Tag offiziell noch war. Sigrid Krampitz
setzte am 2. Oktober 1998 mit violetter Tinte ihre Paraphe
und einen Haken auf das Schriftstück. Offenbar hatte sie er-
ledigt, was Bettina Raddatz ihr empfohlen hatte, und den
Vorgang nunmehr abgehakt.

Das kleine Geheimnis hielt mehr als zwölf Jahre. 2011 erst
zeigten die »Panorama«-Redaktion des NDR und die »Hannoversche Allgemeine Zeitung« den Brief, der nicht weniger
als eine versteckte Parteienfinanzierung belegt: Über einen
Strohmann wurde die wahre Identität des Spenders verschlei-
ert. Bundestagspräsident Norbert Lammert prüfte den Sachverhalt, konnte aber nichts mehr unternehmen: Illegale Parteienfinanzierung verjährt nach zehn Jahren.

Carsten Maschmeyer hatte die Finanzierung der Anzeige
»Der nächste Kanzler soll ein Niedersachse sein« vom Februar 1998 damit begründet, dass er Oskar Lafontaine als
Bundeskanzler verhindern wolle. Als er 2011 mit dem Brief
über die 150 000-Mark-Spende aus dem Sommer 1998 konfrontiert wurde, stritt Maschmeyer diese ab: »Ich habe niemals direkt oder indirekt an Herrn Prümm oder an die Initiative Mittelstand 150 000 Mark für eine Anzeigenkampagne im
Wahlkampf bezahlt.« Axel J. Prümm allerdings bestätigte die
Echtheit seines Briefes. Die Mittelstandsbeauftragte Bettina
Raddatz sagte, Carsten Maschmeyer habe »nicht selbst in Erscheinung treten« wollen und habe »daher darum gebeten,
dass das eher vertraulich abgewickelt wird«. Auch Frank-Walter Steinmeier, damals Leiter der Staatskanzlei in Hannover,
habe sie davon unterrichtet, dass »Herr Maschmeyer eine
Spende zur Verfügung gestellt« und dass er »darum gebeten
hat, dass das nicht bekannt wird«.

Es ist in diesem Zusammenhang interessant, dass Gerhard

Schröder im Bundestagswahlkampf 1998 angekündigt hatte, dass »die Weichen in der Alterssicherung in Richtung Privatvorsorge gestellt werden müssen«. So hatte sich noch kein Kanzler oder Kanzlerkandidat in Deutschland je geäußert. Die CDU wollte 1998 längst nicht so weit gehen. Der Kandidat Gerhard Schröder aber dachte voraus, was der Finanzwirtschaft eine völlig neue Einnahmequelle erschließen würde: private Altersvorsorge als Ergänzung zur staatlichen Rente.

In der politischen Umsetzung hieß das später »Riester-Rente«. Carsten Maschmeyer würde sie für den AWD und damit für sich als »sprudelnde Ölquelle« bezeichnen.

2.
Maschmeyer und Wulff
Obduktion einer Freundschaft

Berlin-Mitte, 11. Juni 2014, ein Konferenzraum im »Haus der Bundespressekonferenz«. Christian Wulff ist zurück. Er steht an einem Pult und sagt einen Satz, der keinen Widerspruch zu dulden scheint: »Dank der aufwendigen Ermittlungen bin ich vielleicht der am besten durchleuchtete deutsche Politiker der Gegenwart. Ich sage das ohne Ironie, denn dank meines Screenings besitze ich ein Privileg, um das mich mancher Politiker beneiden dürfte. Alles, was gerüchteweise im Raum stand, ist aufgeklärt, jeder Stein auf meinem Lebensweg wurde mehrfach umgedreht.«

Christian Wulff trägt an diesem Dienstagnachmittag einen mittelblauen Anzug mit blauer Krawatte. In ein paar Tagen wird er 55 Jahre alt. Er ist angespannt, das kann jeder der rund 150 Journalisten vor ihm sehen. Seit dem Rücktritt als Bundespräsident hat er in der Hauptstadt nicht mehr zu Journalisten gesprochen.

Wenn man es genau nimmt, steht der Mann, der Bundespräsident und zuvor niedersächsischer Ministerpräsident war, hier wegen seiner Beziehung zu Carsten Maschmeyer. Mit Maschmeyer hatte alles angefangen, was Wulff erlitten hat und woran er fast nur anderen die Schuld gibt: Recherchen von Journalisten, Ermittlungen einer Staatsanwaltschaft, sein Rücktritt als erster Mann im Staate.

Es begann mit einem Verdacht. Christian Wulff wollte nach seiner Scheidung ein neues Leben beginnen und ein Haus kaufen. Dafür brauchte er Geld. Der Verdacht lautete,

dass Carsten Maschmeyer ihm dieses Geld gegeben habe: einen Privatkredit für ein rot verklinkertes Einfamilienhaus in
Großburgwedel bei Hannover in Höhe von 500 000 Euro.
Dass Christian Wulff und Carsten Maschmeyer befreundet waren, wusste man seit dem August 2009. Damals wurde
Maschmeyer an der Universität Hildesheim ein Ehrendoktortitel verliehen. Wulff hielt die Laudatio für den umstrittenen Unternehmer. Und in eine Fernsehkamera sagte er: »Ich
bin der Einladung gerne gefolgt, da uns inzwischen eine persönliche Freundschaft verbindet.«

Wulffs Satz war ein bemerkenswertes Bekenntnis: Ein Ministerpräsident nannte öffentlich einen der umstrittensten
Unternehmer Deutschlands seinen Freund. Schon deswegen
war der letztlich unbegründete Verdacht nicht abwegig, dass
sich Wulff das Geld von dem AWD-Gründer geliehen hatte.
Sollte er das tatsächlich getan haben, würde dies das Ende der
politischen Karriere des CDU-Politikers Christian Wulff bedeuten. Wulff hätte sich dann nämlich Geld von einem
Freund geliehen, der seine Geschäfte auch im Land Niedersachsen betrieb. Dies wäre ein Verstoß gegen das niedersächsische Ministergesetz. Im Paragraf 5, Absatz 4 heißt es unmissverständlich: »Die Mitglieder der Landesregierung dürfen (...) keine Belohnung und Geschenke in Bezug auf ihr
Amt annehmen.« Ihnen sind auch »besondere Vergünstigun-
gen bei Privatgeschäften« wie zinslose oder zinsgünstige
Darlehen verboten.

Erste Recherchen von Journalisten brachten kein Ergebnis.
Der Verdacht geriet in Vergessenheit. Nachdem allerdings
Christian Wulff am 30. Juni 2010 im dritten Wahlgang zum
Bundespräsidenten gewählt worden war, erhielt der Verdacht
neue Nahrung. Den Grund lieferte Wulff wieder selbst: Zwei
Wochen nach seiner Wahl machte er mit der Familie Urlaub

auf Mallorca. Am 29. Juli 2010 meldete das »Mallorca-Magazin«, wo der Bundespräsident abgestiegen war: Im Castillo Mallorca, einem Anwesen auf einer privaten Halbinsel, die an der Hafeneinfahrt von Andratx im Südosten Mallorcas liegt. Das Grundstück des Castillos, das auch als »Paradise Castle« bekannt ist, misst 7500 Quadratmeter. Die reine Wohnfläche beträgt 1200 Quadratmeter. Es gehörte Carsten Maschmeyer.

Einiges schien also möglich zu sein bei Christian Wulff. Selbst als frisch gewählter Bundespräsident suchte er nicht nur die Nähe des früheren Drückerkönigs, sondern urlaubte wie einst Prinzessin Diana auf dem Luxusanwesen, das ein paar Jahre später für 38 Millionen Euro zum Verkauf stand. Journalisten beschäftigten sich nun erneut mit dem Verdacht, dass Maschmeyer seinem Freund Christian Wulff nicht nur ein Urlaubsdomizil, sondern auch eine halbe Million Euro für den Hauskauf zur Verfügung gestellt hatte.

Um zu erfahren, wer Wulff den Kredit gegeben hatte, hatten Redakteure des »Spiegel« schon vor längerem beantragt, das entsprechende Grundbuch einzusehen. Der Einblick wurde ihnen zuerst verwehrt. Das Magazin klagte und bekam schließlich am Bundesgerichtshof in Karlsruhe recht: Journalisten durften das Grundbuch anschauen. Aber aus dem Eintrag dort ging nicht hervor, wer Wulff 500 000 Euro geliehen hatte. Auch andere Redaktionen recherchierten nun, bei der »Bild«-Zeitung etwa die Reporter Nikolaus Harbusch und Martin Heidemanns, beim »Stern« Hans-Martin Tillack. Sie alle kamen in ihren Recherchen aber erst einmal nicht weiter.

Wulffs Sprecher Olaf Glaeseker lud schließlich einzelne Journalisten ins Bundespräsidialamt ein. Glaeseker wollte klarmachen, dass nicht der öffentlich umstrittene Maschmeyer dem Präsidenten das Geld geliehen hat. Glaeseker nannte den Namen des Kreditgebers: Es war Edith Geerkens, die Frau eines Osnabrücker Unternehmers, der Wulff in väterlicher Freundschaft verbunden sei. Glaeseker bestand darauf, dass der Name Geerkens nicht öffentlich würde.

Das wäre wohl auch nicht geschehen. Aber weitere Recherchen der »Bild«-Zeitung ergaben, dass Wulff als niedersächsischer Ministerpräsident äußerst sparsame Angaben über seine Beziehung zu dem Unternehmer Egon Geerkens gemacht hatte. Geerkens hatte den Ministerpräsidenten auf einer Reise nach Asien begleitet. Die Opposition vermutete Vetternwirtschaft. Nach einer Anfrage im niedersächsischen Landtag sollte Wulff am 18. Februar 2010 beantworten, ob er zu Egon Geerkens in einer geschäftlichen Beziehung stehe. Wulff verneinte. Den Kredit von Geerkens Frau Edith über eine halbe Million Euro ließ er unerwähnt.

Christian Wulff hatte damit an jenem Donnerstag im Landtag von Hannover aus juristischer Sicht nicht gelogen: Er hatte keine Geschäftsbeziehung zu Egon Geerkens – jedoch bei dessen Frau einen Privatkredit genommen. Die Affäre Wulff begann.

Journalisten verschiedener Medien recherchierten jetzt weiter. So erfuhr die Öffentlichkeit, dass Christian Wulff sich in seiner Zeit als Ministerpräsident Niedersachsens Unterkünfte auf Sylt und Teile eines Aufenthalts im Münchner Fünf-Sterne-Hotel »Bayerischer Hof« hatte auslegen lassen – von einem befreundeten Filmproduzenten, für dessen Projekt das Land Niedersachsen gebürgt hatte. Wulff hatte für seinen Sohn von einem Autohändler ein Rutschauto als Geschenk angenommen und sich dafür nicht auf privatem Briefpapier, sondern unter dem Briefkopf des Bundespräsidenten bedankt. Und Wulff hatte von der Fluggesellschaft Air Berlin auf dem Flug nach Florida ein kostenloses Upgrade in die Business-Class erhalten. Die Fälle wirkten einzeln betrachtet nicht dramatisch. In der Summe aber ließen sie ein Verhalten erkennen, das dem Amt eines Ministerpräsidenten und noch viel weniger eines Bundespräsidenten angemessen erscheint. Das öffentliche Bild des einst braven Christdemokraten Christian Wulff erodierte.

Medien erinnerten daran, dass Christian Wulff einst selbst öffentlich höchste moralische Ansprüche an Politiker angelegt hatte. 1999, als die Sponsoring-Affäre des niedersächsischen Ministerpräsidenten Gerhard Glogowski bekannt wurde, hatte Wulff diesem vollmundig vorgeworfen, Glogowski verliere »seine Unabhängigkeit und damit seine politische Handlungsfähigkeit«. Glogowski hatte sich damals den Besuch einer Opernvorführung in Ägypten von einem Reiseveranstalter bezahlen und außerdem seine Hochzeitsfeier von niedersächsischen Unternehmen sponsern lassen. Wulff, damals Oppositionsführer, hatte daraufhin von einem »ernsten Vorgang, der das Vertrauen in Politik, in Parteien an sich auch erschüttert« gesprochen. »Eine Landesregierung mit einem Ministerpräsidenten quasi als Werbeträger, der selbst die eigene Hochzeit zu einer Verkaufsförderungsveranstaltung werden lässt, ist natürlich eine schwere Belastung.« Wulff wurde kaum müde, Gerhard Glogowski scharf zu kritisieren, sprach dem SPD-Politiker grundsätzliche Fähigkeiten für die Politik ab: »Ich glaube, es ist die völlig fehlende Distanz zu Sachen, zu Personen, zu Dingen, die man in der Politik braucht, also eine Grundsensibilität, dass man Dienstliches und Privates relativ strikt trennt, dass man fließende Übergänge mit äußerster Vorsicht behandelt. (…) Deswegen fehlen ihm eigentlich die Voraussetzungen – ich würde es hart formulieren wollen –, letztlich auch die Voraussetzungen für die Würde des Amtes des Ministerpräsidenten. Er ist der falsche Mann am falschen Platz.«
Nun steckte Christian Wulff als Bundespräsident selbst in

einer Affäre. Am 16. Februar 2012 beantragte die Staatsanwaltschaft Hannover, die Immunität des Bundespräsidenten
aufzuheben, um gegen ihn ermitteln zu können. Wulff trat
zurück. Er wurde angeklagt. Er wurde freigesprochen. Und
er schrieb ein Buch.

Im Haus der Bundespressekonferenz geht es um diese Affären, die den Bundespräsidenten aus der Politik katapultierten. Wulff will seine Sicht der Dinge schildern. Seine Frau
Bettina hat die ihre bereits im September 2012 vorgelegt,
ebenfalls in Buchform und garniert mit intimen Details. Die
Leser erfuhren von Deutschlands ehemaliger First Lady unter anderem, dass sie ihren Mann zuerst gar nicht attraktiv
fand, dass sie 40 Paar Schuhe hat und dass sie später mit ihm
bei der Eheberatung war.

Auf dieses Niveau hat sich Christian Wulff in seinem Buch
»Ganz oben ganz unten« nicht begeben. Wenn man ihn so
stehen sieht, kurzes Haar, modische Brille, dann wirkt er
vielleicht ein bisschen cooler als in Zeiten seines Schwiegersohn-Images. Aber im Grunde strahlt er immer noch vor allem Harm- und Arglosigkeit aus.

In Wirklichkeit ist sein Auftritt vor den Journalisten jedoch ziemlich abgezockt. Wulff beklagt eine »mediale Vorverurteilung«, er erkennt »Störungen in der Machtbalance
zwischen Politik, Presse und auch Justiz«. Und dann das
Buch, von dem all die Journalisten nun ihren Zuschauern,
Zuhörern und Lesern berichten sollen: Ausführlich wartet er
dort mit ähnlichen Ansichten auf. Die Medien hätten auf
Maschmeyer als Kreditgeber getippt, »weil nur der Name
Carsten Maschmeyer einen Skandal versprach«. So einfach
sei die »Logik der Journalisten«.

Christian Wulff schreibt zu seinem Urlaub in Carsten
Maschmeyers Villa auf Mallorca im Jahr 2010, dass dies ein

»großer Fehler« gewesen sei. Das klingt einsichtig – und ist im Buch die Ausnahme. Wulff beschreibt nämlich ansonsten vor allem einen Mann, der höchste moralische Ansprüche an sich selbst stellte und diese Ansprüche auch erfüllte. »Transparenz« sei ihm »stets wichtig« gewesen. »Schon als Oppositionspolitiker habe ich streng darauf geachtet, Diensttätigkeiten und Freundschaften zu trennen.«

Während einer knappen Stunde Buchvorstellung erlebt das »Haus der Bundespressekonferenz« einen Mann, der in Wort und Schrift davon überzeugen will, dass ihm Unrecht geschehen ist. Wulff stellt sich als Opfer dar, etwa als Opfer konservativer Kräfte in den Medien, die ihn attackiert hätten, um die modernen Ansätze seiner Integrationspolitik zu bekämpfen. Der Prozess aber und sein Buch hätten nun gezeigt, dass er sich von niemandem kaufen ließ. Die Botschaft, die Wulff einbleut: An mich kam niemand heran, der etwas von mir wollte.

Außer Carsten Maschmeyer. Über den Finanzunternehmer schreibt Wulff zwar wenig. Doch aus Briefen Maschmeyers lässt sich herauslesen, dass der frühere AWD-Chef über Jahre Wulffs Nähe suchte – und dass Wulff diese Nähe zuließ. Was Maschmeyer wie Wulff Freundschaft nennen, füllen ihre Briefe mit Inhalt. Zu erkennen ist eine Art Interessengemeinschaft: Wulff machte sich für Geschäfte Maschmeyers stark. Maschmeyer wiederum bot ihm in privaten Angelegenheiten Hilfe an.

Christian Wulff und Carsten Maschmeyer lernten sich 1998 kennen. Wulff führte damals als Fraktionsvorsitzender der Niedersachsen-CDU die Opposition im Landtag. Der gelernte Rechtsanwalt hatte sich als Politiker in den neunziger Jahren nicht gerade als Feind der Wirtschaft positioniert. Nun aber musste er lesen, dass Carsten Maschmeyer jene

Anzeige in 16 niedersächsischen Tageszeitungen initiiert und bezahlt hatte, die am 29. Februar 1998, dem Samstag vor der Landtagswahl, geschaltet wurde: »Der nächste Kanzler muss ein Niedersachse sein«.

In Hannover verlor Christian Wulff an jenem Wahlsonntag im März zum zweiten Mal. Dazu hatte auch die überraschende Anzeige pro Schröder am Tag zuvor beigetragen. Als einige Wochen später der Urheber der Kampagne öffentlich wurde, erregte sich Christian Wulff heftig. »Er tobte und rief mich an, dieser Maschmeyer, sagte er, der sei doch kein SPD-Mann, warum der denn bloß Schröder unterstützt habe«, erinnert sich Bettina Raddatz, die damalige Mittelstandsbeauftragte der Staatskanzlei in Hannover. Sie hatte Christian Wulff damals am Hörer. »Wulff rief dann auch Maschmeyer an. Er rief ja immer gleich alle an.«

Die Niedersachsenwahl gebar damit einen zweiten Sieger. Carsten Maschmeyer machte sich mit seiner Anzeige nicht nur mittelfristig mit dem späteren Bundeskanzler Gerhard Schröder bekannt. Auch den Kontakt zum Oppositionsführer Christian Wulff verdankte er jener Idee, in eine Wahlanzeige zu investieren. Insgesamt kostete die Kampagne 650 000 Mark. Das war selbst für ihn kein kleiner Posten. Aber das Geld war, das sollte sich noch zeigen, sehr gut angelegt.

Gerhard Schröder verließ Hannover im Herbst 1998. Dort übernahm zuerst der Innenminister Gerhard Glogowski das Amt des Ministerpräsidenten, nach dessen Rücktritt wegen der Sponsoring-Affäre dann Sigmar Gabriel. Es war eine Zeit sozialdemokratischer Dominanz, die SPD regierte auf Bundesebene, im Land Niedersachsen und in der Stadt Hannover. Dass zugleich auch die Beziehung von Christian Wulff und Carsten Maschmeyer gedieh, fiel nicht weiter auf.

Im Dezember 2001 traf der Unternehmer den CDU-Politi-

ker zum Mittagessen in der Gastwirtschaft Wichmann, die im
Süden der Stadt nicht weit vom Maschsee entfernt liegt. Der
Oppositionsführer im Landtag plauderte, das geht aus einem
Brief Maschmeyers kurze Zeit später hervor, aus dem Innen-
leben seiner Partei. Wulff berichtete etwa von einem Zwei-
kampf des etablierten CDU-Abgeordneten Lutz von der
Heide mit einer Kommunalpolitikerin. Beide wollten für die
CDU in dem Wahlkreis Burgdorf/Lehrte/Uetze kandidieren.
Wulff hoffte auf die Kommunalpolitikerin. Ihr Name war
Ursula von der Leyen.

Die siebenfache Mutter war auch als Tochter des früheren
niedersächsischen Ministerpräsidenten Ernst Albrecht bekannt. Fragt man Lutz von der Heide heute, auf wessen Seite
der CDU-Landesvorsitzende Wulff damals gestanden habe,
kommt die Antwort umgehend. »Die Nähe zu Albrecht war
ihm wichtig«, sagt der frühere Abgeordnete mit Blick auf Ursula von der Leyens Vater.

Das Gespräch zwischen Maschmeyer und Wulff in der
Gastwirtschaft Wichmann scheint in einer Offenheit verlaufen zu sein, die zumindest von Seiten Wulffs ein hohes Maß
an Vertrauen voraussetzte. Der Politiker gab dem Unternehmer gegenüber nämlich zu erkennen, dass er innerparteiliche
Demokratie für eine »Zumutung« hielt. Laut Maschmeyers
Brief sagte ihm Wulff, dass man der Tochter des früheren niedersächsischen Ministerpräsidenten Ernst Albrecht »innerhalb der Partei« einen »Hürdenlauf« zumute.

Der Hürdenlauf, den Wulff als Zumutung für die prominente Tochter empfand, war indes das normale Procedere einer Partei, die wie die CDU höhere Positionen nicht vererbt,
sondern durch Wahlen in den Parteigremien vergibt. Solchen
Wahlen musste sich eben auch Ursula von der Leyen stellen.
Wulff, der mächtigste Mann der Landes-CDU, konnte daran
nichts ändern.

Was mochte einen Mann wie Wulff dazu bewegen, dem AWD-Chef Carsten Maschmeyer aus dem Innenleben seiner Partei zu berichten? Was hatte die beiden überhaupt näher zueinandergeführt? Wulff war nach seiner hohen Niederlage gegen Gerhard Schröder im März 1998 als Politiker fast schon ein Mann von gestern. Ihm blieb noch eine einzige Chance, noch eine Landtagswahl. Bei einer dritten Niederlage nach 1994 und 1998 wäre er in der Niedersachsen-CDU als Vorsitzender und Spitzenkandidat nicht mehr tragbar gewesen.

Offenbar dachte sich Wulff, offene Gespräche mit einem potenten Finanzunternehmer könnten ihm nicht schaden. Vor der vergangenen Landtagswahl hatte Maschmeyer ja durch die Anzeige seinen Gegner unterstützt. Es konnte also nicht verkehrt sein, den Mann an seiner Seite zu wissen, der nicht zimperlich darin war, mit hohen Summen in den Wahlkampf einzugreifen. Auf welche Weise dieser Mann zu seinem Vermögen gekommen war, das musste der Spitzenkandidat Christian Wulff dann eben ausblenden.

Maschmeyer selbst schien bei dem bisher wenig erfolgsverwöhnten Politiker den richtigen Ton anzuschlagen. Wulff, der junge Mann mit dem Image eines vorbildlichen Schwiegersohnes, chancenlos gegen das Kraftwerk Schröder – mit ein bisschen Menschenkenntnis konnte man sich vorstellen, dass der Politiker auch nach Lob und Anerkennung mächtiger Unternehmer dürstete.

Carsten Maschmeyer versteht sich glänzend darauf, die Bedürfnisse von Leuten zu erkennen und, wenn er will, zu befriedigen. Als die Wahl des niedersächsischen Landtags am 2. Februar 2003 eine Mehrheit für CDU und FDP ergab, diktierte Carsten Maschmeyer einen Brief an Christian Wulff. Der Finanzunternehmer gratulierte dem neuen Ministerpräsidenten zum »grandiosen Wahlsieg«. Und er lobte: »Wir können nur erahnen, mit wie viel Begeisterung, Kraftanstrengung, Siegeswillen und Beharrlichkeit Sie Ihr Ziel, Ministerpräsident zu werden, erreicht haben. Viele Sportler können sich Sie im Bezug auf Ihren Einsatz zum Vorbild nehmen, und viele Manager würden mit solchen Eigenschaften bessere Zahlen in ihrem Unternehmen erreichen.«

Der Vergleich mit Sportlern und Managern war nicht exklusiv für Wulff formuliert, er findet sich schon in Maschmeyers Gratulation an Gerhard Schröder zum Sieg bei der Bundestagswahl 2002. Und über ein Geschenk, wie es Maschmeyer in dem Brief umschreibt, hatte sich der Kanzler im Jahr zuvor ebenfalls freuen dürfen: »Gesondert geht Ihnen ein kleiner Energieschub zu, der die Akkus und Reserven der ganzen Familie wieder auffüllen soll.«

Maschmeyer schmeichelte Wulff unverhohlen. Und seine Sätze transportierten auch Mitgefühl – als kenne er die Anstrengungen und Entbehrungen eines Wahlkampfes. Mit dem »kleinen Energieschub« wollte er symbolisch dazu beitragen, dass Wulff und seine Familie bald wieder zu Kraft kämen.

Die Akkus waren tatsächlich voll, als Christian Wulff die so lange ersehnte Arbeit als Ministerpräsident aufnahm, voll genug zumindest, um sich auch bundesweit Gehör zu verschaffen. Am 19. Oktober 2003, Wulff war inzwischen acht Monate im Amt, beschloss die Bundesregierung Einschnitte bei den Renten. Die Gewerkschaften protestierten. Die Reform beschäftigte auch die Talksendung »Sabine Christiansen« am Sonntagabend in der ARD. Ins kugelförmige Studio am Breitscheidplatz im Herzen des alten Westberlins waren der FDP-Fraktionsvorsitzende Wolfgang Gerhard und der CSU-Politiker und frühere Gesundheitsminister Horst Seehofer gekommen, außerdem die amtierende Gesundheitsministerin Ulla Schmidt, der Publizist Bernd Klöckner und Hermann-Josef Tenhagen, der Chefredakteur der Fachzeitschrift »Finanztest«. Schließlich saß in der Runde, gleich zur Rechten der Moderatorin, Christian Wulff.

Der neue niedersächsische Ministerpräsident kritisierte an diesem Abend die Rentenpolitik der rot-grünen Koalition und die Regierung Schröder überhaupt: »Nach drei Jahren ohne Wachstum ist Deutschland ärmer geworden.« Seine Pflicht als CDU-Vertreter hatte er damit getan.

Als der Journalist Hermann-Josef Tenhagen Wulff dann vorwarf, die CDU habe einen Wahlkampf gegen die Riester-Rente betrieben, fiel Wulff ihm ins Wort: »Jetzt muss ich Ihnen aber mal sagen: Es ist doch eine Abstimmung mit den Füßen: 300 000 Deutsche haben in diesem Jahr allein Riester-Verträge nach der Befragung der Institute zurückgegeben. Und wenn Sie bei Versicherern anfragen, können die Ihnen einzeln die Zahlen nennen. 300 000 haben eine Abstimmung mit den Füßen gemacht ...«

Vor Millionen Fernsehzuschauern machte sich Wulff nun zum Sprachrohr Carsten Maschmeyers. Die Botschaft nämlich, dass 300 000 Deutsche ihre Riester-Rente storniert hatten, verkündete der AWD-Chef seit geraumer Zeit in Interviews: »Von den bisher abgeschlossenen rund 1,8 Millionen Verträgen wurden ohnehin bereits rund 300 000 storniert«, hatte der AWD-Chef in der »Frankfurter Allgemeinen Zeitung« erklärt. Nahezu wortgleich zitierte ihn auch die Zeitung »Die Welt«.

Hermann-Josef Tenhagen allerdings unterbrach nun wiederum Christian Wulff. »Fragen Sie den Verband der Versicherungswirtschaft«, sagte der Finanzjournalist. »Die Zahl stimmt nicht.«

Es sprachen dann einige Leute durcheinander, doch Christian Wulff konnte sich erneut Gehör verschaffen. Für die Riester-Diskussion sah er sich offenbar gut gewappnet. Und es störte ihn auch überhaupt nicht, Farbe zu bekennen. Wulff sprach aus, auf wessen Argumente er sich stützte: »Die Firma AWD in Hannover hat vor einem Jahr gesagt: ›Wir können daran nichts verdienen, deswegen bieten wir das Angebot nicht an.‹ Und die Leute wollen es nicht wählen, weil es ihnen zu kompliziert ist.«

Wenn seine Kritik an der Bundesregierung die Pflicht war, hatte Wulff nun die Kür geliefert – und den AWD in die Diskussion eingebracht. Wulff hatte durch die Erwähnung für das umstrittene Unternehmen geworben. Und er hatte zugleich die Interessen des AWD und die Argumente von dessen Firmenchef an prominenter Stelle vertreten.

Maschmeyer gab dieser Kür dann auch Bestnoten. »Mit großer Zustimmung«, schrieb der AWD-Chef ein paar Tage später an Wulff, »verfolge ich Ihre Meinungsäußerungen zur handwerklich misslungenen Riester-Rente.« In der »Sabine-Christiansen-Talkshow« habe Wulff natürlich ganz recht gehabt mit seiner Kritik an diesen »völlig überregulierten Finanzprodukten«.

Maschmeyer erklärte, was alles falsch gelaufen sei bei der Riester-Rente: Aus der Sicht des Chefs von Tausenden Finanzvermittlern müsse die private, vom Staat unterstützte Altersvorsorge auch den Finanzvermittlern zumutbar sein. Dann bedankte er sich bei Wulff dafür, »dass Sie in der TV-Talkrunde dies auch im konkreten Zusammenhang mit AWD so deutlich gesagt haben«. Unverblümt benannte Maschmeyer den Gefallen, den Wulff ihm getan hatte: »Es ist schön, wenn ein Ministerpräsident Unternehmen aus seinem Land zur besten Sendezeit erwähnt.« Alltäglich war es tatsächlich nicht, dass ein deutscher Ministerpräsident in der ARD eine Firma als Kronzeugen einführte, die längst nicht mehr nur als unabhängiges Beratungsunternehmen bekannt war, sondern auch als Organisation skrupelloser Vertriebseinheiten.

Wenn Beziehungen aus Geben und Nehmen bestehen, hatte Maschmeyer in dieser Talkshow nehmen können. Dass er auch gebe, erwähnte er daher ebenso, und zwar gleich im nächsten Absatz des Briefes an Wulff vom Oktober 2003. Dort schrieb er: »Der freundlicherweise von Ihnen hergestellte Kontakt zu Herrn Aha von der Equipe Werbeagentur hat in der Zwischenzeit dazu geführt, dass ein konkreter Termin mit unseren Zuständigen und Herrn Aha vereinbart wurde.«

Der Satz lässt sich schwerlich missverstehen. Der Ministerpräsident Christian Wulff hatte Maschmeyer gebeten, etwas für einen Mann namens Jürgen Aha zu tun. Der AWD-Chef, der sich gerade über die Erwähnung des AWD durch Wulff im Fernsehen freute, erfüllte ihm also seinerseits einen Wunsch. Was nicht in dem Brief stand: »Herr Aha von der Equipe Werbeagentur«, mit Vornamen Jürgen, ist mit Christian Wulff verwandt.

In seinem Buch »Ganz oben ganz unten« lässt Wulff keine Zweifel an seinen moralischen Grundsätzen: »Wenn ein Freund zu mir gekommen wäre mit der Bitte, etwas für ihn zu tun, hätte ich ihn darauf aufmerksam gemacht, dass es der Preis unserer Freundschaft sei, nichts für ihn tun zu können.« Jürgen Aha war kein Freund von Christian Wulff, aber ein Verwandter. Den moralischen Anforderungen, zu denen Wulff sich in seinem Buch bekennt – er selbst entsprach ihnen nicht.

Wulffs Verwandtem Aha gelang es in den nächsten Jahren, gute Kontakte zu Spitzenpolitikern der CDU aufzubauen. Er sammelte Spenden für den Landtagswahlkampf des späteren nordrhein-westfälischen Ministerpräsidenten Jürgen Rüttgers. Er zeigte sich im Gespräch mit dem Bundestagspräsidenten Norbert Lammert. Er erhielt aber auch eine Reihe von Vorstrafen, wegen Nötigung und Beleidigung, weil er

seine Unterhaltspflichten verletzt und gegen das Waffenge-
setz verstoßen hatte. Auch 2014 stand er mehrfach vor Gericht.

Als Christian Wulff wegen seiner Affäre medial unter
Druck stand, legte sich Jürgen Aha für seinen Verwandten ins
Zeug. »Es gab nie eine ›Affäre Wulff‹, sondern nur eine ›Affäre
Bild‹«, schrieb Aha auf Facebook und prophezeite: »Alle Vorwürfe gegen Christian Wulff werden sich bald in Luft auf-
lösen. Alle.« Aha ging in seinem Beitrag auch einen renommierten Journalisten an: »Schlimm, dass Ulrich Wickert sich
zum Steigbügelhalter für diesen Schmieren-Schinken her-
gibt«, schimpfte er über den früheren Moderator der ARD-
Sendung »Tagesthemen«.

Im Herbst 2003, als Carsten Maschmeyers Unternehmen
Kontakt aufnahm mit Jürgen Aha, war es erst einige Monate
her, dass Christian Wulff zum Ministerpräsidenten gewählt
worden war. Das Ende des Briefes von Maschmeyer an den
neuen Landesvater liest sich, als habe Wulff zuvor Maschmeyer ein Treffen vorgeschlagen. »Auch ich würde mich sehr
freuen, wenn wir uns bald einmal wiedersehen«, schrieb
Maschmeyer.

Allzu lange musste er nicht warten. Am 5. Januar 2004 aßen
er und Wulff zusammen zu Mittag. Thema des Treffens war
unter anderem die Optimierung der Riester-Rente. Um mehr
Profit bei der Vermittlung der neuen privaten Altersvorsorge
bemühte sich Maschmeyer schon seit längerer Zeit, nicht nur
bei Christian Wulff: Intensiv versuchte er über Bundeskanzler Schröder eine Reform der Rentenreform im Sinne der Finanzvermittler zu erwirken.

Jahre später, im Frühjahr 2011, beschäftigte Christian
Wulffs Zusammenkunft mit dem Finanzunternehmer den
niedersächsischen Landtag. Die Fraktion der Partei »Die

Linke« hatte per Große Anfrage im Februar 2011 um eine Auflistung gebeten. Das Gerücht um den Immobilienkredit machte die Runde, Wulffs Beziehung zu Carsten Maschmeyer sollte ausgeleuchtet werden.

Die Antwort der Landesregierung lautete: »Anhand des Terminkalenders von Ministerpräsident Christian Wulff lassen sich folgende dienstlichen Gesprächstermine mit Herrn Maschmeyer belegen:

5.1.2004 Hannover, Mittagessen (u. a. Optimierung Riester-Rente).
31.10.2005 Telefonat
29.3.2006 Telefonat
5.7.2008 Hannover, TUI-Arena, Eröffnungsrede Feierlichkeiten zwanzigjähriges Jubiläum AWD Holding AG.
14.8.2009 Hildesheim, Verleihung Ehrendoktortitel.
Ministerpräsident Christian Wulff hat darüber hinaus regelmäßig an der jährlichen Saisonabschlussfeier von Hannover 96 teilgenommen.«

Die Aufstellung erweckt den Eindruck eines eher spärlichen Kontaktes zwischen Wulff und Maschmeyer. Doch als Quelle lag dem Mitarbeiter der Landesregierung nur Wulffs offizieller Terminkalender vor. Zieht man Maschmeyers Korrespondenz mit Wulff hinzu, verdichtet sich die Beziehung. Und zuweilen erfährt man auch genauer, worüber der Ministerpräsident und der AWD-Chef sich austauschten.

Am 5. Januar 2004 etwa unterhielten sich die beiden nicht wie angegeben nur über die Riester-Rente. Carsten Maschmeyer lag auch ein Marketingprojekt am Herzen, von dem sich der AWD-Chef hohe Werbewirkung versprach. Die Bremer Stadthalle sollte zum »AWD-Dome« umbenannt werden. In drei Tagen, am 8. Januar, sollte das Geschäft der Öffentlichkeit präsentiert und die Unterschriften unter den Vertrag gesetzt werden.

Kurz vor der offiziellen Unterschrift des Vertrages im Bremer Rathaus sorgte sich Maschmeyer offenbar, dass sich die Werbemaßnahme ins Gegenteil verkehrte. Bremen durfte nicht zweifeln an der neuen Partnerschaft mit dem AWD. Bremen musste hinter dem AWD stehen.

In dem Stadtstaat regierte die SPD gemeinsam mit der CDU. Die CDU führte das Wirtschaftsressort. Doch Maschmeyer kannte den Wirtschaftssenator Hartmut Perschau nicht persönlich. Allerdings kannte er dessen Parteifreund Wulff. Und Wulff konnte sich auch kurzfristig bei Perschau Gehör verschaffen.

Der Termin im Bremer Rathaus am 8. Januar 2004 verlief aus AWD-Sicht hervorragend. Der Bremer Senat warf sich dem Finanzvertrieb öffentlich an den Hals. Die Pressekonferenz zur Vertragsunterzeichnung glich einer Werbeveranstaltung.

Besonders hervor tat sich der Wirtschaftssenator. Seine Behörde stellte den anwesenden Journalisten den AWD pompös als »Europas führenden unabhängigen Finanzdienstleister« vor. Perschau selbst erzählte nicht weniger als die Geschichte einer Rettung. »Wir suchen schon seit sehr langer Zeit einen Sponsor«, beschrieb er die Ausgangslage. Der AWD werde nun dazu beitragen, »den hohen Standard in Angebot und Service zu halten«. Die Halle solle nach dem Umbau »in einer Liga spielen, in der internationale Showstars an den Standort gebunden werden«. Man habe einige hundert Stadthallen in Deutschland, doch, fuhr Perschau fort, »Stadthalle allein ist noch kein Markenname«. Den aber hatte man nun endlich gefunden.

Fast rührselig hörte sich Perschaus Erzählung an, und Carsten Maschmeyer schloss sich gerne an: »Wir wollen einen Teil dazu beitragen, dass in dieser Halle auch in Zukunft große Stars auftreten können.«

Einen Tag darauf diktierte Carsten Maschmeyer einen Brief an Christian Wulff, begeistert über die erneute Hilfe. Christian Wulff hatte sich schon wieder für den umstrittenen AWD starkgemacht, Maschmeyer beim Marketing geholfen, ihn, so formulierte es Maschmeyer selbst, »enorm« unterstützt.

»Gestern habe ich nun in Bremen erlebt, was es bedeutet, wenn Sie ein gutes Wort für ein Unternehmen einlegen«, hob Maschmeyer in dem Schreiben an. »Herr Perschau hat uns aufs wohlwollendste behandelt und bei der Pressekonferenz äußerst positiv und hilfreich kommuniziert.« Maschmeyer dankte Wulff »für Ihre enorme Unterstützung, dass wir die Marketingmaßnahme der Umbenennung der Bremer Stadthalle in ›AWD-Dome‹ realisieren konnten.«

Einmal in Fahrt, gab der Unternehmer noch ein paar Komplimente an den Ministerpräsidenten, der ihm da gerade so maßgeblich geholfen hatte: »Gleichzeitig war es eine große Freude und Ehre, am Montag mit Ihnen zu Mittag gegessen zu haben. (…) Ihre Souveränität und Ihr Fleiß imponieren nicht nur den Bürgern in Niedersachsen, sondern auch den Wählern – auch über die Landesgrenzen hinaus.«

In der Causa AWD-Dome hatte der niedersächsische Ministerpräsident noch im Verborgenen gewirkt. Ein paar Monate später zeigte er sich einer handverlesenen Runde an der Seite des umstrittenen Finanzdienstleisters. Es war der Mai 2004, Hannover 96 war erneut nicht aus der Fußball-Bundesliga abgestiegen. Schon im Vorjahr hatte Maschmeyer das zum Anlass genommen, eine um einige Auswärtige erweiterte Hannoveraner Gesellschaft in seine Villa zu laden. Der prominenteste Name der Gästeliste entstammte damals der Politik – Kanzler Schröder war erschienen, begleitet von Gattin und Tochter.

Nun arbeitete Maschmeyer an der zweiten Auflage einer Nichtabstiegsfeier. Sie sollte sich von der Party des Vorjahres nicht nur durch die Gästeanzahl unterscheiden. Diesmal beging man den Klassenerhalt der Profimannschaft als exklusiven Herrenabend.

Die Politik wollte Maschmeyer allerdings wieder gerne dabeihaben, und daher kontaktierte er den Ministerpräsidenten. »Überglücklich« wäre er, nähme Wulff an der Feier mit »Unternehmern und Entscheidungsträgern der Region« teil. Das Datum möge Wulff selbst bestimmen, Terminvorschläge seines Sekretariats seien erwünscht.

Wulff reagierte umgehend, und ein paar Tage später konnte die offizielle Einladung zur »Nichtabstiegsfeier« in die Post gehen. Der Ministerpräsident hatte den 30. Juni vorgegeben, und die Rückmeldungen der übrigen Gäste ließen nicht lange auf sich warten.

Maschmeyers Sekretariat hielt sie in einer Excel-Tabelle fest. Unter »zugesagt« standen neben anderen der Brauerei-Vorstand Michael Beck, der prominente Rechtsanwalt Götz von Fromberg, der Tourismus-Manager und TUI-Chef Michael Frenzel, Hannovers Oberbürgermeister Herbert Schmalstieg, der »Scorpions«-Sänger Klaus Meine, der Konzertveranstalter Wolfgang Besemer, der Medizinprofessor und AWD-Aufsichtsrat Klaus Goehrmann, der CDU-Landesvize Friedbert Pflüger, der Hamburger Medienanwalt Matthias Prinz, der Drogerie-Unternehmer Dirk Rossmann, Wulffs Sprecher Olaf Glaeseker (»unter Vorbehalt«), der NordLB-Vorstand Hans Vieregge und natürlich Martin Kind, Vereinspräsident von Hannover 96 und Inhaber der bekannten Hörgeräte-Kette.

Den Fußballsachverstand würde Ilja Kaenzig beisteuern,

der künftige Manager von Hannover 96, vor allem aber Ewald Lienen. Der aktuelle Trainer des Bundesligisten konnte nur nicht so lange bleiben. Beim Ehrengast Christian Wulff vermerkte die Gästeliste hingegen: »kommt später«.

Ab 19 Uhr warteten auf all diese Männer exquisites Essen, erlesene Weine, gute Gespräche und ein luxuriöses Ambiente. Was der Herrenabend sonst noch brachte, drang nicht nach außen.

Von nun an feierten Maschmeyer und sein Ministerpräsident regelmäßig zusammen. Wulff lud ein, und Maschmeyer sponserte: Feste, die die niedersächsische Landesregierung in Berlin und Brüssel ausrichtete.

Am Sitz der Bundesregierung und der Europäischen Kommission werden Vorhaben diskutiert und Entscheidungen gefällt, die sich auch auf ein deutsches Bundesland auswirken. Das ist der Grund, warum zum Beispiel Niedersachsen in Berlin und Brüssel eine sogenannte Landesvertretung unterhält: Man will hier seine Interessen vertreten, um bei politischen Weichenstellungen möglichst gut abzuschneiden. Eine Landesvertretung ist eine Art Lobbybüro des Bundeslandes.

Zu ihren Aufgaben gehört es auch, Feiern mit kleineren und möglichst auch größeren Entscheidungsträgern auszurichten. Niedersachsen lädt alljährlich in Berlin zum Sommerfest und in Brüssel zum Grünkohlessen. Das Land bestellt dann Essen und Getränke, bucht Service- und Reinigungskräfte und sorgt, zumindest in Berlin, auch für Musik.

Man kann als Gast viel Spaß haben auf dem Fest der niedersächsischen Landesvertretung, aber natürlich ist das nicht das zentrale Interesse der Landesregierung in Hannover. Sie will in lockerer Partyatmosphäre an Entscheidungsträger herantreten, will Kontakte knüpfen, frühzeitig von politischen

Vorhaben erfahren und sie gegebenenfalls zu ihren Gunsten beeinflussen. Deshalb gibt sie Geld dafür aus.

Christian Wulff sagt, er habe »nie einen Hehl daraus gemacht, dass bestimmte Veranstaltungen der Landesregierung von der niedersächsischen Wirtschaft gesponsert werden«. Er, Wulff, sei »der Meinung, dass Feste der Landesregierung wie zum Beispiel das Sommerfest unserer Berliner Vertretung nicht zu Lasten des Steuerzahlers gehen dürfen«.

Allerdings nannte Wulff keine Gründe dafür, warum Unternehmer oder Privatpersonen Veranstaltungen bezahlen sollten, in denen es letztlich um die Interessen der Einwohner Niedersachsens geht. Man könnte Wulff folgen, handelte es sich in Berlin und Brüssel um Privatpartys. Aber wieso sollte wichtige Lobbyarbeit des Bundeslandes durch Sponsorengelder abgedeckt werden?

Gut klingt es natürlich, wenn man als Politiker sagt, der Steuerzahler solle nicht für dies oder das aufkommen müssen. Da nickt der Steuerzahler. Aber will er wirklich, dass ein Teil der Arbeit der Landesregierung von Wohlwollen, Großzügigkeit oder Marketingstrategie zum Beispiel der Firma AWD abhängt?

Christian Wulff äußerte sich zum Partysponsoring in seinem Interview-Band »Besser die Wahrheit«, der 2007 in Zusammenarbeit mit dem Publizisten Hugo Müller-Vogg erschien. Er nennt die Tabakindustrie, welche die Sommerfeste in Berlin und das Grünkohlessen in Brüssel in vergleichsweise bescheidenem Maße sponserte. Der AWD jedoch gab in der Ära Wulff allein für die Sommerfeste in Berlin 150 000 Euro.

Es lag wohl nahe für den Ministerpräsidenten, seinen zu diesem Zeitpunkt vielleicht noch Bekannten, vielleicht schon Freund weiterhin um Sponsoring zu bitten. Die beiden trafen sich jetzt öfter, etwa bei der Taufe des Sohnes des CDU-Politikers Friedbert Pflüger. Maschmeyer nutzte, wie er in einem Brief im März 2005 festhielt, auf der Feier die Gelegenheit, Wulff »Hintergründe für die Erweiterung des Freefloats (Streubesitzes) der AWD-Aktie zu erläutern«. Am 19. März 2005 verfolgte Wulff in der AWD-Loge das 2:1 von Hannover 96 gegen Borussia Mönchengladbach. Maschmeyer hatte an diesem Samstagnachmittag Geschäftstermine, »schade«, schrieb er Wulff anschließend, »denn natürlich hätte ich gern mit Ihnen gemeinsam den so ersehnten Heimsieg bejubelt«.

Christian Wulff wiederum sandte Maschmeyer in diesen Wochen zwei Briefe. In einem lud er zu einem Benefizkonzert anlässlich des 60. Jahrestages der Befreiung des Konzentrationslagers Bergen-Belsen. Maschmeyer sagte seine Teilnahme wegen einer Auslandsreise ab, versprach aber immerhin, der Stiftung Niedersächsische Gedenkstätten 1500 Euro zu spenden.

In dem anderen Brief schickte Wulff ein Papier zur Förderung des bürgerschaftlichen Engagements in Norddeutschland. »Die ›Stärkung der Eigenverantwortung‹«, antwortete Maschmeyer und war gedanklich gleich beim AWD, »ist ein Thema, welches auch für unser Geschäftsfeld immer bedeutender wird. Dabei muss man nur auf die Notwendigkeit zu mehr privater Vorsorge in allen gesetzlichen Sicherungssystemen schauen.« Wulff habe angeregt, dass der AWD beim zuständigen Ministerialrat weitere Informationen zu dem Projekt einhole, schrieb Maschmeyer weiter – und sagte ihm genau das zu. Dann wünschte er geruhsame Ostertage, trotz möglicher Verpflichtungen im nordrhein-westfälischen Landtagswahlkampf.

Wulff trat tatsächlich bei Wahlveranstaltungen im Nachbarbundesland auf. Aus dem langjährigen erfolglosen Schröder-Herausforderer war inzwischen der heimliche Star seiner

Partei geworden: Wulffs Umfragewerte glänzten. Im April 2005 ergaben die Zahlen des Forsa-Instituts, dass er im Vergleich mit Bundeskanzler Schröder sogar um zwei Prozentpunkte besser abschnitt als Parteichefin Merkel. Andere Meinungsforscher machten einen noch größeren Popularitätsabstand zu Merkel aus. Maschmeyer konnte das nur recht sein, die Zeit des Bundeskanzlers Schröder nämlich, der ihm ebenfalls manchen Gefallen tat, neigte sich bereits dem Ende zu.

Unmittelbar nach dem Wahlsonntag von Nordrhein-Westfalen – die SPD wurde nach 38 Regierungsjahren in die Opposition geschickt – kündigte Franz Müntefering an, vorgezogene Neuwahlen vorzuschlagen. Gerhard Schröder stellte im Bundestag die Vertrauensfrage, erwartungsgemäß verneinte eine Mehrheit von Parlamentariern. Ein neuer Bundestag würde gewählt werden, am 18. September 2005.

Carsten Maschmeyer war in Gedanken schon ein paar Wochen weiter, als er elf Tage vor dem Wahltermin einen Brief an Christian Wulff diktierte. Für den 12. Oktober habe er »kein großes, aber ein exklusives handverlesenes Publikum« in die AWD-Zentrale nach Hannover eingeladen, zum »Capital Market's Day in unserer Konzernzentrale«. Maschmeyer kündigte Wulff Investoren und 40 Aktienanalysten an, von der Schweizer Großbank UBS, von der Londoner HSBC, von der Deutschen Bank. Als Gastredner hatte der »liebe Christian« bereits zugesagt.

Nun bekam Wulff genauso freundlich wie präzise das Thema seines Vortrags mitgeteilt. »Es wäre äußerst hilfreich, wenn Du die Notwendigkeit der privaten Vorsorge in Deutschland darstellen könntest«, heißt es in dem Schreiben. »Für unsere Gäste wäre es interessant zu hören, welche Maßnahmen nötig wären, um diese Ziele zu erreichen, und wie eine ausreichende Renten- und Gesundheitsvorsorge erreicht werden kann.«

Irgendwann zwischen neun und 15 Uhr sollte Wulff sprechen, diktierte Maschmeyer noch, und: »Für Deine freundliche Unterstützung möchte ich mich schon jetzt sehr herzlich bedanken.«

Der Ministerpräsident hatte zugesagt, Thema und Zeitfenster waren benannt – der Auftritt des Stargastes Wulff beim AWD schien bestens vorbereitet. Doch dann, so geht das manchmal in der Politik, kam etwas dazwischen. Carsten Maschmeyer formulierte an Christian Wulff, zwei Wochen nach dem Capital Market's Day, noch immer bedauernd, aber gleichwohl verständig: »Schade, dass es Dir aus nachvollziehbaren Termingründen am 12. Oktober 2005 nicht möglich war, am AWD-Analyst-Day teilzunehmen.«

Verzagt war Maschmeyer unterdessen nicht, er hatte jetzt ja immerhin einen Wulff-Auftritt gut. Derart direkt formulierte er das aber nicht – eine Andeutung reichte ihm: »So darf ich doch weiter darauf hoffen, Dich einmal bei einer AWD-Tagung als Gastredner begrüßen zu dürfen.«

Den Auftritt eines seriösen Spitzenpolitikers vor hochrangigen Bankvertretern und Investoren, die ein gutes Bild vom AWD bekommen sollten: Diesen Gefallen hätte Maschmeyer gerne vom niedersächsischen Ministerpräsidenten entgegengenommen. Aber Wulff würde durch einen Auftritt beim AWD ja auch in Zukunft dafür sorgen, dass das Unternehmen als glaubwürdig und gut gelitten in der Politik wahrgenommen würde. Deshalb terminierte Maschmeyer die Wulff-Rede kurzerhand in die Zukunft.

Gleich im nächsten Satz bekundete er dann aber auch seine Bereitschaft zu geben: »Deiner Bitte, dass AWD prüfen möge, ob ein Co-Sponsoring im Zusammenhang mit dem 60. Landesgeburtstag im November 2006 in Frage kommt, entspreche ich gern.«

Wulff und Maschmeyer kommunizierten nicht nur postalisch. Sie telefonierten auch. Manchmal ging Maschmeyer in
einem Brief auf ein Telefonat ein, auf ein vereinbartes oder
auf ein bereits geführtes.

Es gab ja auch viel zu besprechen. In Berlin regierte seit
dem 22. November 2005 eine Große Koalition aus SPD, CDU
und CSU. Die Sozialdemokraten standen durch den zwangs-
läufig pragmatischen Kurs dieser Allianz unter Druck: Sollten ihre Anhänger dieses Bündnis auf Dauer unterstützen,
musste die Partei sich als linke Kraft profilieren. Eine gute
Möglichkeit, das zu erreichen, bot das Konzept der Bürgerversicherung.

Für Carsten Maschmeyer, in dessen Unternehmenskonto
die Vermittlung privater Krankenversicherungen gewaltige
Summen einspielte, war die Bürgerversicherung eines der
größten anzunehmenden Übel. Sie würde das duale System
aus gesetzlicher und privater Krankenversicherung beenden –
auf Dauer sollten alle Deutschen gesetzlich versichert sein.
»Die Frage Kopfpauschale oder Bürgerversicherung war im
Wahlkampf eindeutig«, erklärte etwa die SPD-Politikerin
Andrea Nahles. »Die Mehrheit der Bevölkerung lehnt das
Unionsmodell ab. Die Partei und unsere Wähler haben ent-
sprechend hohe Erwartungen.«

Maschmeyer überlegte, was zu tun sei. Seit Jahren schon
spukte die Bürgerversicherung in der politischen Diskussion
herum, hartnäckig bedrohte sie sein Geschäft. Am 3. April
2006, das wusste der AWD-Chef, kam in Berlin das CDU-Präsidium zusammen. Auch Christian Wulff würde dabei sein,
mit dem Maschmeyer in dieser Sache bereits gesprochen hatte. Nun, drei Tage vor der Präsidiumssitzung, agierte Maschmeyer schriftlich. Er formulierte kein Anliegen, sondern einen Auftrag:

»Sehr geehrter Herr Ministerpräsident, lieber Christian«,

begann Maschmeyer und bezog sich dann auf die kommende Sitzung des CDU-Präsidiums. Dort werde ja »intensiv« das Thema »Gesundheitsreform« diskutiert. »Wie bereits am Mittwoch telefonisch besprochen, erlaube ich mir darauf hinzuweisen, dass die Einführung einer Bürgerversicherung langfristig katastrophale Auswirkungen auf das gesamte Gesundheitssystem hätte. Im Übrigen ist für den Fall der Benachteiligung der Privaten Krankenversicherer eine heftige mediale Auseinandersetzung zu befürchten.«

Der AWD-Chef erklärte dem Ministerpräsidenten, dass ihm ein vertrauliches Papier des Vorsitzenden der Lobbyorganisation »Verband der privaten Krankenversicherungen« vorliege, und schrieb: »Es würde mich sehr freuen, wenn Du die Zeit fändest, diese Unterlage noch vor der Sitzung zu lesen. Ich möchte nicht verschweigen, dass die Argumente in der Tat – gerade wegen des langfristigen Lösungsansatzes – sehr überzeugend sind.«

Das war deutlich. So deutlich, dass Maschmeyer seine exakte Anweisung (»noch vor der Sitzung zu lesen«) im Brief selbst ansprach: »Du siehst mir hoffentlich nach, wenn ich mich hier jetzt etwas zu direkt eingemischt habe, aber wir hatten vereinbart, immer offen zu kommunizieren.« Offenheit konnte der Adressat dem Absender in der Tat nicht absprechen. Maschmeyer hatte auf das Beziehungskonto eingezahlt – und hob nun ab.

In dem Brief wird erneut sichtbar, wie gut das System des Gebens und Nehmens zwischen Maschmeyer und Christian Wulff funktionierte: Der Forderung folgte ein Gefallen. »Vielen Dank im Voraus, dass Du meinem Anliegen einen Teil Deiner Aufmerksamkeit schenkst«, schrieb Maschmeyer, und dann: »Deiner Bitte, das diesjährige Sommerfest der CDU-Landesregierung in Berlin nicht nur zu sponsern, sondern auch persönlich dabei zu sein, werde ich selbstverständlich entsprechen.« Auch so funktioniert Korruption in der Politik – jenseits des Strafrechts.

Nur Christian Wulff kann beantworten, ob er das erwähnte Papier des PKV-Vorsitzenden Reinhold Schulte wie nachdrücklich erbeten pünktlich bis zur Präsidiumssitzung studierte. Und nur die Teilnehmer der Sitzung wissen, ob er seine Partei beschwor, bei allem Gerangel innerhalb einer Großen Koalition die Privaten Krankenversicherungen auf keinen Fall zu opfern. Die Zeilen Maschmeyers beleuchten aber dessen Verhältnis zum Ministerpräsidenten Wulff: Auch unverblümt vorgetragene Forderungen gehörten zu dieser stabilen Beziehung. Distanz ist nicht zu erkennen.

In den Wochen nach jener CDU-Präsidiumssitzung im April 2006 lernte Christian Wulff eine Frau kennen, die bald darauf seine Freundin und später auch die First Lady der Niedersachsen wurde: Bettina Körner. Und schnell fühlte sich der Ministerpräsident, der von seiner langjährigen Ehefrau Christiane getrennt lebte, wieder verliebt.

Davon erfuhr die Öffentlichkeit erst einmal nichts, gute Freunde wie Carsten Maschmeyer aber schon. Maschmeyer wusste auch, dass der Ministerpräsident und seine neue Freundin eine gemeinsame Wohnung suchten. Für den Unternehmer war das eine gute Gelegenheit, sich mal wieder erkenntlich zu zeigen. Am 29. Juni 2006 schickte Maschmeyer Bettina Körner eine, wie er schrieb, »erste Idee«. Er rechne »in den nächsten Tagen mit weiteren Vorschlägen« und werde diese »ebenfalls ganz schnell weiterleiten«, versprach Maschmeyer in dem kurzen Begleitschreiben und verblieb mit besten Grüßen »bis nächsten Dienstag anlässlich unserer Fahrt nach Dortmund«. In Dortmund stand an diesem 4. Juli 2006 keine Wohnungsbesichtigung, sondern das Halbfinale der Fußball-Weltmeisterschaft an. Maschmeyer hatte frühzeitig mehrere VIP-Karten für die Partie erstanden, in der sich Italien am Ende der Verlängerung durch Tore von Grosso und Del Piero gegen den Gastgeber Deutschland für das Finale qualifizierte.

Christian Wulff und Bettina Körner zogen im Herbst 2006 zusammen. Weil es laut Carsten Maschmeyer »ein alter niedersächsischer Brauch ist, dass man von Freunden gute Wünsche zum Einzug erhält«, legte er seiner schriftlichen Gratulation einen Glücksbringer bei, den er aber nicht genauer benannte. Sein Kommentar zu dem kleinen Einzugsgeschenk, erweitert um einen dritten Wunsch, lautete: »Möge es Euch in Eurem neuen Domizil nie an Brot, Geld oder Salz mangeln.«

Carsten Maschmeyer, das sagen Menschen, die ihn kennen, und das zeigen Briefe, die er schrieb, schenkt oft und großzügig. Zuweilen schenkt er auch teuer. Weinflaschen, die er Freunden und Geschäftspartnern zukommen ließ, hatten zuweilen absurde Preise.

Christian Wulff allerdings trinkt lieber Apfelschorle. Es war daher wenig sinnvoll für Carsten Maschmeyer, ihm teure Weine in die neue Wohnung liefern zu lassen. Die gingen besser in einen anderen prominenten Politikerhaushalt in Hannover.

Nicht an Christian Wulff, sondern an dessen damalige Freundin und spätere Frau Bettina Körner richtete Maschmeyer am 27. Mai 2007 einige persönliche Zeilen. Es ging ihm um ein elektrisches Fitness-Gerät der Marke »Power Plate«, mit dem man in wenigen Minuten viele Muskeln aufbaut und dabei, so verspricht es der Hersteller, nicht einmal Sport treiben muss: »Power Plate ist ein Ganzkörpertrainingsgerät, das über G-Beschleunigungen mit bestimmten Frequenzen Muskelkontraktionen durch Reflexe im ganzen Körper auslöst. Es handelt sich hierbei um ein kurzes und intensives Aussetzen von Reizen. Die Effekte erfolgen praktisch alle nach den Anwendungen in der Superkompensationszeit, d. h. bis mehrere Tage danach und nicht innerhalb der 10-Minuten-Anwendung.«

»Power Plate«-Geräte sind heute in verschiedenen Ausführungen erhältlich, das preiswerteste Modell kostet 3000 Euro, das beste 20 000 Euro. Maschmeyer schrieb an Bettina Körner: »Ich bin schon ganz gespannt, wie Dir Power-Plate gefällt und ob es die Erwartungen erfüllt, die Du hattest. Mir ist noch eine DVD-Version zu Power-Plate in die Hände gefallen, die ich Dir hiermit gerne zukommen lasse.«

Während Bettina Körner ihr neues Ganzkörpertrainingsgerät nutzen konnte, reiste ihr Lebensgefährte beruflich durch Asien. Er kümmerte sich auch um die Regierungsgeschäfte in Hannover. Und er fand in diesen Wochen Zeit für ein Buch-Projekt. Wulff arbeitete an der Gesprächsbiographie »Besser die Wahrheit«, verbrachte dafür lange Interviewsitzungen mit dem Journalisten Hugo Müller-Vogg. »Die Nummer zwei der CDU spricht Klartext – über das Land, die Partei und über sich«, verriet der Text des Verlages zu dem Buch. »Christian Wulff ist ein Politiker, wie er selten vorkommt: ein mitfühlender Konservativer, einer, der knallharte politische Forderungen durchaus charmant vorzubringen weiß. Und ein realistischer Optimist. Seine Devise: Es gibt große Probleme – aber sie sind lösbar.«

Der Band hatte das Ziel, den amtierenden Ministerpräsidenten und Spitzenkandidaten der CDU zu porträtieren. Mitten im Landtagswahlkampf wollte es den Landespolitiker Wulff groß machen, ihm bundespolitische Bedeutung beimessen. Und als habe sich der einflussreiche hessische Ministerpräsident Roland Koch schon aus der Politik verabschiedet, sollte Wulff sogar »die Nummer zwei der CDU« und damit der potenzielle Nachfolger Angela Merkels sein. »Cooler als Koch« sei Christian Wulff ohnehin, urteilte der Journalist Manfred Bissinger in seinem einleitenden Essay für das Buch – und verglich Wulff auch mit dem früheren Bundeskanzler Gerhard Schröder. Für beide gelte, dass »sie sich aus eher kleinen Verhältnissen ins Leben kämpften«.

Carsten Maschmeyer war frühzeitig in dieses Buch-Projekt eingebunden. Das zeigt ein Brief, den der Journalist Manfred Bissinger in seiner Funktion als ein Manager des Verlags Hoffmann und Campe am 16. Juli 2007 an das Büro des AWD-Chefs schrieb. »Wie vereinbart schicke ich Ihnen heute den angedachten Medienplan für das Wulff-Buch von Hugo Müller-Vogg«, heißt es in dem Schreiben. »Es soll im Oktober erscheinen, und Herr Maschmeyer hatte seinerzeit telefonisch zugesagt, eine niedersächsische Medienkampagne für das Buch finanzieren zu wollen.«

»Besser die Wahrheit« erschien dann Anfang Oktober 2007. Wer das Buch las, lernte darin einen Politiker kennen, dem es keineswegs um Geld ging. Wulff ließ wissen, dass er netto pro Jahr »etwas weniger« als 100 000 Euro verdiene und dass »Ministerpräsidenten und andere Spitzenpolitiker in Deutschland objektiv zu schlecht bezahlt« würden. »Sie bekommen ja nicht mal annähernd das, was ein Sparkassendirektor bekommt.« Doch Wulff fügte auch hinzu, warum ihn sein Beruf dennoch ausfülle: »Die Gestaltungsmöglichkeiten, die Vielfalt der Handlungsfelder« glichen die zu schlechte Bezahlung aus. Das Finanzielle sei es wirklich nicht, was ihn reize. »Wenn Sie als Landrat abgewählt werden, kriegen Sie sofort Altersruhegeldbezüge. Wenn Sie als Ministerpräsident abgewählt werden, bekommen Sie für eine kurze Zeit Übergangsgeld, und dann hängen Sie in der Luft.«

Der Spitzenkandidat präsentierte sich als ehrlicher Kerl, moralisch integer und gefeit vor gefährlicher Nähe zu den falschen Leuten. Bei der offiziellen Vorstellung des Bandes am 1. Oktober 2007 trat dann Jürgen Großmann auf. Der Stahlunternehmer, der das Werk Georgsmarienhütte in der Nähe von Osnabrück übernommen und saniert hatte, stand dem Ministerpräsidenten auch recht nahe. Wulff hatte Großmann 2006 für einen lukrativen und einflussreichen Posten im Aufsichtsrat der Volkswagen AG vorgeschlagen. Und Wulff war für Großmann nach New York gereist, als das Netzwerk »Atlantik-Brücke« ihm dort den »Vernon A. Walters Award« verlieh. »Ich möchte Dir, Jürgen Großmann, aus ganzem Herzen gratulieren. Du bist ein außergewöhnlicher Unternehmer und eine außergewöhnliche Person. (...) Als Ministerpräsident von Niedersachsen, eines Bundeslandes mit Konzernen wie Volkswagen, Continental und Jägermeister, kann ich mir keinen besseren transatlantischen Botschafter für unser Land vorstellen als Dich, Jürgen Großmann«, hatte Wulff bei seiner Laudatio im Metropolitan Club gesagt, also aus ganzem Herzen gratuliert und Großmann als Ministerpräsident Niedersachsens mitgeteilt, dass er sich keinen besseren transatlantischen Botschafter für sein Land vorstellen könne.

Nun präsentierte Großmann Wulffs Buch und diskutierte anschließend noch live mit ihm im Fernsehsender Phoenix. Für Wulff war diese TV-Präsenz in Wahlkampfzeiten ein hübscher Erfolg.

Seine Gesprächsbiographie allerdings drohte in den Wochen danach zum Reinfall zu werden – sie verkaufte sich schlecht. Zwar nahm die CDU 5000 Exemplare ab und weitere 2500 Stück gingen an Jürgen Großmanns Stahlwerk. Doch natürlich hatte Wulff mit dem Buch nicht nur Stahlarbeiter und CDU-Funktionäre erreichen wollen. Als Autor wünschte er sich, dass die Menschen in die Buchhandlung gingen, nach dem Band fragten, 17,95 Euro dafür bezahlten und das Werk durchlasen. Und als Politiker, der in einigen Monaten erneut zum Ministerpräsidenten Niedersachsens gewählt werden wollte, sollte vor allem in seinem Bundesland über das Buch und dessen Autor gesprochen werden.

Dafür brauchte es offenbar Anschub. Die Leute, vor allem die Niedersachsen, mussten auf das Buch aufmerksam werden. Da der Inhalt sich nicht eignete, Debatten auszulösen, bedurfte es klassischer Werbung. Klassische Werbung besteht bei Büchern oft in Anzeigen in Zeitungen. Klassische Werbung kostet Geld.

Carsten Maschmeyer hatte Geld, und er hatte kein Problem, es in die Gesprächsbiographie von Christian Wulff zu investieren. Allerdings legte Maschmeyer keinen Wert darauf, dass die Öffentlichkeit davon erfuhr. 1998 war bekannt geworden, dass er Anzeigen für Gerhard Schröder bezahlt hatte. Diesmal sollte es aus gutem Grund anders laufen: Christian Wulff hatte im Falle Schröder verdeckt finanzierte Anzeigen während eines Landtagswahlkampfs vehement kritisiert und die Meinung vertreten, durch derlei Praktiken würde das Gesetz zur Parteienfinanzierung ausgehebelt. Wäre nun herausgekommen, dass Wulff im Wahlkampf selbst von der Finanzkraft des Unternehmers profitierte, hätte ihn das als Spitzenkandidat angreifbar gemacht.

Am 13. Oktober 2007 erschien eine Werbeanzeige für Wulffs Buch in der »Hannoverschen Allgemeinen Zeitung«, eine Woche darauf in der »Neuen Osnabrücker Zeitung« und der »Braunschweiger Zeitung«, am 27. Oktober schließlich wurde in der »Nordwest-Zeitung« geworben. Alle Daten waren Samstage, was insofern Sinn machte, als sich Wochenendausgaben stets besser verkaufen. Die Zeitungen selbst waren allesamt Titel aus Niedersachsen.

Geschaltet hatte die Anzeigen der Hamburger Verlag Hoffmann und Campe, in dem »Besser die Wahrheit« ja auch erschien. Hoffmann und Campe beglich die Rechnungen im Gesamtwert von 42 731 Euro, reichte sie dann aber zügig weiter. Am 2. November 2007 schrieb die damalige Objektleiterin des Verlags: »Anbei finden Sie wie besprochen die Rechnung für die Anzeigenkampagne mit der Bitte, den Ausgleich zu veranlassen.« Adressat des Briefes, dessen Inhalt Jahre später die »Bild«-Zeitung veröffentlichte, war Carsten Maschmeyer.

Maschmeyer allerdings wartete erst einmal ab. Nach der Landtagswahl am 27. Januar 2008, bei der die CDU zwar knapp sechs Prozent verlor, jedoch gemeinsam mit der stabil gebliebenen FDP regieren konnte, schrieb er zwei Briefe. Den ersten adressierte er mit Datum vom 28. Januar 2008 an den alten und auch künftigen Ministerpräsidenten Christian Wulff. »›Der einzige klare Gewinner heißt Wulff‹ ist die treffende Überschrift, um die Ereignisse der Wahlnacht festzuhalten«, analysierte Maschmeyer und erging sich in einem ausführlichen Lob des CDU-Kandidaten: »Dieser grandiose Sieg ist umso höher zu bewerten, weil alle nicht in Deinem Einflussbereich liegenden Faktoren ungünstig waren.« Laut Maschmeyer hatte Wulff die Wahl gegen Wetter, Linke, Medien und Merkel gewonnen.

Maschmeyer schrieb weiter, er könne »nur ahnen, wie kräftezehrend und anstrengend so ein Wahlkampf im deprimierenden, nassen Januar ist. Deshalb anbei zwar nichts 43%iges, aber 43 Energiedrinks, die schnellstmöglich die Akkus auffüllen sollen und Dir und Deinem Team die Vitalität schnellstmöglich zurückbringen mögen.«

Das zweite Schreiben, in dem Maschmeyer auf den Ausgang der Niedersachsenwahl einging, richtete er an den Stahlunternehmer Jürgen Großmann. Maschmeyer und Großmann hatten sich 2004 auf einer Reise mit dem Bundeskanzler Gerhard Schröder angefreundet und pflegten seitdem regelmäßigen und vertrauensvollen Umgang miteinander. Gemeinsam mit Großmann hatte Maschmeyer dabei geholfen, das Wulff-Buch bekannt zu machen. Beide Unternehmer hatten dadurch einen Beitrag zum Wahlkampf des Ministerpräsidenten geleistet.

Um die Politik im Bundesland aber war es Carsten Maschmeyer dabei nicht primär gegangen. Der AWD-Chef legte in dem Brief an Jürgen Großmann seine Beweggründe für jede Art von Unterstützung des CDU-Politikers Wulff dar. Es waren nur zwei Sätze, aber die ließen tief blicken: Maschmeyer hatte sich die Politiker, die er über Jahre protegierte, gezielt ausgesucht. »Seit Sonntag sollten wir auch genießen, dass unser gemeinsamer Freund nun die absolute Nr. 2 in der Union in Berlin ist«, schrieb er. »Wir haben hier in Niedersachsen wohl schon sehr früh – wie auch damals bei Gerd – auf das richtige Pferd gesetzt.« Das Wort »Pferd« war in dem Brief unterstrichen.

23 Tage nach der Wahl und rund drei Monate nach Schaltung der Anzeigen überwies Carsten Maschmeyer die 42 731 Euro für die Buch-Werbung an den Verlag Hoffmann und Campe. Und er erwies sich weiterhin als treuer Gefährte an Wulffs Seite. Im März 2008, als der wiedergewählte Ministerpräsident Bettina Körner heiratete und im engen Freundeskreis in einem Fünf-Sterne-Hotel feierte, war auch Carsten Maschmeyer geladen. Nach der Hochzeit begab sich das Ehepaar Wulff an das nächste Projekt: Es wollte umziehen, eine neue, angemessene Bleibe finden. Wieder stand Maschmeyer den Wulffs zur Seite. Ende Mai 2008 schrieb er ihnen: »Sollte mein Netzwerk in Bezug auf Wohnungen und Häuser, das Kennen von Vormietern und Besitzern oder das Ablenken von anderen Interessenten und Käufern benötigt werden, Anruf genügt!«

Ob nun mit oder ohne Hilfe Carsten Maschmeyers: In Großburgwedel wurden Christian und Bettina Wulff fündig. Es dauerte aber noch, bis sie einziehen konnten. Das Haus musste renoviert, Fenster aus Panzerglas eingebaut werden. Anfang 2009 war der heute berühmte rote Klinkerbau fertig. Den Kredit für den Kauf des Hauses gewährte die Frau des Osnabrücker Unternehmers Egon Geerkens, mit dem Wulff seit Jahrzehnten befreundet war.

Ehe dieser Kredit Christian Wulff im Februar 2012 in die Schlagzeilen brachte, erlebte er noch manch schöne Stunde mit Carsten Maschmeyer. Mal feierten sie zusammen wie beim 20. AWD-Geburtstag oder bei Maschmeyers 50. Geburtstag oder nach Maschmeyers Ehrendoktor-Zeremonie an der Universität Hildesheim. Manchmal kamen Wulff und Maschmeyer auch in kleinerer Runde zusammen.

Dem Finanzunternehmer gelang es außerdem, eine kleine Baustelle in seinem Freundeskreis zu schließen. So zumindest konnte man den Zustand empfinden, dass sich zwei seiner guten Freunde nicht sonderlich gut leiden konnten. Maschmeyer führte die beiden Männer im Weinkeller seiner Villa zusammen. Der habe »was von einer Fußballumkleidekabine, da haben die Jungs auch keine Scham«, berichtete er später der »Welt am Sonntag«. Wein zu trinken sei »wie zusammen Sport machen. Man ist unter sich, vertraut sich, keiner hört mit. Man duzt sich ganz schnell. Hier wurden schon Gegner zu Freunden.«

Christian Wulff und Gerhard Schröder, fuhr Maschmeyer in dem Interview fort, hätten sich »nur vom Wegsehen« gekannt. Dann aber setzte Carsten Maschmeyer Wulff und Schröder in seinem Weinkeller zusammen. Und heute, freute sich der Unternehmer, »rufen sie sich gegenseitig an«.

3.
Die Opfer des AWD
Große Versprechen, größere Verluste

Die Gala dauerte schon einige Stunden, die Gäste wollten jetzt feiern. Sie trugen Anzüge und Abendkleider, hatten an weißgedeckten Tischen ausgeharrt, Grönlandgarnelen und Rinderfilets verzehrt. Nun aber spielte eine Band die Melodie von Drafi Deutschers großem Hit »Marmor, Stein und Eisen bricht« an. Manche der 1800 Gäste erhoben sich, fast jeder begann, rhythmisch zu klatschen. Der Sänger nahm sein Mikrophon. Die AWD-Hymne erklang:

> *»Heute Nacht werden Träume wahr –*
> *Dam Dam, Dam Dam.*
> *Der AWD, er war wunderbar –*
> *Dam Dam, Dam Dam.*
> *Aktien, Geld und Edelstein,*
> *Reichtum kann für jeden sein.*
> *Immer mehr von Jahr zu Jahr –*
> *AWD, der Superstar.«*

Über Reichtum, Geld und über Edelsteine hatte Carsten Maschmeyer an diesem Abend in der Eilenriedehalle in Hannover tatsächlich mehrfach gesprochen. Die Veranstaltung, keine drei Jahre nach Gründung des Unternehmens, hatte sich sogar durchgehend mit Geld und Erfolg befasst. Angefangen hatte der Abend mit einer Aufführung des Märchens Sterntaler. Zu den Klängen der »Ballade pour Adeline« tanzte ein 13-jähriges Mädchen im Bodennebel, gab armen Menschen zuerst sein Brot und verschenkte dann noch seine letzten Kleider. Nach so viel Großzügigkeit fielen Taler vom Himmel. Das Mädchen klaubte sie, ausgerechnet zu Musik aus dem Hippie-Musical »Hair«, auf und verließ reich beschenkt die Bühne.

Danach trat Carsten Maschmeyer ans durchsichtige Stehpult. »Allgemeiner Wirtschaftsdienst ... Aufbruch ins dritte Jahrtausend« stand hinter ihm in großen Buchstaben. Der AWD-Chef sprach mit der Ruhe und Sicherheit eines Pfarrers. Der Inhalt seiner Rede hörte sich zumindest zu Beginn ebenfalls pastoral an. Nach jedem Satz setzte Maschmeyer Pausen. So konnten seine Worte nachwirken.

»Märchen beinhalten immer einen Hauch von Romantik und Idealismus«, sagte er. »Sie sind oft von Naivität, Harmonie und Unwirklichkeit geprägt. Sie beginnen fast immer mit: ›Es war einmal ...‹ Und am Ende siegt das Gute. Um die Gründung und den Erfolg des AWD zu begreifen, muss man, wie in einem Märchen, zurück in die gute alte Zeit. Es war einmal ein Land im noch nicht vereinigten Europa, da gab es früher Ausschließlichkeitsverkäufer.« An dieser Stelle applaudierte das Publikum. »Diese Ausschließlichkeitsverkäufer arbeiteten in Banken, Bausparkassen und Versicherungen völlig separat nebeneinanderher. Die meisten lobten nur ihre eigene Gesellschaft und hatten von branchenfremden Produkten wenig Kenntnis. Ihre Motivation war es, den Verkauf der eigenen Produkte zu forcieren.«

Diesen aus Sicht des Redners zweifellos dunklen Zeiten setzte der Redner die Gegenwart entgegen, die am 1. April 1988 mit der Gründung des AWD begonnen hatte: ein »neues Zeitalter der Geldberater«, die nun die besten Produkte aller guten Anbieter vermittelten. Diesen Geldberatern, sprach Carsten Maschmeyer, wurde »statt Produktwissen echte Wirtschaftsfachkenntnis« beigebracht. Dann bezog er sich auf das aufgeführte Märchen. »Sterntaler ist aber nicht nur eine Erinnerung an die heile Welt von gestern, sondern auch eine Parallele für das Selbstverständnis der Dienstleister. Dienstleistung des AWD bedeutet: Erst geben, dann nehmen. Erst dienen, dann verdienen. Und keineswegs: Wie viel kann ich mir leisten, ohne zu dienen. Das Gesetz von Ursache und Wirkung sagt: Wenn du Wind säst, wirst du Sturm ernten. Wer Liebe gibt, wird Liebe empfangen. Wer Mitmenschen übervorteilt, wird selbst verlieren.«

Im Sterntalermärchen sei das kleine Mädchen für seine uneigennützige Hilfe mit Goldtalern belohnt worden. »Auch ein Wirtschaftsberater kann nur dann viel Geld verdienen, wenn er seinen Mandanten vorher Vorteile bringt.«

Dies alles sagte Carsten Maschmeyer wirklich. Er verglich den AWD mit »Sterntaler«, sprach von Uneigennützigkeit, von Mitmenschen, die nicht auszunehmen seien, und davon, Liebe zu geben. Er bediente sich sogar im Alten Testament, Hosea, Kapitel 8, Vers 7. Dort heißt es vollständig: »Denn sie säen Wind und werden Sturm ernten. Ihre Saat soll nicht aufgehen; was dennoch aufwächst, bringt kein Mehl; und wenn es etwas bringen würde, sollen Fremde es verschlingen.«

An diesem 19. Januar 1991 vertrieb der AWD bereits seit 15 Monaten geschlossene Immobilienfonds. Zu dem Jahresumsatz von 3,04 Milliarden Euro, den Maschmeyer unmittelbar nach seinen Analogien zu Bibel und den Brüdern Grimm mit jetzt lauter Stimme in den Saal rief, hatte die Vermittlung dieses Finanzprodukts entscheidend beigetragen. Für die Anleger waren geschlossene Fonds so perfide, dass die Regierungen vieler Staaten sie verboten hatten. In Deutschland aber katapultierten die Deals mit Beteiligungen an Gebäuden den AWD-Umsatz nach oben. Das Rekordjahr 1990, das Carsten Maschmeyer bei der Gala feierte, war nicht das letzte.

Die Stiftung Warentest definiert geschlossene Immobilienfonds als »unternehmerische Beteiligungen an nur wenigen Immobilien, zum Teil auch nur an einer einzigen«. Und sie warnt: »Die Anleger sind Mitunternehmer und somit an Erfolg und Misserfolg der Unternehmung beteiligt. Wie hoch die Haftung ist, hängt von der Rechtsform ab. Bei einer KG (Kommanditgesellschaft) kann der Anleger sein eingesetztes Geld verlieren, bei einer GbR (Gesellschaft bürgerlichen Rechts) hat er eventuell sogar eine Nachschusspflicht.«

Die geschlossenen Immobilienfonds kamen zu einer Zeit auf den Markt, als Bundesschatzbriefe Renditen von bis zu 8,5 Prozent brachten. Die meisten geschlossenen Fonds versprachen den Investoren 7 Prozent. Auf den ersten Blick ist der Erfolg bei der Vermittlung der geschlossenen Fonds deshalb kaum nachvollziehbar, zumal Anleger bei Bundesschatzbriefen nahezu kein Risiko eingingen.

Die AWD-Berater arbeiteten im Gespräch mit ihren Kunden vor allem mit einem Argument: Mit geschlossenen Immobilienfonds ließen sich Steuern sparen. Es war wohl eine Mischung aus Verkaufstalent und richtiger Munitionierung durch die AWD-Zentrale, dass dieses Argument auch bei zahlreichen Menschen mit geringerem Einkommen verfing. Die hatten es ja gar nicht nötig, im großen Stil Steuern zu sparen.

Das Geld der Anleger floss, und in Deutschland entstanden auf der finanziellen Basis geschlossener Fonds etliche Bürokomplexe, Wohnanlagen und Theater. Darunter befanden sich auch einige bekannte Gebäude wie das Luxushotel Heiligendamm an der Ostsee, das Musical-Theater Neue Flora in Hamburg, der Robinson-Klub Fleesensee in Brandenburg und die Galerie Lafayette am Gendarmenmarkt in Berlin-Mitte. Auch das berühmte Hotel Adlon am Brandenburger Tor wurde mit Hilfe eines geschlossenen Fonds errichtet.

Die Initiatoren sammelten über viele Jahre immer neue Millionen ein und versprachen den Anlegern deftige Ausschüttungen. Falls die Objekte bei gutem Mietzins immer komplett vermietet waren, konnte der Kauf von Anteilen eines geschlossenen Immobilienfonds laut Stiftung Warentest lohnenswert sein. Ansonsten drohten »hohe Verluste, weil es keine weiteren Fondsobjekte gibt, die das ausgleichen können«.

Für Leute, die in der Annahme unterschrieben, eine sichere Geldanlage für das Alter zu tätigen, führten Beteiligungen an geschlossenen Immobilienfonds oft in eine finanzielle Katastrophe. Viele waren von ihrem AWD-Berater sogar noch überredet worden, für das »sichere Investment« einen Kredit aufzunehmen. Dass Teile ihrer Einlage sofort in Provisionen, Honorare für Rechtsanwälte und Wirtschaftsprüfer, Verwaltungs- und Depotkosten flossen und damit keinen Gewinn mehr erwirtschaften konnten, merkten sie erst später. Bis zu 20 Prozent betrugen diese sogenannten Weichkosten.

Carsten Maschmeyer behauptete in seiner Rede auf der Gala im Januar 1991, sein Unternehmen ziehe »eine charakterliche Elite an, für die Begriffe wie Fairplay und Ehrlichkeit nicht eine Frage des Nutzens sind«. Diese »charakterliche Elite« vermittelte auch Beteiligungen an Immobilien, die zum Zeitpunkt der Investition noch gar nicht fertig gebaut waren. Mieteinnahmen konnten da noch nicht fließen. Die Anleger ahnten aber erst einmal nichts Böses, weil sie nach einigen Monaten wie besprochen erste »Ausschüttungen« überwiesen bekamen. Doch diese Ausschüttungen waren keine Zinsen – der Initiator des geschlossenen Fonds zahlte komplett oder zu großen Teilen die Einlagen aus. Wer also investiert hatte, erhielt oft sein eigenes Geld zurück. Das gesamte Kapital des Fonds wurde so mehr und mehr aufgeknabbert. Viele

Anleger bekamen am Ende auch keine Ausschüttungen mehr. Ihr Geld war weg.

Aus Sicht eines AWD-Beraters ohne moralische Hemmungen war ein geschlossener Immobilienfonds das perfekte Finanzprodukt. Es ließ sich durch den Steuervorteil gut verkaufen. Es brachte eine Provision, die dreimal so hoch war wie die Vermittlungspauschaule einer an sich höchst lukrativen Lebensversicherung. Und, auch das war der Traum eines jeden Vermittlers: Der Kunde konnte den Kauf von Anteilen an einem geschlossenen Immobilienfonds nicht mehr stornieren.

Die AWD-Zentrale bereitete ihre Vertriebseinheiten sorgfältig auf die Verkaufsgespräche vor. Sie organisierte eigens Schulungen, diesmal kostenlos für die Mitarbeiter. Aus Stuttgart reiste Axel Bertling von der Kapital Consult nach Hannover. Diese »Gesellschaft für Konzeption, Marketing und Vertrieb von Kapitalanlagen mbH« konzipierte die 17 später berüchtigten Dreiländerfonds (DLF). Im Hotel Maritim am Flughafen Hannover hielt Bertling vor AWD-Beratern das DLF-Grundseminar. Bertling hatte das Buch »Verkaufs-Genies« geschrieben und agierte bei Kapital Consult GmbH als eine Art Chefverkäufer.

Die Teilnehmer lernten bei Bertling zum Beispiel, wie ein Anlageberater geschickt auf die negative Seite des Finanzprodukts zu sprechen kam. Im Falle der Dreiländerfonds empfahl Bertling, von Risiken zu erzählen, die der Kunde gar nicht als Risiko wahrnahm. Ein Drittel des Kapitels floss in Immobilienfonds in Deutschland, ein Drittel in Wertpapierfonds in der Schweiz und ein Drittel in Immobilienfonds in den USA. Wer bei Bertling gelernt hatte, konnte dem Kunden zum Thema Risiko sagen: »Nehmen wir mal an, die USA gibt es nicht mehr. Dann haben wir immer noch zwei Drittel Ausschüttung.« Er hatte damit den alten Verkäufertrick an-

gewandt, das Risiko klein-, geradezu lächerlichzureden. Die
USA, dachte in dem Moment der Kunde, würde es ja immer
geben. Dass in Wirklichkeit selbstverständlich Fondsgelder
aus Deutschland und der Schweiz in die USA flössen, wenn
das Land pleiteginge und eine Zweidrittelausschüttung damit
nicht gesichert war, sollte der Berater nicht unbedingt erwähnen.

Für ein erstes Verkaufsgespräch beim Kunden setzte Bertling nicht mehr als acht Minuten an. In den ersten zwei Minuten sollten die AWD-Vertriebsleute ihre Botschaft plazieren: Der Kunde müsse etwas ändern. Nach sechs weiteren
Minuten war der Vorabschluss zu schaffen. »Bis dahin«, forderte Bertling, »muss der Kunde es begriffen haben.«

Auch Bertlings Kollege Siegfried Lenz, Geschäftsführer
der Kapital Consult, formte AWD-Berater zu umtriebigen
Verkäufern geschlossener Immobilienfonds. Lenz empfahl,
dass die Berater ihren Kunden Sicherheit vorgaukelten. Weil
in den Fonds ja Häuser drinsteckten, kaufe der Kunde sozusagen einen Sachwert. Er bekomme etwas für sein Geld, ein
Haus könne ja nicht einfach verschwinden. Außerdem investierten die Dreiländerfonds ja nicht in Iran, Irak und Paki-
stan, sondern in Deutschland, der Schweiz und den USA.
Warum wohl?, sollte der Berater seinen Kunden fragen und
dieser dann natürlich denken, dass sein Geld in solchen Ländern eben sicherer sei.

Immer wieder, das bekamen die AWD-Berater auf den Seminaren eingetrichtert, sollten sie auf die regelmäßigen Ausschüttungen von sieben Prozent verweisen. Nach drei Monaten kam das erste Geld und damit eine klare Botschaft: Das
Investment funktioniert. Am Ende des Gesprächs durfte der
AWD-Berater dann ruhig selbst noch mal das Thema Sicherheit ansprechen – und gerne auch Walter Fink nennen, den
Inhaber der Kapital Consult. »Herr Fink«, sollte der Ver-

triebsmitarbeiter sagen, »hat bisher eine Milliarde an Kundengeldern eingesammelt. Und er ist nicht damit abgehauen. Entweder ist er doof oder ehrlich. Beides ist ein Vorteil für Sie.«

Die Mitschriften der Teilnehmer solcher Verkaufsseminare zeigen, wie infam Kapital Consult und AWD vorgingen. Bei der Gala in Hannover zeichnete Carsten Maschmeyer unterdessen ein völlig anderes Bild von der AWD-Beratung. Zu Hilfe kam ihm dabei Günther Jauch, der nach einer kurzen Einspielung scheinbar überraschend die Bühne betrat. Jauch spielte einen potenziellen AWD-Kunden.

»Ich mache solche Veranstaltungen relativ selten, zum einen, weil ich ja relativ viel zu tun habe, und zum anderen, weil man natürlich dann ja immer fragt: Was kommen da für Leute, wer ist da der Chef, in welchem Rahmen ist das?«, erklärte der Fernsehmoderator erst einmal. »In diesem Fall war das furchtbar einfach. Ich frage zu diesem Zweck immer den Kollegen Thomas und sage: ›Pass mal auf, da hat jemand angerufen und hat gefragt.‹« Der Kollege Thomas – gemeint war wohl Thomas Gottschalk, mit dem Jauch seit vielen Jahren gut befreundet war – habe dann kurz die Stirn gerunzelt. Als Jauch ihm aber gesagt habe, zu wem er gehe, habe der Kollege Thomas gesagt: »›Kenn ich, kenn ich. War ich auch schon mal. Hab ich doch selber schon gemacht. Kannst du hingehen, überhaupt kein Problem. Die Leute sind prima, und der Chef‹, hat er mir zumindest gesagt, ich weiß nicht, wie gut sie sich kennen, ›ist auch in Ordnung.‹«

Günther Jauch gab sich dann für ein Rollenspiel her und ließ an seiner Person festmachen, dass Beratung durch den AWD durchaus sinnvoll sei. »Eins muss ich vorneweg sagen: Ich weiß nicht, ob ich hier gerade der richtige Mann für Sie bin oder ob ich nicht ein Mensch bin, bei dem Sie sagen, wenn ich Ihnen jetzt was erzähle: ›Oh, da haben wir den Falschen erwischt.‹« Jauch zählte auf: »Ich besitze keine Lebensversicherung. Habe keine Unfallversicherung. Besitze keine Insassenunfallversicherung. Krankenversicherung habe ich. Was gibt es noch: Bausparvertrag. Habe ich auch keinen. Also, ich habe im Grunde nichts. Werde ich dann jetzt kurzfristig entlassen?«

»Also, vorab«, sagte nun Carsten Maschmeyer, »jemand, der noch keine schlechten Erfahrungen gemacht hat, ist uns natürlich auch willkommen. Aber wir wollen mal testen, ob er überhaupt etwas braucht. Zahlen Sie Miete?«

»Ja, jeden Monat«, antwortete Jauch.

»Steigt diese Miete?«, fragte Maschmeyer.

»Das nehme ich mal an«, erwiderte Jauch. »Ich habe so einen befristeten Mietvertrag, der läuft jetzt im November aus.«

»Wenn die höher wird, ist das schön?«, setzte Maschmeyer nach.

»Für den Vermieter schon«, sagte Jauch.

»Und für Sie?«

»Weniger.«

»Zahlen Sie Steuern?«

»Ordentlich.«

»Gerne oder ungerne?«

»53 Prozent plus Kirchensteuer.«

»Gerne?«

»Och, ja, man gewöhnt sich zwar dran, aber: nicht so gerne.«

»Wenn wir das ändern könnten«, sagte Carsten Maschmeyer, »würden wir doch jetzt noch länger miteinander reden, oder?«

»Keine Miete und keine Steuern?«, fragte Jauch mit gespielter Überraschung.

»Ja«, bestätigte Maschmeyer.

»Das ist in Ordnung«, antwortete Jauch, drehte sich zum Publikum, lächelte und sagte: »Da können wir drüber reden.«

»Wir haben keine eigenen Produkte«, klärte Carsten Maschmeyer Jauch noch auf. »Also, nicht dass Sie denken: Da haben
sich zwei zusammengetan, wollten das große Geld machen,
haben einen Fonds aufgemacht, und hinterher ist das Geld in
Panama. Wir vermitteln nur für ganz große, seriöse Gesellschaften.«

Zu diesen »seriösen« Gesellschaften zählten mindestens 14
Jahre lang Betreiber etlicher Fonds, die das Geld der Anleger
in großer Menge verbrannten. 34000 AWD-Kunden investierten allein bei der Firma Kapital Consult, kauften Beteiligungen an 14 unterschiedlichen Dreiländerfonds. Das enthüllten der »Stern«, der NDR und die Zeitschrift »Finanztest« 2011. Es überraschte damals, in welchem Ausmaß der
Finanzvertrieb an diesen Hochrisiko-Produkten verdient
hatte. Doch das AWD-Geschäft mit geschlossenen Immobilienfonds, mit hochriskanten Medienfonds, mit Lebensversicherungsfonds und Schiffsfonds sowie mit fremdvermieteten
Eigentumswohnungen, die mitunter auch als »Schrottimmobilien« bezeichnet wurden: Es war noch viel umfangreicher.

Eine AWD-Tabelle aus dem Jahr 2004 listet alle Personen
aus Deutschland auf, die vom AWD Beteiligungen an den genannten Fonds bzw. an den vermieteten Wohnungen vermittelt bekamen. Rund 80 Prozent der vermerkten Beteiligungen
betreffen die berüchtigten Dreiländerfonds der Kapital
Consult. Die durchschnittliche Höhe der Investments lag
hier bei 65000 Mark. Etwa zehn Prozent fallen auf vermietete
Immobilien, weitere rund zehn Prozent auf Medien-, Schiffs-
und Lebensversicherungsfonds.

Die Tabelle beginnt am 7. Oktober 1989, als AWD-Berater
zwei DLF-Beteiligungen nach Altenbeken in Ostwestfalen
verkauften und eine DLF-Beteiligung nach Bad Mergentheim
in Tauberfranken. Sie endet am 3. September 2003 mit Abschlüssen in Tecklenburg, Lengerich, Rheda-Wiedenbrück,

Brakel, Kippenheim, Mülheim, Gersdorf und Guben. Um die Liste auszudrucken, braucht es fast 9500 Blatt Papier. Sie umfasst 240 351 Beteiligungen. So oft vermittelten Berater des AWD für hohe Provisionen Investments, die vielen Kunden starke, manchmal auch komplette Verluste des angelegten Geldes einbrachten.

Der Datensatz ist groß, und markierte man die verzeichneten Städte und Dörfer auf einer Deutschlandkarte, bliebe kaum ein Örtchen frei: Der selbsternannte Finanzoptimierer AWD vermittelte die hochriskanten Produkte im ganzen Land. Mit Hilfe der Postleitzahl zeigt die Kundendatei AWD-Kunden in der Nachbarschaft. Sucht man nach der Gemeinde, in der man aufwuchs, stößt man auf bekannte Namen.

Die Tabelle enthält junge Menschen, die bei Vertragsabschluss noch nicht lange volljährig waren, aber auch Senioren im fortgeschrittenen Rentenalter. Der älteste Kunde, dem der AWD einen Dreiländerfonds vermittelte, ist eine Frau: Ursula Schmitt (Name geändert) aus dem Sauerland unterschrieb am 15. Januar 1991 bei ihrem AWD-Berater den Vertrag mit der Nummer 92100782. Die Rentnerin, geboren 1903, war damals 88 Jahre alt.

Ursula Schmitt bekam den Dreiländerfonds 92/10 vermittelt, den die Kapital Consult zwei Monate zuvor gegründet hatte. Dem AWD gelang es auch noch, ihren Sohn Hans von dem Fonds zu überzeugen, außerdem zwei 69-jährige Nachbarn.

»Meine Mutter ist dann gestorben, ich habe ihren Fonds übernommen«, erzählt Hans Schmitt heute. Der Sauerländer, inzwischen selbst Mitte 80, konnte damals quasi dabei zusehen, wie der Fonds zugrunde ging: Vier Jahre nach der Gründung waren die insgesamt eingezahlten 77 Millionen Mark bereits auf 46 Millionen zusammengeschmolzen – ein Verlust von mehr als 40 Prozent. Bis 2011 schwoll der Verlust auf fast

60 Prozent an. Hans Schmitt trennte sich von seinen Beteiligungen 2008. Wie viel Geld er bzw. seine Mutter verloren haben, möchte er nicht sagen.

Die hohen Verluste waren nicht ungewöhnlich für Dreiländerfonds. Die Fonds-Bilanzen vom 31.12.1997 etwa besagten für den DLF 93/14 keine vier Jahre nach der Gründung einen Verlust von 38 Prozent der Anlagesumme. Für den riesigen DLF 94/17 wurde ein Minus von knapp 30 Prozent ausgewiesen. Da stand der große Zusammenbruch dieses Fonds noch bevor: 1999 ging das Musical-Unternehmen Stella pleite. In dessen Projekte waren Teile der eingesammelten 2,2 Milliarden Mark geflossen. Der DLF-Geschäftsbericht macht klar, wie schnell das Geld der Anleger durch die hohen Weichkosten weg war: Der DLF 97/22 brauchte gerade einmal 13 Monate, um 22 Prozent der eingezahlten Gelder als Verlustsumme auszuweisen.

Solche Zahlen hätten die AWD-Spitze nachträglich alarmieren müssen: Das Unternehmen bezeichnete sich als Finanzoptimierer, richtete mit der Vermittlung der Dreiländerfonds jedoch die Finanzen seiner Kunden eher zugrunde, als sie zu verbessern. Offensichtlich war die Gier größer als die Einsicht, den Kunden Schlechtes zu tun.

Viele AWD-Kunden hatten sich Geld von der Bank geliehen, um der Empfehlung ihres Beraters nachzukommen und Anteile an geschlossenen Immobilienfonds zu erwerben. Den Kredit wollten sie mit Hilfe der Ausschüttungen aus den Fonds zurückzahlen. Doch oftmals waren die Ausschüttungen bald zu gering, um die Kredite zu bedienen. Die Kunden kamen unter Druck, beschwerten sich bei ihren Vermittlern vom AWD. Und manche nahmen sich einen Rechtsanwalt.

Carsten Maschmeyer schickte, so berichtete die Zeitschrift »Finanztest« im März 2001, seinen Mitarbeiter Uwe Baumann zu manchen DLF-Anlegern, die nach AWD-Beratung viel Geld verloren hatten. Baumann hatte sich zum Direktor hochgearbeitet und war niemand, der Zweifel aufkommen ließ. »Viele Menschen machen nur zwei Fehler: Sie denken falsch, und sie handeln falsch«, verkündete er in Fortbildungen. Bei den AWD-Opfern erschien Baumann unangemeldet und machte ihnen klar, dass es keinen Sinn habe, den AWD zu verklagen. Dem AWD könnten nämlich keine Fehler nachgewiesen werden. »Laut AWD waren Baumanns Besuche notwendig, weil ehemalige Mitarbeiter versucht hätten, Kunden zu Schadensersatzklagen wegen Falschberatung gegenüber dem AWD zu animieren«, schrieb »Finanztest«.

Es ließen sich jedoch längst nicht alle Anlageopfer von dem schneidigen AWD-Direktor einschüchtern. Und so verurteilte das Landgericht Hannover den Finanzvertrieb in zwei Fällen zur Entschädigung von Kunden. AWD-Berater hatten ihnen zwischen 1995 und 1996 den Dreiländerfonds 94/17 vermittelt, ihnen kritische Medienberichte über diesen Immobilienfonds jedoch vor Abschluss der Verträge verschwiegen. Der AWD, entschieden die Richter, müsse jeweils die komplette Anlagesumme von 50 000 und 65 000 Mark erstatten.

2001 ließ Carsten Maschmeyer in der AWD-Zentrale ein »Team DLF 94/17« bilden. Zu dem Gremiun zählte neben dem AWD-Deutschland-Geschäftsführer Götz Wenker und dem Pressesprecher Folkert Mindermann auch Rolf Stoecker. Stoecker hatte als Vorstandsvorsitzender die Versicherung Deutscher Ring geführt und ist laut Carsten Maschmeyer dessen »väterlicher Freund«. Stoeckers Erfahrung sollte helfen, dass aus einzelnen Gerichtsverfahren keine Klagewelle wurde.

In einer »persönlich/vertraulichen« Vorstandsvorlage vom 28. Januar 2002 schilderte ein Mitarbeiter des »Teams DLF« die verfahrene Situation: »Nachdem der AWD GmbH am

24.1.2002 die Klage von weiteren elf Anspruchstellern zum DLF 94/17 (...) zugestellt wurde, hat sich nunmehr die Anzahl der zu 94/17 anhängigen Klagen von elf Anspruchstellern (Stand Dezember 2001) auf 23 erhöht. Diese geänderte Sachlage kann der Öffentlichkeit und dem Kapitalmarkt nicht dauerhaft vorenthalten werden.«

Eine AWD-interne »Auswertung der gerichtlichen und außergerichtlichen Ansprüche« vom 20. Dezember 2001 zeigt, dass der Streitwert bei Gerichtsverfahren mitunter beträchtlich war: Die Liste weist für einen Kunden bei einem Verfahren am Landgericht Hannover 207 900 Mark aus. Der AWD hatte ihm insgesamt sieben Beteiligungen an Dreiländerfonds vermittelt. Auch Gerichte in Wiesbaden und Oldenburg mussten sich mit den AWD-Geschäften auseinandersetzen. Hier kämpften Kunden um Rückzahlung von 380 000 bzw. 360 000 Mark.

Ebenfalls am Landgericht Hannover verklagte die Kundin M. den AWD auf 126 000 DM. Das Urteil fiel gegen den AWD aus. Wie so oft ging der Finanzvertrieb in Berufung. Carsten Maschmeyer wusste, dass jedes einzelne rechtskräftige Gerichtsurteil für sein Unternehmen gefährlich war: Andere Gerichte konnten sich dann an der Rechtsprechung orientieren.

Der Fall der AWD-Kundin M. wurde am Oberlandesgericht (OLG) Celle auf den 21. November 2002 terminiert. Vorher tagte unter Anwesenheit des AWD-Finanzvorstandes Ralf Brammer das DLF-Team. Es ging auch um das Gerichtsverfahren in Celle. »Nach Einschätzung der Prozessanwälte muss AWD (...) damit rechnen, im Fall M. zu unterliegen«, heißt es im Protokoll der Sitzung. »Es besteht Einvernehmen, dass zur Vermeidung weiterer OLG-Entscheidungen ein Vergleich geschlossen werden soll. Herr Brammer schlägt vor, dass dem Anleger zur Vermeidung von Imageschäden bei AWD nicht Schadensersatz geleistet werden sollte, sondern das Angebot gemacht werden sollte, den Anteil zu übernehmen.«

In Vergleichen verpflichteten sich die Opfer gewöhnlich, über den Fall zu schweigen. Dafür wurden sie abgefunden. Der AWD wiederum konnte behaupten, er sei nicht verurteilt worden. Diese Strategie fuhr das Unternehmen über Jahre immer wieder. Es zahlte lieber, anstatt das nächste Urteil abzuwarten.

Der Düsseldorfer Rechtsanwalt Julius Reiter vertrat gemeinsam mit dem früheren Bundesinnenminister Gerhart Baum in den 2000er Jahren mehrere hundert frühere Kunden gegen den AWD. »Die Kapitalanlagen, die man unseren Mandanten vermittelt hatte, waren gescheitert und hatten zu erheblichen Verlusten geführt. Die meisten waren am Ende nur noch 20 Prozent der investierten Summe wert«, erinnert sich Reiter. Der Anwalt macht eine Rechnung auf, die für den AWD das Ausmaß der Fehlberatung aufzeigt: »Nimmt man die vom AWD vermittelten Produkte des sogenannten Grauen Kapitalmarkts zusammen, so kann man ohne Übertreibung sagen, dass deutschen Anlegern durch diese Vermittlungen Schäden in Milliardenhöhe entstanden sind.«

Bei den Vergleichen, zu denen sich die meisten Mandanten der Kanzlei Baum-Reiter entschlossen, zahlte der AWD den Anlegern zwischen 30 und 50 Prozent der Verlustsumme. Der Rechtsanwalt bemühte sich damals, mit den Anwälten anderer AWD-Opfer zu kooperieren. Das gelang nicht. Reiter bedauert das. »Es war ein Fehler, dass die unterschiedlichen Anlegeranwälte nicht offen ihre Informationen ausgetauscht haben. Hätten wir alle Hintergrundinformationen aus den vielen verschiedenen Prozessen und außergerichtlichen Auseinandersetzungen zusammengetragen, hätten wir mehr Prozesse gegen den AWD gewinnen können. Dass die

AWD-Berater ihnen die hohen Risiken verschwiegen haben, war für die einzelnen Anleger vor Gericht ja schwierig zu beweisen. Sie konnten oft nicht auf Zeugen zurückgreifen, denn die Verkaufsgespräche wurden meistens unter vier Augen geführt.«

In einem Fall allerdings verzichtete der Finanzvertrieb ganz auf die gerichtliche Auseinandersetzung: Ein AWD-Berater hatte sogar seinen Eltern eine Beteiligung am DLF 94/17 in Höhe von 100 000 Mark vermittelt. Der Mitarbeiter wurde im Protokoll der Sitzung des DLF-Teams als »gut« bezeichnet. Der AWD wollte ihn nicht verlieren. Die Eltern hatten allerdings das Geld für das Investment nicht auf dem Konto gehabt, sondern eigens einen Kredit aufgenommen. Das machte den Fall nicht einfacher. »Derzeit stehen noch Verbindlichkeiten aus der Finanzierung in Höhe von 120 000 Euro«, berichtete Götz Wenker seinen Kollegen. Die Eltern hätten den AWD noch nicht verklagt, es beständen »aber erhebliche Konflikte zwischen Mitarbeiter und Eltern«. Laut Wenker war nicht auszuschließen, »dass der Mitarbeiter in einem Verfahren als Zeuge gegen AWD aussagen« müsse. Der AWD lenkte daher ein und zahlte freiwillig.

Am 15. Januar 2002 tagte das Team DLF zum fünften Mal. Das Protokoll der vierstündigen Sitzung berichtet von »Stillhalteabkommen«, die der AWD mit einigen Rechtsanwaltskanzleien traf – offenbar um Zeit zu gewinnen. Es bietet auch einen Überblick über die Klagelandschaft: »Zwei Kanzleien (Wewerka und Wüterich/Renner) haben je 43 Mandate; die übrigen Kanzleien verfügen z. Zt. über drei bis maximal 13 Mandate.« Der AWD-Pressesprecher Folkert Mindermann gab laut Protokoll das Ziel aus, »Pressepublikationen in die Wege zu leiten und auch gegenüber dem Fernsehen offensiv aufzutreten. In der »Financial Times Deutschland« sollte deshalb »ein Leserbrief lanciert« werden.

Auch auf dem Feld der Justiz engagierte sich das DLF-Team. Ein Mitglied sollte veranlassen, dass einer Richterin am Oberlandesgericht Celle, die offenbar über die Klagen von AWD-Kunden zu entscheiden hatte, »ein ›netter‹ Brief« zukomme.

Carsten Maschmeyer selbst nahm das Thema Dreiländerfonds sehr ernst und bestellte ab Januar 2004 monatlich einen Dreiländerfonds-Spezialisten zum Vorstand ein. Jede Klage konnte zu einem Vergleich und damit zu hohen Zahlungen an den Kunden führen. Die Frage war, wie viel Geld der AWD für aktuelle und künftige DLF-Prozesse zurücklegen sollte. Diese Rückstellungen belasteten das Ergebnis des Unternehmens merklich.

Am 7. Februar 2003 schlug Maschmeyer auf der Geschäftsführerkonferenz des AWD Deutschland laut Protokoll nicht etwa vor, ab sofort keine geschlossenen Immobilienfonds mehr zu vermitteln. Der AWD-Chef präsentierte eine andere Idee: Die Provisionen für die Vertriebsmitarbeiter bei »Immoprodukten« sollten einfach reduziert werden. Der »eingesparte Betrag« stehe dann »für mögliche spätere Kulanzzahlungen zur Verfügung«. Die Idee hatte aus Sicht des Mehrheitsaktionärs Charme: Weil die für den Kunden hochriskanten geschlossenen Fonds auch für den AWD zum Risiko wurden, sollten künftig einfach die Verkäufer vor Ort helfen, dieses Risiko abzumildern. Das Unternehmen selbst könnte so weiterhin möglichst viel daran verdienen.

Maschmeyers Vorschlag zeigte Skrupellosigkeit und war kaum vereinbar mit Bibelzitaten und mit jener christlichen Nächstenliebe, die er 1991 im »Industrie-Magazin« zu seiner Maxime erklärt hatte. Im Rückblick machte Maschmeyer dann kurzerhand die Fondsbetreiber für die Verluste der AWD-Kunden verantwortlich, einige seien ja verurteilt worden. »Aus heutiger Sicht würde ich sagen: Wenn es diese Produktgattung nie gegeben hätte, wäre es für die Anleger und alle Berater besser gewesen«, sagte er im Frühjahr 2013 dem »Spiegel«.

Mit Günther Jauch, der ihm 1991 bei der großen Gala noch so stimmungsvoll assistierte, hatte sich Carsten Maschmeyer zu diesem Zeitpunkt längst entzweit. Das lag zuerst daran, dass Jauchs Auftritt bei der AWD-Gala gefilmt und per Videokassette an AWD-Mitarbeiter verschickt wurde. Günther Jauch, der für die Ko-Moderation des Abends 18 000 Mark kassiert hatte, klagte beim Landgericht Köln auf 120 000 Mark zusätzlich. Nach einem Vergleich erhielt Jauch schließlich 69 000 Mark. Der Moderator und der Finanzunternehmer behielten den Vorgang für sich.

Im Sommer 2006 erinnerte sich Maschmeyer allerdings der Nachzahlung. Das RTL-Magazin »Stern TV« recherchierte unter AWD-Opfern, Günther Jauch moderierte damals noch die Sendung. An Kritik am AWD war Carsten Maschmeyer nicht gelegen.

In einem Brief schilderte der AWD-Chef einem Freund, »dass Günther Jauch vor Jahren bei uns Moderator einer Gala war«. Er habe sich später beschwert, dass es davon Fotos und firmeninterne Aufzeichnungen gab und eine kräftige Honorarnachzahlung verlangt. »Um einen Prozess und Aufsehen zu vermeiden, haben wir auch gezahlt.«

Maschmeyer verzichtete 2006 aber darauf, dieses Stück gemeinsamer Vergangenheit mit dem Moderator bekanntzumachen. Er versuchte stattdessen, das Problem über Beziehungen zu lösen. Maschmeyer bat einen »Freund von Jauch«, der ihm selbst »wohlgesinnt« sei, an Jauch heranzutreten. Den Namen des Zwischenhändlers nannte Maschmeyer in dem Brief nicht. Allzu viele Personen kommen dafür aber nicht in Frage.

An einem Sonntagabend im März 2013 allerdings merkte Carsten Maschmeyer, dass er bei Günther Jauch zwar den Gala-Auftritt, nicht aber dessen journalistische Integrität gekauft hatte. In seiner Talkshow trieb Jauch den früheren AWD-Chef mit Fragen zu dessen Vergangenheit in die Enge. Maschmeyer schien überrascht und reagierte unsouverän.

Was kurz darauf in der »Bild«-Zeitung stand, wirkte wie eine Retourkutsche: Jauch habe 1991 für einen Auftritt bei einer Gala 18 000 Mark und später einen Nachschlag von 69 000 Mark bekommen. Maschmeyer ließ sich in dem Bericht selbst zitieren. Die Botschaft war klar: Günther Jauch ist von mir mal ziemlich gut bezahlt worden.

4.
Maschmeyer und Schröder I
Eine Hand ...

Manchmal brauchen die Dinge Zeit, selbst bei Carsten Maschmeyer. Es war der Februar 1998, als er dem damaligen Ministerpräsidenten zur Seite sprang und jene Anzeigen zur Landtagswahl in Niedersachsen schaltete. »Der nächste Kanzler muss ein Niedersachse sein«, ganzseitig, in 16 Regionalzeitungen, dafür machte Maschmeyer 650 000 Mark locker.

Danach vergingen Jahre.

Es waren Jahre ohne Briefwechsel und Telefongespräche, ohne Arbeitstreffen im Amt und Abendessen zu Hause. Jahre ohne gemeinsame Reisen im Business-Jet, ohne gemeinsame Geheimprojekte und Auftritte, ohne gemeinsame Partys und Restaurantbesuche, ohne teure Geschenke und Familienfeiern. Erst fast vier Jahre nachdem Maschmeyer per Anzeigenkampagne angeklopft hatte, machte Schröder auf.

»Wir kennen uns seit einer Weihnachtsfeier 2001 unserer Hannover Connection, dazu zählen so die Macher vom Maschsee. Es folgte ein Viereressen bei ihm und ein Fondue bei uns«, erzählte Maschmeyer 2010 der »Welt am Sonntag«. Er war nicht der Schnellste beim Kanzlernetzwerken, aber die Verbindung, die er schließlich knüpfte, ist laut Maschmeyer nahezu undurchtrennbar. Im Notfall sei der eine für die Kinder des anderen da.

Maschmeyer hätte in dem Interview auch sagen können, dass er und Schröder so viel voneinander profitiert hätten und sich bis heute wechselseitig extrem nützten und dass das

Prinzip des Gebens und Nehmens ein festes Fundament ihrer Freundschaft sei. Doch so beschrieb er seine Nähe zu Gerhard Schröder nicht. Maschmeyer wählte den biographischen Weg: »Wir sprachen gerade gestern darüber: zwei Studierte am Tisch und Carsten und Gerhard, die von ganz unten kommen. Klar verbindet das.«

Der frühere AWD-Chef, dem seine Vertriebsmitarbeiter an den Lippen hingen wie einem Sektenführer, und der Altkanzler, dem 1999 bei der vermeintlichen Rettung des Frankfurter Baukonzerns Holzmann die Arbeiter zujubelten und auf Wahlveranstaltungen während des Irakkriegs die Pazifisten: Ist ihr enges Verhältnis mit der ähnlichen Herkunft hinlänglich erklärt? Hier Schröder, der gerne mal erzählte, er habe als Halbwaise im Nachkriegsdeutschland vor Hunger den Fensterkitt gegessen. Und dort Maschmeyer, der in einem Mutter-Kind-Heim in Bremen und später mit prügelndem Stiefvater aufwuchs? Beide begannen früh zu kämpfen. Und beide hatten keine Hemmungen.

Vielleicht meint Maschmeyer ja genau das, wenn er vom »ganz unten« spricht: dass Menschen wie Schröder und er immun sind gegen moralische Vorhaltungen und nicht zimperlich in der Wahl der Mittel. Und dass Mäkeleien am Stil sie nicht allzu sehr beeindrucken.

Die vergleichbare Herkunft kann wohl zum Teil wirklich erklären, warum Carsten Maschmeyer und Gerhard Schröder sich so gut verstehen. Der einzige Grund ist sie natürlich nicht.

Im Winter 2001/2002, als es endlich so weit war mit »Vierer-essen« und »Fondue bei uns«, lernte der Bundeskanzler einen Mann kennen, der zwar einst 650 000 Mark in seinen Wahlkampf investiert hatte, sich inzwischen aber laute Kritik an der Politik der Bundesregierung leistete. Die Riester-Rente war beschlossen.

»Die Renten sind sicher«, hatte zu Zeiten Helmut Kohls der Arbeits- und Sozialminister Norbert Blüm unverdrossen verkündet. Die Bundesregierung unter Gerhard Schröder ging nun davon aus, dass die staatlichen Renten nicht ausreichten. Sie entschied, private Altersvorsorge staatlich zu fördern.

Grundsätzlich lief es damit für Maschmeyer in die »richtige Richtung«. Das Interesse der Bevölkerung solle unbedingt auf die Altersvorsorge gelenkt werden. Das Regelwerk sei jedoch »viel zu kompliziert«. So oder so ähnlich beschrieb Maschmeyer das über Monate in Interviews. Für einen Berater lohne es sich gar nicht, das Thema Riester-Rente anzusprechen. »Er erhält für seine Vermittlung im Schnitt ein Fünftel von einer normalen Beratung. Und nun wird diese noch über zehn Jahre provisioniert.«

Maschmeyer, für dessen AWD Tausende Finanzvermittler unterwegs waren, verlangte mit Nachdruck, dass Finanzvermittler stärker vom Verkauf der Riester-Renten profitierten. Er forderte höhere Provisionen, die schneller ausbezahlt werden sollten. Ansonsten verkümmere die Riester-Rente zur vermögenswirksamen Leistung, »von Kleinverdienern wegen der Förderung mitgenommen, aber an großen Teilen der Bevölkerung vorbeigehend«. Seine Leute, erklärte Maschmeyer klipp und klar, würden im Moment »nicht unter dem Stichwort Riester-Rente speziell Bestandskunden ansprechen«.

Maschmeyer spannte die Muskeln an. Und er zeigte Konsequenz. Der AWD böte Riester-Produkte »einzeln nur noch an, wenn der Kunde uns danach fragt«, bekundete er im Frühjahr 2002. Immer mehr Menschen lehnten die Riester-Rente ab, die Zahl der Stornierungen sei binnen eines Monats auf rund 400000 angestiegen. »Ein deutlicheres Signal kann der Markt eigentlich nicht aussenden«, mahnte der AWD-Chef. Die Liste der Nachteile dieses Finanzprodukts sei lang. »Es wird eine Reform der Reform notwendig sein.« Die Riester-Rente könne »nur ein Erfolg werden durch die, die sie unters Volk bringen sollen – und das sind die Berater der Finanzdienstleister«. Die Botschaft lautete: Ohne uns geht nichts! Man konnte das auch als Drohung verstehen.

Damit war geklärt, was einer wie Maschmeyer von einem wie Schröder wollen könnte, als die beiden sich privat und bald auch dienstlich näherkamen. Nach einem Treffen im Kanzleramt im Februar 2002 gab Maschmeyer Schröder noch einmal schriftlich, dass er durchaus auch bereit sei, nicht nur auf oberster Ebene an der »Reform der Reform« mitzuarbeiten.

In dem Brief von Ende Februar 2002 schilderte Maschmeyer auch dem Bundeskanzler persönlich, was geschehen müsse: Die Förderrente sei der richtige Schritt in die kapitalgedeckte zusätzliche Altersvorsorge, und »die meisten für ein Altersvorsorgeprodukt notwendigen Bestimmungen sind auch völlig richtig«. Doch dieses politische Instrument sei zu kompliziert ausgefallen. Aus diesem Grund brauche es die »vielen Vermittler von Versicherungen, Bausparkassen und Finanzdienstleistern«, um die Menschen auch zum Kauf des Produkts zu bewegen. Auch der Kanzler bekam nun die Botschaft, dass ohne Finanzvermittler nichts gehe.

Maschmeyer nannte auch sein eigentliches Anliegen – den Profit für den AWD. Dass nämlich die Provision nur als Vorschuss zu buchen sei, führe in der Gewinn- und Verlustrechnung bei den Erlösen der Vermittlerunternehmen zu »Benachteiligungen«. Außerdem »schürt die provisionsreduzierende Stornogefahr den Eindruck, dass diese Produkte für den Vermittler nicht interessant sind«.

Das Problem war damit benannt und also der Zeitpunkt gekommen, über konkrete Lösungen zu sprechen. Der AWD-Chef delegierte: »Unsere Experten werden sich an Ihren Ver-

waltungsdirektor, Herrn Dr. Achim Bertuleit, wenden, um
die genauen spezifischen Probleme zu erörtern.«

Bevor Maschmeyer sich auf ein weiteres privates Treffen in
einem feinen Restaurant oder »bei uns zu Hause« freute, hatte er also mit dem Bundeskanzler ein Fachgespräch zwischen
AWD-Vertretern und dem Mann verabredet, der im Kanzleramt die Rentenpolitik leitete. Das nämlich tat der Referatslei-
ter Achim Bertuleit. Der Verband Deutscher Rentenversi-
cherungsträger hatte ihn ins Kanzleramt entsandt. Dort
kümmert sich Bertuleit, der ein alter Bekannter des damaligen Kanzleramtsministers Frank-Walter Steinmeier ist, heute
auch in Merkels Auftrag um die Rente.

Maschmeyer selbst agierte weiterhin auf oberster Ebene.
Kontakt mit dem Kanzler zu haben fiel ihm schon deshalb
nicht schwer, weil die zweite Hälfte der Regierungszeit
Schröder politisch turbulent verlief. An besonderen Ge-
schehnissen mangelte es nicht, und Maschmeyer nutzte sie.

Er gratulierte im September 2002 zum Wahlsieg in letzter
Minute mit einem Sportler- und Manager-Vergleich: Beide
Berufsgruppen könnten von Schröders »Kämpfernatur« und
»Siegeswillen« lernen. Mit der »Begeisterung und Ausdauer«
würden Manager »bessere Zahlen in ihren Unternehmen prä-
sentieren«, schrieb Maschmeyer.

Er drückte dem Kanzler für die mit großer Spannung erwartete Abstimmung der sogenannten Hartz-IV-Gesetze im
Bundestag im Herbst 2003 die Daumen. Und er sprach ihm
vor dem Sommerurlaub im Juli 2004 für »Deinen Reformkurs« weiterhin »Kraft und Beharrlichkeit« zu. Der Kanzler
und der AWD-Chef waren inzwischen per du, auch wenn
Maschmeyer Schröder in späteren Briefen manchmal noch
siezte. Der Unternehmer berichtete dem Bundeskanzler auch,
wer in Niedersachsen noch alles hinter ihm stehe: Dirk Rossmann mit seiner Drogerie- und Martin Kind mit der Hörge-

räte-Kette, der Keks- und Chips-Fabrikant Werner Bahlsen, der Nord-LB-Chef Hannes Rehm, die Versicherungsmanager Uwe H. Reuter (VHV-Gruppe) und Wolf-Dieter Baumgartl (HDI), schließlich Reinhard Wagner von der BHW. »Alle sehen Deine ›Agenda 2010‹ positiv«, schrieb Maschmeyer.

Es war schon ein namhaftes Grüppchen von Unterstützern der Regierungspolitik, die Maschmeyer dem Kanzler präsentierte. Die Botschaft, die er übersandte, konnte den Empfänger beeindrucken: Die geballte Wirtschaftskompetenz eines Bundeslandes stehe hinter ihm. »Nur noch wenige Ewiggestrige haben nicht verstanden, dass es keine Alternative zu einem Reformkurs in Deutschland gibt«, schrieb Maschmeyer.

Bei Reformverweigerung drohte der Untergang, alles Neue schien alternativlos – es war jene Rhetorik, die Schröder selbst geprägt hatte und die seit Mitte der neunziger Jahre in Deutschland zunehmend verfing. Maschmeyer agierte in einer Zeit, in der sich die Koordinaten von Staat, Politik und Wirtschaft grundlegend veränderten.

Ob es nun tatsächlichen Sachzwängen geschuldet oder die Folge neoliberaler Meinungsmache war, in der deutschen Gesellschaft verfestigte sich die Ansicht, dass dereguliert werden müsse: Mehr Markt als Staat sei gefordert, die Zeit großzügiger Wohlfahrtsstaatlichkeit gehe zu Ende. Gerade die SPD schritt munter voran auf dem Pfad, auf dessen Wegweisern Schlagworte wie »Modernisierung« und »Reform« standen. Der Vorteil an diesen Begriffen war, dass sie nicht weiter inhaltlich gefüllt werden mussten. Modern wollte jeder sein, und Reformen schienen nach der trägen Endphase der Ära Kohl notwendig. Schröder selbst hatte es, damals noch Ministerpräsident von Niedersachsen und nur ein möglicher Kanzlerkandidat der SPD, so ausgedrückt: Es »gibt keine linke oder rechte Wirtschaftspolitik, es gibt nur mo-

dern oder unmodern«. Genau diesen Schröder hatte Maschmeyer dann mit seiner Anzeige unterstützt.

Der Kanzler, manchmal als »Genosse der Bosse« bezeichnet, war zu dieser Einsicht auch durch den intensiven Umgang mit Unternehmern und Wirtschaftsführern gekommen.
Er schätzte manche »Bosse« stärker als die Angehörigen seiner eigenen Berufsklasse, mehr vor allem auch als Sozialdemokraten, die von moralischen Fragen angetrieben waren.
Deshalb war es geschickt von Maschmeyer, wenn er Schröder
des Rückhalts namhafter niedersächsischer Konzernlenker
versicherte: Er machte dem Kanzler klar, wer ihn stützte und
auf wen er sich verlassen konnte. In gewisser Weise bot
Maschmeyer dem Kanzler, der sich von Teilen seiner Partei
immer wieder distanzierte, ein alternatives Zuhause.

Gerhard Schröder verstand sich in seiner Zeit als Bundeskanzler mehr denn je als Pragmatiker und nicht als Ideologe.
Das unterschied ihn von früheren prägenden Figuren seiner
Partei, die noch den Zweiten Weltkrieg erfahren hatten und
für die bestimmte programmatische Grundsätze der deutschen Sozialdemokratie nicht verhandelbar waren. Der Göt-
tinger Parteienforscher Franz Walter, selbst SPD-Mitglied,
erkennt in Schröders Pragmatismus etwas »Wurschtiges,
manchmal sogar Zynisches«. Von Moral, Grundsätzen oder
programmatischen Festlegungen habe er sich im Alltag nicht
stören lassen und weitgehend »ohne jegliches inhaltliches
Gerüst« regiert.

Wenn eine Überzeugung beim Bundeskanzler vorherrsch-
te, dann die, dass Bremser und Bedenkenträger in den eigenen
Reihen stören. Genau diese Überzeugung teilte Schröder mit
dem AWD-Chef Carsten Maschmeyer. Der Finanzunternehmer sprach gegenüber seinem persönlichen Assistenten Gero
Hocker oft von »Verhinderern«. Damit waren niemals die
Vertriebsmitarbeiter gemeint, die Finanzprodukte vermittel-

ten und dem AWD dafür Provisionen sicherten. »Verhinderer« waren vielmehr jene Mitarbeiter in der AWD-Zentrale, die für Maschmeyers Empfinden im Alltagsgeschäft zuweilen zu zögerlich vorgingen, Bedenken gegen das eine oder andere Produkt oder gegen eine Vorgehensweise äußerten.

Maschmeyer und Schröder verströmten beide unerschütterlichen Optimismus. Sie zweifelten nicht und trauten sich, Klartext zu reden. Sie verließen sich auch auf ihr Gespür. So oft hatten sie während ihres langen Aufstiegs Entscheidungen getroffen und dabei – hätten sie es sonst so weit nach oben geschafft – fast immer richtig gelegen. Was gab es da noch zu bedenken?

So spielte Maschmeyer im Juli 2004 am Ende seines Briefes an Gerhard Schröder auf all jene an, die dem Reformkurs des Kanzlers inhaltlich widersprachen und dadurch »Reform« und »Modernisierung« im Wege ständen, auf die »Ewiggestrigen«, wie er sie in einem früheren Schreiben genannt hatte: »Gerechterweise kommen bekanntlich nicht diejenigen ins Geschichtsbuch, die kritisiert haben, sondern diejenigen, die kritisiert wurden«, schrieb er und machte dem Freund Mut: Dass die SPD im Moment schwache Umfragewerte erziele, sei nicht Schröders Schuld. Der Kanzler und seine Politik, die Maschmeyer so wunderbar in die Karten spielte, hatten aus der Sicht des Finanzunternehmers mit der geringen Popularität der SPD nichts zu tun.

Gerhard Schröder und Carsten Maschmeyer telefonierten auch und trafen sich immer wieder privat. Sie verstanden sich. In ihrer Freundschaft war das Geschäftliche allerdings immer wieder gegenwärtig. Der Drückerkönig und der Bundeskanzler: Sie hatten kein Problem damit, das Private mit der Riester-Rente zu kombinieren.

Am 23. Juni 2003 schrieb Carsten Maschmeyer dem Bundeskanzler an die Privatanschrift in Hannover, er komme gern dessen »Wunsch« nach, einen »pragmatischen Vorschlag zu formulieren, Millionen von Bundesbürgern von den Vorteilen der Riester-Rente zu überzeugen und für eine große Akzeptanz in der Bevölkerung zu sorgen«.

Eine gewisse Seligkeit ist dem Brief zu entnehmen. Zudem schmeichelte Maschmeyer, den Kanzler mal wieder siezend, intensiv wie selten. Es sei »fantastisch«, wie »Sie die notwendigen Veränderungen in unserem Land anpacken. Der Erfolg dieses unbedingten Reformwillens wird Ihnen sicher sein«, formulierte er. Statt mit freundlichen, lieben oder besten Grüßen schließt Maschmeyer das Schreiben: »In tiefer Hochachtung«.

Hochachtung verdiente fast auch der Finanzunternehmer für das, was ihm da gelungen war. Laut Maschmeyer hatten viele Deutsche die Riester-Rente verschmäht. Laut Maschmeyer war sie fehlkonstruiert, weil Vermittler damit nicht genug Geld verdienen konnten. Laut Maschmeyer boten deshalb Tausende AWD-Vermittler die Riester-Rente gar nicht offensiv an. Und nun hatte ausgerechnet er selbst den Auftrag erhalten, das Produkt zu verbessern. Der Bock agierte im Auftrag des Gärtners.

Besprochen hatten die beiden das sehr wahrscheinlich wenige Tage vorher beim Feiern. Schröder war mit Tochter und Ehefrau zur Nichtabstiegsfeier von Hannover 96 in Maschmeyers Villa erschienen. Maschmeyer hatte den Termin vorab mit dem Kanzler abgestimmt. Schröder wurde Ehrengast einer handverlesenen Runde aus Managern und Prominenten, die fortan in unterschiedlicher Besetzung alljährlich nach dem letzten Bundesligaspieltag im Hause Maschmeyer zusammenkam und ausdrücklich nicht nur über Fußball redete.

In diesem Sommer 2004 hatte Maschmeyer einiges erreicht. Schröder hatte ihn um Mitarbeit bei der Riester-Rente gebeten. Der AWD-Apparat durfte Kontakt mit der Arbeitsebene des Kanzleramtes aufnehmen. Nebenbei besprach Maschmeyer die Riester-Rente mit dem niedersächsischen Ministerpräsidenten Christian Wulff, war also auch noch mit der Opposition im Benehmen. Reichte das? Oder musste Maschmeyer noch mehr dafür ackern, dass seine Vermittler und damit der ganze AWD mehr Profit mit der an sich ja hochlukrativen Riester-Rente machen konnten?

Zumindest tat er das.

»Sehr geehrter Herr Andres«, schrieb Maschmeyer am 27. August 2003 an den Parlamentarischen Staatssekretär im Bundesministerium für Wirtschaft und Arbeit. Am selben Tag hatte er mit Gerd Andres telefoniert, hielt das Besprochene nun noch einmal fest: »Ich hatte Ihnen vorgeschlagen, einen pragmatischen Vorschlag vorzustellen, Millionen von Bundesbürgern von den Vorteilen der Riester-Rente zu überzeugen und für eine große Akzeptanz in der Bevölkerung zu sorgen.«

Der Sozialdemokrat Gerd Andres war kein Neuling in der Politik und wusste, mit welchen Mitteln die Wirtschaft Entscheidungen der Regierung zu beeinflussen versucht. Er hatte als Sekretär im Hauptvorstand der Chemie-Gewerkschaft gearbeitet und war seit 16 Jahren Mitglied des Deutschen Bundestages, ein ausgewiesener Sozialpolitiker, tief verwurzelt in seiner Partei. Nach dem Regierungswechsel 1998 hatte Andres als Staatssekretär dem Arbeitsminister Walter Riester zur Seite gestanden. Seit 2002 hatte er diese Position im sogenannten Superministerium für Wirtschaft und Arbeit inne, das von Wolfgang Clement geführt wurde.

Maschmeyer gab sich Andres gegenüber optimistisch, »Millionen von Bundesbürgern« auf Linie zu bringen. Damit der Staatssekretär Andres ihm folgte, erwähnte er eine »Befragung von mehr als 100 000 bundesdeutschen Haushalten zur Thematik Riester-Rente«. Darauf stütze sich sein pragmatischer Vorschlag.

Eine Befragung von 100 000 Deutschen, das klang nahezu wissenschaftlich und repräsentativ, als habe die Finanz- und Versicherungsbranche plötzlich Meinungsforschung im großen Stil betrieben. Die großen Versicherungskonzerne ständen hinter seinem Vorschlag, schrieb Maschmeyer weiter, und, in fast feierlichem Ton: »Ich darf Ihnen, sehr verehrter Herr Andres, heute versichern, dass das Modell keine zusätzliche staatliche Flankierung durch weitere direkte bzw. indirekte Subventionen erforderlich machen wird.«

Am Ende des Briefes klang der alte Verkäufer durch. Der bedrängte den Kunden nicht gleich, machte ihn erst einmal mit einem spannenden Angebot neugierig: »Sollte Ihr Interesse an einer Darstellung geweckt sein, so stehe ich Ihnen selbstverständlich gerne zur Verfügung.«

Hatte Maschmeyer das »Interesse« des mit allen Wassern gewaschenen parlamentarischen Staatssekretärs im Bundesministerium für Wirtschaft und Arbeit damit »geweckt«? Wollte Gerd Andres mehr vom Finanzunternehmer wissen?

Offenbar. Einen Monat später nämlich bestätigte Maschmeyer Gerd Andres einen Termin für Mitte November. Es ging jetzt nicht mehr um fernmündliches Verhandeln – der Unternehmer würde den Staatssekretär in seiner Villa in Hannover empfangen. »Nach jetziger Abstimmung zwischen unseren Sekretariaten ist 15:30 Uhr bei uns zu Hause geplant. Gerne stehe ich Ihnen auch, falls das für Sie angenehmer ist, vormittags zur Verfügung, und falls Sie einen anderen Treffpunkt wünschen, bin ich auch hier flexibel.«

Bei aller Hartnäckigkeit, mit der Maschmeyer sich mühte, die Reform der Riester-Rente in seinem Sinne voranzutreiben und anschließend als Großvermittler der Rentenversicherungen abzukassieren: Natürlich widmete er sich auch dem beruflichen Alltag in seinem AWD. Die neuen Beziehungen in die höchsten Ebenen der Politik allerdings vermochte er auch hier einzusetzen.

Am 19. Februar 2004 richtete der AWD in London einen »Internationalen Presse-Workshop« aus, einen Kongress, so nannte es Maschmeyer, mit Teilnehmern »aus Wissenschaft, Unternehmenspraxis und Medien«. Dafür benötigte er einen hochrangigen Gastredner. Maschmeyer sprach darüber mit Gerhard Schröder, der Kanzler stand selbst allerdings nicht zur Verfügung.

In Frage kam, schon wegen seiner wohlklingenden Position, Wolfgang Clement, der Superminister für Wirtschaft und Arbeit. Ein Brief an den früheren Ministerpräsidenten Nordrhein-Westfalens war schnell aufgesetzt: Maschmeyer sprach ihn »als Ehrengast« an, schmeichelte ihm und hoffte, dass Clement ihm so zusagen würde: »Aufgrund Ihrer beruflichen Erfahrungen aus Politik, Wirtschaft und auch Journalismus können wir uns vorstellen, dass eine Ansprache von Ihnen über ›den europäischen Finanzmarkt in seiner globalen Herausforderung‹ gerade für diesen Presse-Workshop ein sehr wertvoller und wegweisender Beitrag wäre.«

Der AWD, heißt es weiter in dem Schreiben, sei »der größte unabhängige Finanzdienstleister in Europa«, gemeinsam mit seinen Tochterfirmen verfüge er »über 1 150 000 Stammkunden« und »ca. 10 000 Mitarbeiter«. Maschmeyer teilte noch den gewünschten Zeitpunkt der Rede mit (»als Luncheon-Speaker zwischen 14:30 und 15:30 Uhr oder gegebenenfalls auch als Dinner-Speaker am gleichen Abend ab 20:00 Uhr«) und dankte »für die wohlwollende Prüfung unserer Anfrage«.

Die Prüfung zog jedoch eine Absage nach sich. Auch der Bundesfinanzminister Hans Eichel war als Redner nicht zu gewinnen. Maschmeyer wandte sich daher an Schröders Büroleiterin Sigrid Krampitz. Es pressierte jetzt etwas, die Zeit bis zum Workshop in London schritt voran, und so klingt Maschmeyers Brief am Anfang auch ein wenig gehetzt: »Vor wenigen Minuten«, beginnt er, »habe ich mit Herrn Bundeskanzler Schröder über einen bevorstehenden internationalen Presse-Workshop gesprochen.«

Maschmeyer nutzte das Bundeskanzleramt wie eine Redneragentur und hatte dies zuvor offenkundig mit Schröder abgesprochen. Von Frau Krampitz erhoffte er sich nun eine britische A-Lösung. »Es wäre uns eine besonders große Freude und Ehre, wenn es durch Ihre Unterstützung gelingen könnte, seitens der britischen Regierung Herrn Gordon Brown, Chancellor of the Exchequer, oder Dr. Denis MacShane, Minister of State, einladen zu können.«

Die Annahme, dass die Büroleiterin des Bundeskanzlers die Mitarbeiter britischer Kabinettsmitglieder schnell erreichen könnte, war nicht unbegründet. Nach London hatten die Schröder-Leute schon 1999 gute Kontakte aufgebaut. Damals erarbeiteten sie das sogenannte »Schröder-Blair-Papier«, einen Text voller Reformabsichten, den der Premierminister und der Bundeskanzler dann gemeinsam in der britischen Hauptstadt vorstellten.

Für den Fall, dass kein Mitglied der Blair-Regierung zu bekommen sei, schlug Maschmeyer Sigrid Krampitz noch eine deutsche B-Lösung vor: »Alternativ wäre uns auch Herr Caio Koch-Weser, Staatssekretär im Bundesfinanzministerium, als Ehrengast und Redner sehr angenehm.«

Doch der frühere Weltbank-Direktor Koch-Weser musste sich am Ende nicht für den AWD nach London aufmachen – Maschmeyer bekam einen Engländer vermittelt: Der genannte Denis MacShane, im Kabinett Tony Blairs für die Europapolitik verantwortlich, sagte kurzfristig für den Vortrag beim AWD zu. Auf das Bundeskanzleramt war Verlass.

Im Sommer 2014, bei seinem Auftritt im Theater Colosseum in Essen, referierte Maschmeyer über Tricks und Kniffe der Beziehungspflege.

Glückwünsche gehören für den Unternehmer unbedingt dazu, zum Geburtstag etwa oder zu Weihnachten. Beiderlei mache allerdings nur selten den Unterschied, sagte Maschmeyer. Geburtstagsglückwünsche könne jeder, »aber denken Sie mal an einen Hochzeitstag«.

Diesen Worten des Redners Maschmeyer gingen durchaus Taten voraus – zumindest beim Bundeskanzler. Als sich dessen Eheschließung mit der Journalistin Doris Köpf zum sechsten Mal jährte, gratulierte Maschmeyer per Kartengruß.

Auch Schröders Geburtstage gingen ihm nicht durch. »Lieber Gerd«, schrieb Maschmeyer zum Sechzigsten des Bundeskanzlers am 7. April 2004, notierte ein paar allgemeinere Gedanken über die Zahl 60, berufliche und private Ziele an Geburtstagen, lobte Schröders Leben und griff dann in die Harfe: »Du bist der ›oberste Vorstandsvorsitzende‹ aller Unternehmenslenker und führst ein Unternehmen mit 80 Millionen Menschen in einer nicht ganz einfachen wirtschaftlichen Phase.«

Schröders »einzigartige politische Karriere« habe vor den beiden Siegen bei der Bundestagswahl 1998 und 2002 drei herausragende Erfolge mit den jeweiligen Wahlen zum niedersächsischen Ministerpräsidenten gehabt, fuhr Maschmeyer fort, um dann zu dem bekannten Weinanbaugebiet Saint-Émilion im Südwesten Frankreichs überzuleiten – und auf drei hochbewertete Spitzenweine:

»1990 hat der Chateau Tertre Roteboeuf – Saint-Émilion 98 von 100 Parker-Punkten bekommen, Du hast Deine erste Niedersachsenwahl gewonnen.

1994 hat der Chateau Valandraud – Saint-Émilion 96 von

100 Parker-Punkten bekommen, Du hast Deine zweite
Ministerpräsidentenwahl gewonnen.
1998 hat der Chateau Cheval Blanc – Saint-Émilion 20
von 20 Gabriel-Punkten erhalten, Du hast Deine dritte
Ministerpräsidentenwahl gewonnen.«

Diese drei Rotweine – der Wert liegt bei über 1000 Euro –
schenkte der Unternehmer seinem Freund aus der Politik
zum Geburtstag. Im »Spiegel« ist Maschmeyer 2011 mit der
Aussage zitiert, er habe Gerhard Schröder »noch nie einen
Autoreifen bezahlt oder eine Tankfüllung« geschenkt. Das
mochte stimmen, eine Flasche Chateau Cheval Blanc, der als
einer der allerbesten Rotweine überhaupt gilt, ist ja keine
Tankfüllung für einen Wagen – als Geschenk an den Bundeskanzler aber doch eine Form von Einflussnahme.

Für den dritten Sieg bei einer Bundestagswahl übrigens,
ergänzte Maschmeyer in seinem Glückwunschbrief, lägen
bereits »gute Weißweine« bereit. »Für 1998 und 2002 habe ich
schon eine kostbare Rebsorte ausgewählt, und 2006 ist ja im
wahrsten Sinne des Wortes noch nicht geerntet.«

Des Kanzlers runder Geburtstag im April 2004 brachte
Carsten Maschmeyer nicht nur die Gelegenheit, sich als
Weinexperte zu präsentieren und ein teures Geschenk unter
Kennern zu machen, wie es soziale Aufsteiger manchmal
eben tun. Er erhielt auch eine Einladung für die Feier zum
60. Geburtstag von Gerhard Schröder im »Theater am Aegi-
dientorplatz« in Hannover.

Dort gab es auf Wunsch des Jubilars rustikale Gerichte aus
der Region und ansonsten zahlreiche Berühmtheiten zu be-
staunen. Die SPD als offizieller Veranstalter hatte Russlands
Präsidenten Wladimir Putin, Altkanzler Helmut Schmidt
und den amtierenden Bundespräsidenten Johannes Rau gewinnen können. Neben der deutschen und internationalen

Politik waren auch andere Branchen prominent vertreten, durch den Fußballer Franz Beckenbauer etwa, den Sänger Marius Müller-Westernhagen, den Komiker Karl Dall und den Fernsehunterhalter Thomas Gottschalk.

Carsten Maschmeyer genoss die Feier. Vor allem aber lernte er einen Mann persönlich kennen, der zwar nicht den Glanz eines Gottschalk versprühte, aber für die Geschäfte des AWD in mehrfacher Hinsicht wichtig werden sollte: den Wirtschaftsprofessor Bert Rürup.

Rürup lehrte an der Technischen Universität Darmstadt und hatte sich als sogenannter Wirtschaftsweiser im »Sachverständigenrat der Bundesregierung zur Begutachtung der gesamtwirtschaftlichen Entwicklung« einen Namen gemacht. Er war SPD-Mitglied, genoss in der Bundespolitik aber nicht nur beim Bundeskanzler große Wertschätzung. Über Jahre wirkte Hans-Adalbert Rürup in Berlin als einflussreichster Souffleur der Exekutive. Rürup war Berater in der Gesundheitspolitik. Und Rürup galt als »Rentenpapst«.

Eine Audienz beim Rentenpapst konnte Carsten Maschmeyer, den ja weiterhin die Reform der Riester-Rente umtrieb, gut gebrauchen. Auch Rürup sollte ruhig erfahren, was da alles falschlief und wie die Dinge zu richten seien. Und der »Optimierungsvorschlag« der Versicherungsbranche lag ja, wie Maschmeyer in einem Brief an Rürup im Anschluss an Schröders Party festhielt, immer noch »auf dem Tisch«.

Maschmeyer führte seine Ansichten hier länger und differenzierter aus als in anderen Schreiben an politische Berater und Entscheidungsträger. Die Konklusion aber war dieselbe: Ein paar Regulierungen reichten nicht aus. »Erst in dem Moment, in dem Sie die Produzenten und Vermittler zu Verbündeten dieser zweifelsohne großen Idee machen, wird sie auch ein Erfolg werden.«

Die Jahre von 2003 bis 2005, Schröders zweite Amtsperiode, gelten als Zeit der externen Experten. Der Kanzler ließ Kommissionen arbeiten, holte sich häufiger Ratschläge von außen und nicht mehr nur aus Partei, Fraktion und Ministerien. Der Wirtschaftsweise Bert Rürup war einer der Experten, deren Meinung öffentlich, viel mehr aber noch intern gehört wurden. Maschmeyer wusste um den Einfluss von Schröders Rentenberater – und machte sich ihm gegenüber daher erst einmal klein: »Wann immer Sie wünschen«, ließ er Rürup wissen, stehe er für ein weiteres Gespräch zur Verfügung.

Kein Jahr später allerdings, im Februar 2005, gab der Unternehmer den Takt vor. Er engagierte Rürup als Redner beim AWD. Dies war nur der Beginn einer wunderbaren Geschäftsbeziehung, doch für Rürup war schon dieser Anfang gut bezahlt: Für 45 Vortragsminuten bestätigte Maschmeyer ihm ein Honorar von 12000 Euro. Bert Rürup, der Wirtschaftsweise, ließ sich damit erstmals vom AWD bezahlen.

Im Mai 2005 würde Maschmeyer über die Förderung privater Altersvorsorge frohlocken, es sei, als ob man auf einer Ölquelle sitze. Will man im Bild bleiben, muss man sich Maschmeyer ein Jahr zuvor als einen Geologen vorstellen, der sich im Auftrag eines Öl-Konzerns durch die Wüste schlägt: Er gab nicht auf. Gerade erst hatte er Gerhard Schröder in seiner Villa zu Gast gehabt, diesmal hatte Maschmeyer selbst Geburtstag. Jetzt bat er im Kanzleramt um einen weiteren Termin. Der Anlass war wieder ein geschäftlicher, und der Finanzvermittler durfte sogar Verstärkung mitbringen.

Rund 5000 Lobbyisten sind in Berlin mit dem Ziel unterwegs, die Politik im Sinne eines Unternehmens oder einer Branche zu beeinflussen. Sie liefern sich einen ständigen Wettbewerb um Zugänge, und die meisten von ihnen freuen sich schon, wenn sie einen Referenten oder einen Abteilungsleiter eines Ministeriums zu fassen bekommen. Carsten Maschmeyer hatte dieses Problem nicht. »Herr Schröder hat mit mir besprochen, dass wir uns Ende dieser Woche – möglichst bei ihm zu Hause – treffen, um idealerweise zusammen mit Herrn Steinmeier über Pensionsreform/Riester-Rente/Lebensversicherungsbesteuerung zu sprechen«, schrieb Maschmeyer an Büroleiterin Krampitz. »Herr Schröder deutete an, dass ihm Freitag- oder Samstagabend am liebsten wäre.« Er werde noch mitteilen, ob ihn, »wie vom Bundeskanzler angeboten, eventuell ein kompetenter, aber absolut vertrauenswürdiger Vorstand einer großen Versicherung begleiten« werde.

Carsten Maschmeyer traf den Kanzler. Er traf ihn am Wochenende. Er traf ihn in dessen Privathaus. Und weil es um die Besteuerung von Versicherungen und Renten ging, durfte er auch noch einen Versicherungsmanager mitbringen, der von einem Kanzlergespräch in solch privatem Ambiente nur träumen konnte.

Maschmeyer nutzte den Kanzler der Bundesrepublik Deutschland zunehmend als Allzweckwaffe – und Schröder ließ das zu. Maschmeyer konnte über ihn die Politik beeinflussen. Er konnte über Schröder einen hochkarätigen Redner aus dem Ausland gewinnen. Die Nähe zum deutschen Bundeskanzler brachte Maschmeyer Beachtung und Respekt in der Versicherungsbranche, machte ihn darüber hinaus auch zum attraktiven Geschäftspartner.

In der Welt der Bankenvorstände konnte Maschmeyer seinen engen Kontakt zu Gerhard Schröder ebenfalls streuen und dadurch seine eigene Bedeutung steigern. Marcel Ospel etwa, der Vorsitzende des Verwaltungsrats der Schweizer Großbank UBS, war für Maschmeyer kein unwichtiger Manager. Der AWD hatte früh in das Nachbarland expandiert. In einem kurzen Brief an Ospel schrieb Maschmeyer im März

2004, er habe mit Schröder »schon mehrfach über die solide Performance der UBS und Dich gesprochen. Unser Bundeskanzler schätzt Dich.« Ein Anlass zu dieser Nachricht ist in dem Schreiben nicht zu erkennen, Maschmeyer ließ seine Kanzlernähe gegenüber einem der einflussreichsten Schweizer Banker darin einfach so fallen.

Jahrelang hatten ihm die Bosse der Banken und Versicherungen zu verstehen gegeben, dass er als AWD-Chef nur ein Verkäufer sei, aber kein etablierter Player der Finanzwirtschaft, kein Platzhirsch oder Branchenprimus. Doch gerade vor den großen Konzernen hatte Maschmeyer bestehen wollen. »Im Finanzvertrieb geht es neben der Leistung eines Finanzprodukts vor allem um Prestige«, erinnert sich der frühere Maschmeyer-Assistent Gero Hocker. »Das Größte war für Maschmeyer immer, wenn es gelang, einen Manager einer klassischen Versicherung oder einer Bank abzuwerben. Wenn ein führender Mitarbeiter eines Wettbewerbers zum AWD wechselte, machte dem Chef das gute Laune – manchmal sogar für mehrere Tage.«

Am 1. Dezember 2004 konnte Maschmeyer das für ihn schöne Gefühl, jenen von ganz oben nahe zu sein, mit vielen seiner Verkäufer teilen. In Berlin kamen im Hotel Estrell insgesamt 2000 Vertriebsmitarbeiter zusammen. Als Ehrengast der Veranstaltung sprach – Gerhard Schröder.

»Das hatte niemand erwartet – der Bundeskanzler bei einer AWD-Vertriebstagung!«, berichtete später die AWD-Mitarbeiterzeitung. Tatsächlich mochte der gewöhnliche Teamleiter sich kaum vorgestellt haben, dass Gerhard Schröder ein Unternehmen unterstützte, vor dem die Zeitschrift »Finanztest« seit Mitte der Neunziger fast jedes Jahr warnte. Zeitungen berichteten schon Ende der neunziger Jahre von AWD-

Kunden, die sich falsch beraten fühlten, viel Geld verloren hatten und nun vor Gericht gingen. Wie Carsten Maschmeyer sein Geld verdiente, dürfte also auch Gerhard Schröder nicht unbekannt gewesen sein.

Der AWD-Chef hatte den Coup mit dem Kanzler frühzeitig eingefädelt, in »privatem Rahmen«, wie er Sigrid Krampitz mitteilte. Das exakte Thema mochte Maschmeyer dem Kanzler nicht vorgeben, schrieb daher an Schröders Büroleiterin nur: »Vielleicht könnte Gerd Schröder in seiner Rede auch auf das Thema ›Private Altersvorsorge‹ eingehen.« Der Kongress selbst befasse sich mit der »Wichtigkeit privater finanzieller Unabhängigkeit und der Zukunftsherausforderung privater Altersvorsorge«. Über »Unabhängigkeit und Freiheit« spreche Michail Gorbatschow. Die Verpflichtung des früheren Staatspräsidenten der Sowjetunion war eine Ansage, Gorbatschow klang nach Stargast. Damit im Kanzleramt niemand auf den Gedanken käme, dass Gerhard Schröder in Schatten dieses großen Staatsmanns stehen könnte, bezeichnete Maschmeyer den Vortrag des Bundeskanzlers vorsorglich als »das absolute Highlight«.

Das war es dann wohl auch, vor allem für die AWD-Verkäufer, deren Tun der Bundeskanzler mit höchster politischer Bedeutung auflud. Die Mitarbeiterzeitung beschrieb Gerhard Schröders Botschaft laut »Spiegel« so: Das »Gebot der Stunde« laute private Vorsorge. »Sie als AWD-Mitarbeiter und Mitarbeiterin erfüllen eine staatsersetzende Funktion. Sichern Sie die Rente Ihrer Mandanten, denn der Staat kann es nicht!« Die überwältigten Zuhörer, schrieb die Mitarbeiterzeitung, hätten Schröder mit Standing Ovations gedankt. Tatsächlich hätte der Bundeskanzler das umstrittene Tun der Finanzproduktverkäufer nicht schöner legitimieren können.

Einige Jahre später, als Maschmeyers Freundschaften zu hohen Politikern diskutiert wurden, stellte dessen Medienan-

walt Matthias Prinz fest, sein Mandant verfolge mit seinen
Kontakten keinerlei wirtschaftliche Interessen. Sie seien rein
privater Natur.

Maschmeyer dankte Schröder per Brief am Tag nach der
Veranstaltung für dessen »hervorragende Rede«. Der Bundeskanzler hatte den Finanzunternehmer nicht enttäuscht.
»Deine natürliche Art, verbunden mit einem hohen Maß an
Sachkompetenz und der Gabe, den einmal eingeschlagenen
Weg der Reformen nicht zu verlassen, hat alle Kongressteil-
nehmer sehr beeindruckt.« Bei den deutschen Teilnehmern
hätten »auch eingefleischte Stammwähler der CDU hinterher
mit großem Respekt und Sympathie reagiert«.

Jahre später, im Februar 2011, äußerte sich Maschmeyer
gegenüber der »Süddeutschen Zeitung« zur AWD-Veranstaltung mit dem prominenten Ehrengast. »Es nützt dem AWD,
wenn Schröder kommt, jenem AWD, der 1998 für ihn eine
Werbung finanziert hat«, stellten die Redakteure fest. »Es ist
eine Motivation für die Mitarbeiter«, entgegnete Maschmeyer.
»Deswegen machen Politiker gerne derartige Veranstaltungen. Das hat nichts mit Freundschaft zu tun. Nur zur Erinnerung: Die Rürup- und Riester-Rente waren damals schon
lange beschlossen und eingeführt.« Angela Merkel habe auch
schon mal bei der Konkurrenz gesprochen, fügte Maschmeyer
noch hinzu.

Ob die Deutsche Vermögensberatung (DVAG) die Kanzlerin auch bezahlen wollte? Genau das hatte nämlich Maschmeyer mit Gerhard Schröder vor. Für seine Motivationsrede
an die AWD-Vertriebsmitarbeiter wollte er den Bundeskanzler entlohnen.

Schröders Vertraute Sigrid Krampitz, Leiterin des Kanz-
lerbüros, machte Maschmeyer allerdings klar, dass die Bezahlung eines Bundeskanzlers unüblich sei. Tatsächlich hätte das
ja den Eindruck von Bestechung erwecken können.

Maschmeyer hatte dann schnell eine andere Idee: Er schrieb am 15. Dezember 2004 an Doris Schröder-Köpf und teilte der Frau des Bundeskanzlers mit, an die von ihr unterstützte Stiftung »Deutsche Kinder-, Jugend- und Elterntelefone« gespendet zu haben. Ihr Mann dürfe ja kein Geld annehmen: »Von Frau Krampitz habe ich freundlicherweise den Hinweis erhalten, dass ein Bundeskanzler kein ›Redenhonorar‹ bekommt, dass wir Euch aber mit einer Spende an die Stiftung Deutsche Kinder-, Jugend- und Elterntelefone eine Freude bereiten können. Ich habe mir deshalb erlaubt, 10 000,– Euro auf das Konto der Stiftung zu überweisen und möchte in diesem Zusammenhang noch einmal herzlich danke sagen.«

Maschmeyer war immer noch sehr zufrieden mit dem Auftritt Schröders und ließ dies auch die Kanzlergattin wissen: »Wie Du weißt, hatten wir die große Ehre und Freude, Gerd bei unserer European Conference als Ehrengast begrüßen zu dürfen. Er war hervorragend. Selbst eingefleischte Unionswähler haben ihn als hoch sympathisch und souverän beschrieben.«

Vielleicht bekamen der Kanzler und der Unternehmer es nie wieder so oft miteinander zu tun wie im Jahr 2004 – beruflich oder präziser ausgedrückt: in offizieller Mission. Wenige Tage nach Schröders Rede im Estrell-Hotel hob sein Regierungs-Airbus mit einer Schar Manager und Unternehmer ab. Das Ziel war China und an Bord, erstmals im Tross des Bundeskanzlers, Carsten Maschmeyer.

Für Maschmeyer war es schwer, aus dieser Delegation herauszustechen, der Siemens-Boss und der Deutsche Bank-Vorstand mussten den Chinesen und wohl auch dem Kanzler als dickere Fische gelten. Doch mit ein paar lobenden Sätzen schaffte es Maschmeyer dennoch in die deutsche Presse. »Mit dem Kanzler zu kommen ist ein absoluter Türöffner«, sagte er der »Financial Times Deutschland« und, mit Blick auf seine Treffen mit chinesischen Versicherungsunternehmen: »Der Botschafter macht die Termine. Der braucht bloß zu sagen, der Maschmeyer ist in der Kanzlerdelegation.«

Maschmeyer lotete in dieser Zeit tatsächlich die Möglichkeit aus, den Chinesen Altersvorsorge-Produkte zu vermitteln, durch die Ein-Kind-Politik habe die Familie dort ja als Altersvorsorge ausgedient. Nach der Reise überlegte sich der Unternehmer einige Zeilen an Chinas Staatspräsidenten Wen Jiabao. Er stellte seine Firma als »Europas führenden unabhängigen Finanzvermittler« vor und gab sich davon überzeugt, dass der AWD einen Beitrag zum chinesischen Wirtschaftswachstum leisten könne. »AWD ist davon überzeugt, dass ein Beginn in China der nächste Expansionsschritt ist.« Man sei »glücklich, enge Bindungen mit der chinesischen Regierung zu etablieren«. So steht es in dem Schreiben an Wen Jiabao, das Maschmeyer am 15. Dezember 2004 diktierte.

Von Deutschland aus betrieb Maschmeyer sein China-Projekt weiter. Anfang des Jahres traf er in Berlin den chinesischen Botschafter Ma Canrong. Um den Termin zu ermöglichen, hatte Maschmeyer sich auf »Herrn Bundeskanzler Schröder« berufen, dem gegenüber habe Canrong ja angedeutet, dass er zur Verfügung stände, um einige Punkte zu klären. Der AWD-Chef wollte wissen, welche regulatorischen Anforderungen die zuständige chinesische Behörde »China Insurance Registration Commission« an den AWD stellen würde. Auch war ihm nicht klar, ob eine ausländische Gesellschaft überhaupt die Mehrheit an einem Finanzberatungsunternehmen in China halten durfte.

Zu dem Gespräch mit dem Botschafter in dessen Residenz in Berlin kam Maschmeyer zwar nicht gemeinsam mit dem Bundeskanzler. Doch es fand sich ein anderer Vertreter der deutschen Regierung, der ihn in die Botschaft begleitete:

Bernd Pfaffenbach, Staatssekretär im Bundesministerium für Wirtschaft und Arbeit.

Das war eher ungewöhnlich, für Maschmeyer aber sehr von Vorteil. Pfaffenbach nämlich verwandte sich offenbar bei dem Vertreter Chinas für den AWD, machte gar Werbung für das umstrittene Unternehmen. »Wir haben uns natürlich sehr gefreut, dass Herr Dr. Pfaffenbach AWD als eines der besten Unternehmen Deutschlands vorstellte. Sehr gerne würden wir zügig unseren Markteintritt in China vorantreiben«, schrieb Maschmeyer dem chinesischen Botschafter am 8. Februar 2005 nach dem Treffen. Danach bat er den Botschafter, Termine mit Spitzenbeamten der zuständigen Behörden zu vermitteln. Ein AWD-Vorstand stände Ende Februar oder Anfang März sehr gerne in Peking zur Verfügung.

Der AWD expandierte am Ende nicht nach China, in dieser Hinsicht hatte es sich für Maschmeyer also nicht gelohnt, der Kanzlerdelegation anzugehören. Doch die meisten deutschen Unternehmer flogen ohnehin nicht nur des direkten ökonomischen Mehrwerts wegen mit Gerhard Schröder auf Wirtschaftsreise. Das Netzwerken an Bord des Fliegers und in den Hotels, oftmals bei Skatrunden und schwerem Rotwein, war vielen der zumeist hartgesottenen Alphatiere ebenfalls wichtig.

Maschmeyer hatte vor der Reise einen kumpelhaften, charismatischen und selten leisen Manager etwas näher kennengelernt, der in der Kanzlerdelegation als Aktivposten galt: Jürgen Großmann. Der Stahlunternehmer war auch ein guter Freund des Bundeskanzlers und ebenfalls mit Christian Wulff bestens bekannt. Er verstand sich überhaupt ausgezeichnet darauf, Beziehungen anzubahnen, zu nähren und zu vervielfachen.

Großmann, über zwei Meter groß, ein Kind des Ruhrgebiets, wohnhaft im feinen Hamburger Westen, verkörperte jene urwüchsige Kraft, die die deutsche Industrie manchmal ausstrahlt. Anfang der neunziger Jahre hatte er südlich von Osnabrück in dem Städtchen Georgsmarienhütte ein Stahlwerk gekauft, das ökonomisch am Ende war. Großmann bezahlte zwei Mark, bekam dafür einen Haufen Schulden, die Fabrikanlagen und Arbeiter, die in ihm den letzten Retter sahen. Großmann rettete. Heute beschäftigt sein Stahlwerk mehr als 1300 Mitarbeiter. Er selbst gab das Management 2007 ab, um Vorstandschef des Energiekonzerns RWE zu werden.

Vor der Kanzlerreise nach China im Dezember 2004 hatte Großmann Carsten Maschmeyer kurzerhand ein Buch geschickt, das man auch als Anspielung verstehen konnte: »Monrepos oder die Kälte der Macht«, der Schlüsselroman eines früheren Redenschreibers des baden-württembergischen Ministerpräsidenten Lothar Späth. Das Werk leuchtet das politische Milieu detailgetreu aus und enttarnt den »Oskar Specht« genannten Landesvater als Schaumschläger, Bluffer und politischen Dünnbrettbohrer.

Vielleicht sah Großmann aber Gerhard Schröder auch ganz anders als der Autor Manfred Zach seinen »Oskar Specht«. Carsten Maschmeyer jedenfalls dankte Großmann höflich und freute sich schon auf den gemeinsamen China-Tripp, auf dem man sich dann besser kennenlernen würde. Er habe schon den Hinweis erhalten, »möglichst in Ihrer Nähe zu sein, da Sie es wohl vorzüglich verstehen, eine solch lange Reise kurzweilig und unterhaltsam zu gestalten«.

Mit Lust und Laune und schöner Regelmäßigkeit trafen und schrieben sich Carsten Maschmeyer und Jürgen Großmann fortan. Zuweilen klingen die Briefe von Maschmeyer an Großmann in ihrer Begeisterung fast kindlich vertraut, und weil sich der Ton in schriftlicher Kommunikation eher selten fundamental unterscheidet, kann man annehmen, dass Großmann auch mal ausgelassen formulierte. Beim Lesen der

Maschmeyer-Schreiben an den Stahlunternehmer und Ener-
giemanager kommen einem die Mailwechsel des früheren
Wulff-Sprechers Olaf Glaeseker mit dem Event-Manager
Manfred Schmidt in den Sinn. Die beiden Männer, deren enge
Kooperation die Recherchen zur Wulff-Affäre öffentlich
machten, hatten sich als »lieber Schnulli« und »lieber Ober-
schnulli« bezeichnet, als »Generalfeldschnulli« und als
»Schnulligranate«.

Nicht ganz so verspielt und auch weniger lustig schrieb
Maschmeyer an Großmann. Doch wenn er den Milliardär und
Chef von 66 000 RWE-Mitarbeitern im Januar 2008 auf dessen
Domizil an der Cote d'Azur ansprach und fragte: »Wann wirst
Du das nächste Mal in Deinem ›sozialen Wohnungsbau‹ auf
Cap Martin sein?«, war das wohl zumindest witzig gemeint.

Maschmeyer machte vielen Menschen Komplimente, übertrieben und durchsichtig wirken manche. Seine Schreiben an
den Kanzler-Freund Jürgen Großmann lesen sich aber oft anders. Sätze wie »Du bist schon ein Tausendsassa«, »Ich finde
Dich einfach klasse« und »Du bist einfach eine ›Hammer‹-Per-
sönlichkeit« sind darin zu finden. Vielleicht hat Maschmeyer
die Bewunderung, die hier anklingt, tatsächlich gefühlt.

In jedem Fall ließen die beiden Netzwerker, die während
der China-Reise zueinanderfanden, so schnell nicht wieder
voneinander: zwei Kanzlerkumpels, zwei Machertypen, zwei
Menschen, die sich – so drückte es Christian Wullf 2009 für
Maschmeyer aus – »sehr für andere Menschen interessierten«. Und zwei Freunde, die sich selbst immer wieder Geschenke machten und Gefälligkeiten nicht nur anboten. Mal
organisierte Jürgen Großmann beim Weltwirtschaftsforum
im eigentlich ausgebuchten Skiort Davos kurzfristig ein Hotelzimmer. Mal stellte Maschmeyer ihm die Nutzung von
Chartermaschinen anheim, die Maschmeyer selbst stets zur
Verfügung standen. Mal lud Großmann zum Segeltörn. Mal

sagte Maschmeyer der Privat-Universität GISMA Business School in Hannover, für die Jürgen Großmann sich engagierte, eine sechsstellige Spende zu. Mal setzte Großmann seinen Freund bei einem Abendessen mit Ministerinnenrede in seinem Osnabrücker Gourmet-Restaurant »La Vie« an den, so Maschmeyer, »besten Tisch«. »Danke für die Adoption in Deine große Familie«, formulierte Maschmeyer in einem seiner vielen Schreiben.

Die China-Reise mit dem Bundeskanzler und der Auftritt Schröders auf dem AWD-Kongress in Berlin: Der Dezember 2004 lief für Carsten Maschmeyer mehr als ersprießlich. Und auch der Monatsumsatz in seinem Unternehmen konnte ihm gute Laune machen. Wer im Dezember 2004 noch eine Lebensversicherung abschloss, musste die ausgezahlte Summe später nicht versteuern. Dieses Privileg endet am 31.12.2004, und es war vergleichsweise einfach, Menschen nun zur Unterschrift zu bewegen. Die AWD-Berater rotierten, und ihr oberster Chef schwärmte. »Wieder ein Rekordmonat!«, schrieb er zwei Tage vor Silvester an alle AWD-Direktoren. »Der höchste Dezemberumsatz seit Gründung! Obwohl der Monat kürzer war als im Vorjahr, wieder ein Bestergebnis! Viele haben bereits einen Überhang für Januar.«

Dieser Januar 2005 sollte für Carsten Maschmeyer erneut hell strahlen, am besten vom ersten Tag an. Lebensversicherungen würden fortan schwerer zu vermitteln sein. Doch am Neujahrstag trat mit dem neuen Alterseinkünftegesetz die »Reform der Reform« in Kraft – eingefordert von Carsten Maschmeyer, vorangebracht und durchgeboxt von der Regierung Gerhard Schröder.

Die Freundschaft, sie zahlte sich aus für Carsten Maschmeyer – und acht Monate später auch für Gerhard Schröder.

5.
Die Riester-Rente
Maschmeyers »Ölquelle«

Auf seine Leute könne man nicht zählen, das hatte Carsten Maschmeyer klargemacht. Er hatte es den Medien gesagt, Politikern verschiedener Parteien, vor allem dem Bundeskanzler: Wenn die Riester-Rente nicht verändert würde, müsse sie den Menschen ohne Tausende AWD-Berater vermittelt werden. Für die nämlich rechne es sich schlicht nicht, das Produkt zu vermitteln. Eine Riester-Police bedurfte aufwendiger Beratung und brachte am Ende wenig Provision.

Maschmeyer hatte deshalb von der Politik erstens verlangt, die staatlich geförderte private Altersvorsorge weniger kompliziert zu gestalten und den Versicherungen nicht so viele Vorgaben zu machen. Seine zweite Forderung lautete, dass die Vermittler ihre Provisionen nicht auf zehn Jahre portioniert bekämen.

Was in dem neuen Alterseinkünftegesetz nun festgelegt und seit dem 1. Januar 2005 Wirklichkeit war, mochte dem Finanzunternehmer wie der gerechte Lohn jahrelanger Arbeit vorkommen. Der Gesetzgeber hatte sechs jener elf Kriterien gestrichen, die ein Finanzprodukt erfüllen musste, um als »Riester-Rente« staatlich gefördert und damit für den Kunden attraktiv zu werden. Versicherungen konnten so leichter Riester-Produkte entwerfen und anbieten. Der Markt kam in Bewegung. Die Finanzvermittler des AWD konnten sich als unabhängige Berater ausgeben, nicht den Produkten eines bestimmten Unternehmens, sondern einzig dem Kunden verpflichtet – und als Experten entsprechend reüssieren.

Das allein war schon fein für den Chef eines Finanzvertriebs. Aber das neue Gesetz gab auch vor, den Finanzvermittlern ihre lästige Wartezeit auf die Provisionen von zehn
auf fünf Jahre zu halbieren. Das bedeutete nichts anderes als
mehr Geld bei Vertragsabschluss.

Zudem hatte der Bundestag auch eine weitere Neuerung
der Bundesregierung unter Gerhard Schröder verabschiedet:
Seit dem 1. Januar 2005 existierte in der Bundesrepublik
Deutschland die Basisrente, die bald als »Rürup-Rente« bekannt wurde. Damit gab der Staat auch allen Freiberuflern
und Selbständigen Geld, die sich für eine private Altersvorsorge entschieden hatten. »Rürup« zahlte zwar keine direkten
Zulagen, gewährte aber deutlich höhere Steuervorteile als
»Riester«.

Maschmeyer stachelte seine Leute an. Gerade noch, am
29. Dezember 2004, hatte er sie für den hervorragenden Um-
satzmonat gelobt. Zwei Tage später holte er in einem Editorial für die AWD-Zeitschrift »Report-intern« weit aus: »Die
Silvesternacht ist vorbei, willkommen in 2005! Manchmal
wünscht man sich, dass im neuen Jahr alles anders wird. Dieses
Mal ist es so, es ist alles anders, alles neu. Ab Januar 2005 tritt
das neue Alterseinkünftegesetz in Kraft. So traurig es eigentlich ist, dass die größte Kürzung der gesetzlichen Rentenversi-
cherung stattfindet, wir haben hervorragende Arbeitsbedin-
gungen durch diese veränderten Rahmenbedingungen. Die
gesetzliche Rente wird durch die private Altersversorgung ersetzt. Das ist eine Riesenchance, denn im Schnitt werden den
Menschen 1000 Euro Rente monatlich fehlen.«

Für AWD-Vertriebsmitarbeiter würde es keine Ausreden
geben, der Rubel musste rollen, das machte Maschmeyer klar.
Denn wer im AWD-Auftrag Riester- und Rürup-Renten ver-
kaufe, habe einen großen Vorteil: »AWD hat seine Unabhängigkeit voll genutzt. In einer Art ›Beauty Contest‹ haben die

einzelnen Versicherungen und Fondsgesellschaften sich geradezu übereilt und übertroffen, uns bestmögliche Antworten
auf die neuen Rahmenbedingungen zu geben. Wir haben die
Produktinnovationen als Erste zur Verfügung und wieder
einmal die breiteste Auswahl.«

Außerdem habe der AWD seine Leute laut dem Vorstandsvorsitzenden technisch auf den neuesten Stand gebracht.
»Wieder ein großer Wettbewerbsvorteil für Sie als unabhängige Finanzberater/in«, erklärte Maschmeyer und stellte »für
Sie de facto eine kräftige Provisionserhöhung« fest.

Es mochte ein Problem für die Gesellschaft sein, dass sie
nach und nach alterte. Es mochte ein Problem für die Politik
sein, dass weniger Menschen in die Rente einzahlten und
mehr Menschen Rente bezogen. Für Maschmeyer und den
AWD war diese Entwicklung wunderbar: »Wie heißt es so
schön, des einen Leid, des anderen Freud. Genießen wir es,
dass wir durch die dramatische Verschiebung des Alterslast-
quotienten in den größten Bedarfsmarkt hineinwachsen.«

Das Editorial in der Mitarbeiterzeitschrift war nicht das
einzige Medium, über das Maschmeyer seine Berater Anfang
Januar anspornte, loszulaufen und Kundentermine zu machen. Er verfasste auch Briefe an die AWD-Direktoren, an die
AWD-Manager und an die AWD-Teamleiter. Das hatte einen
einfachen Grund: Seine Leute sollten sich mehr anstrengen.
Maschmeyers Ton wurde schärfer.

»Die meisten Führungskräfte und Mitarbeiter hatten anscheinend gemütliche erste zwei Wochen im noch neuen Jahr
und haben sich ein bisschen erholt und durchgeatmet«, begann er ein Schreiben an die Direktoren vom 12. Januar 2005.
»Jetzt wird es aber wieder Zeit, an den Abgabeschluss Januar
und an ein gutes Vertriebsergebnis zu denken. Viele haben als
Ziel, auch im Jahr 2005 in jedem Monat ein hohes Einkommen zu erzielen. Dies geht nur über Umsatz.«

Bei einigen laufe der Januar schon gut an, die neuen Produkte würden vermittelt. »Dennoch gibt es auch Büros, in denen sich die ganze Mannschaft wohl noch voll im Tiefschlaf befindet. Aussagen wie: ›Es gibt keine Anträge von bestimmten Partnergesellschaften‹, oder: ›Einiges in der EDV klappt nicht‹, sind schnell durchschaut. Lassen Sie sich diese Vorwände bitte nicht als Ausrede von Ihren Mitarbeitern unterjubeln.«

Anfang 2005 standen der AWD und sein Chef in der Öffentlichkeit nicht schlecht da. Der Finanzvertrieb galt beinahe schon als Premium-Marke. Die Prozesse um die Dreiländerfonds hatten zwar für Schlagzeilen gesorgt, doch das AWD-Marketing wirkte dagegen. Es plazierte Begriffe wie »unabhängiger Finanzoptimierer«, die seriös wirkten. Und vor seinen Leuten riss Maschmeyer sich zusammen. Zumindest sparte er sich in Motivationsveranstaltungen Auftritte, die er sich Anfang der neunziger Jahre noch erlaubt hatte. Den Job, gute Vertriebsleute zu finden, verglich er damals nicht ganz nachvollziehbar mit dem Beruf einer »Puffmutter« und dem eines Nachtclubbesitzers. Die eine müsse bei ihren »Bimbos Schniedel gucken, Schniedel gucken, Schniedel gucken«, der andere bei Bewerberinnen »Titten gucken, Titten gucken, Titten gucken«.

Carsten Maschmeyer hatte auch sein Äußeres geändert. Sein Haar trug er kürzer, auf schimmernde Seidenanzüge verzichtete er. Der AWD-Chef wirkte längst wie ein Investment-Banker. Doch sein System hatte sich nicht geändert. Das Unternehmen garantierte den Handelsvertretern mit AWD-Lizenz kein festes Einkommen und führte für sie auch keine Abgaben an die Sozialversicherung ab. Der AWD war immer noch wie eine Pyramide aufgebaut, immer noch ein Strukturbetrieb. Ganz unten mussten immer neue Kunden beigebracht werden. Und Motivation und Druck kamen immer noch von ganz oben.

Im Januar 2005 hielt der AWD-Chef seinen Verkäufern als Karotte eine Reise in die Vereinigten Arabischen Emirate vor die Nase. »Der Dubai-Wettbewerb« sei der »tollste Wettbewerb seit Gründung von AWD. Das beste Hotel der Welt im Land der Superlative wartet auf Sie«, schrieb er den AWD-Teammanagern und schwärmte ihnen vor: »Ein schöneres Urlaubsland können Sie sich nicht vorstellen. Das einzige Luxushotel mit sieben Sternen und Shoppingcenter mit Edelboutiquen, wie es sie nirgendwo gibt. Und natürlich die berühmten Goldmärkte, Gourmetrestaurants, der größte Wellnessbereich usw. All das wartet auf Sie, damit Sie sich verwöhnen lassen können.«

Maschmeyer wusste, warum er die Mitarbeiter anstachelte: 2004 hatte der AWD das beste Jahresergebnis seit Gründung erzielt. Die Voraussichten für 2005 sahen trotz der neuen Riester-Rente bescheiden aus.

Den Kunden und den Aktionären sendete er freilich eine andere Botschaft. »Wir sind sehr optimistisch für das laufende Jahr«, sagte der AWD-Chef Anfang Februar dem »Handelsblatt« und kündigte an: »Wir werden unseren Umsatz in Deutschland im ersten Quartal um mindestens zehn Prozent steigern.« Maschmeyer verbreitete Zuversicht, stellte auch eine »kräftige Dividendenerhöhung« in Aussicht. Solche Sätze verfingen am Markt – die AWD-Aktie stieg innerhalb weniger Tage um fünf Prozent.

Derlei Zuversicht konnte Maschmeyer leicht verbreiten. Durch geschickte Buchungen tauchten nämlich die Umsätze aus dem letzten Quartal 2004 erst in der Bilanz für das erste Quartal 2005 auf. Und gerade am Ende des vergangenen Jahres hatten die AWD-Berater noch einmal viele Lebensversicherungen vermittelt und so hohe Provisionen reingeholt:

Die Steuerbefreiung für Lebensversicherungen war zum 31. Dezember 2004 ausgelaufen. Von Oktober bis Dezember 2004 hatte sich der Verkauf dieser Policen im Vergleich zum Vorjahr verdoppelt. An dem Boom hatten auch Maschmeyers Finanzberater partizipiert – und kräftig Provisionen kassiert.

Am 21. Februar 2005 tagte der Vorstand des AWD. Das höchste Gremium kam in der Regel drei- bis fünfmal pro Monat zusammen, oft mittwochs oder donnerstags, manchmal auch am Sonntag und in den meisten Fällen im Konferenzraum »Rittersaal« in der siebten Etage der Zentrale. Dominiert wurden die Zusammenkünfte vom Vorstandsvorsitzenden. Am 21. Februar trafen sich die Vorstände und einige hochrangige AWD-Mitarbeiter von 17 Uhr bis Mitternacht. Es gab viel zu besprechen – und längst nicht nur Gutes.

AWD Schweiz verbuchte im Vergleich zum Vorjahr »Umsatzrückgänge« in einer Höhe, dass der AWD-Vorstand entschied, »die weitere Geschäftsentwicklung eng zu beobachten«. Bei AWD Italien lagen »Umsatz und Ergebnis unter Plan«, in Zentral- und Osteuropa ebenfalls. Beim Marketing und den Verwaltungskosten registrierte der Vorstand eine bemerkenswerte »Kostenbelastung«. Und auch der deutsche Markt gab Grund zur Sorge: Der Finanzvertrieb tecis, den der AWD 2002 aufgekauft hatte, befand sich im laufenden Geschäftsjahr laut Protokoll »deutlich unter Plan«.

Die AWD-Aktie entwickelte sich in diesem Februar 2005 allerdings gut, die Kurskurve zeigte nach oben. Maschmeyers positive Prognose im »Handelsblatt« mochte dazu genauso beigetragen haben wie die Ankündigung, die Dividende zu erhöhen. Eine Riester-Rente brachte zwar längst nicht so viel Provision wie eine Lebensversicherung. Doch die Aktionäre spekulierten offenbar auf das große Geschäft durch die private Altersvorsorge.

Für jemanden, der das Unternehmen mit all seinen Schwachstellen kannte und auch das Zukunftspotenzial des AWD realistisch einschätzen konnte, war es ein günstiger Zeitpunkt, um seine AWD-Aktien zu verkaufen. Carsten Maschmeyer besaß gemeinsam mit seinen beiden noch minderjährigen Söhnen 51 Prozent aller AWD-Aktien. Und Carsten Maschmeyer verkaufte.

Investoren hatte Maschmeyer sein Unternehmen gerade im Rahmen einer kleinen Werbetournee schmackhaft gemacht. Nun plazierte er über die Hamburger Privatbank Berenberg 20 Prozent aller AWD-Aktien am Markt. Der Plan ging auf. Für jede der 7,6 Millionen Aktien bekam er 31 Euro. Insgesamt spülte das Geschäft Carsten Maschmeyer und seinen beiden minderjährigen Söhnen 235 Millionen Euro aufs Konto.

Als AWD-Mitarbeiter konnte man aber zugleich auch ins Grübeln geraten. Der Hauptaktionär und Vorstandsvorsitzende trennte sich von AWD-Aktien, machte Teile seiner Firmenanteile zu Geld. Bestand Grund zur Sorge?

Carsten Maschmeyer bemühte sich umgehend darum, dass das ganz große Geschäft innerhalb des Unternehmens nicht in diesem Sinne interpretiert würde. Am 12. März schrieb er an seine Direktoren und auch an Führungskräfte nachgeordneter Hierarchiestufen. Die Betreffzeile seines Schreibens war dick gedruckt und lautete: »Unabhängigkeit durch erweiterte Aktionärsbasis gestärkt«.

In elf Absätzen warb Carsten Maschmeyer nicht etwa um Verständnis dafür, dass ein Mehrheitsaktionär bei günstiger Gelegenheit eben auch mal in großem Stil Geld aus dem Unternehmen ziehe. Er gab dem Verkauf eine höhere Bedeutung. Durch den erweiterten Aktionärskreis erhalte AWD ein höheres Gewicht im deutschen Aktienindex M-Dax. Das könne zu weiteren Kurssteigerungen führen. »Durch diesen Schritt wird der konsequente Wandel vom reinen Familienunternehmen zur Kapitalmarktgesellschaft endgültig vollzogen.«

Man habe »meine Familie und mich« auf der Europa-Aktien-Roadshow in der vergangenen Woche gefragt, »ob wir zu einer breiteren Streuung der AWD-Aktien zur Öffnung für weitere renommierte Top-Investoren bereit seien«, schrieb Maschmeyer in dem Brief. Nun befanden sich 69 Prozent der AWD-Aktien in Streubesitz.

Die Empfänger des Briefes erfuhren von ihrem obersten Chef, dass es keinen Grund zur Sorge gab. Brachte die Familie Maschmeyer durch den Großverkauf von Aktien ihre Schäfchen ins Trockene? Nein. Die Familie »diversifizierte« nur »ihr Gesamtvermögen etwas mehr«. Laut Maschmeyer ging es auch längst nicht nur um Geld. Seine Familie werde, kündigte er an, »ihr soziales und kulturelles Engagement ausweiten«. Die verbliebene »langfristige Beteiligung« von mehr als 30 Prozent sichere weiterhin die Eigenständigkeit des AWD. Maschmeyer versprach: »Meine Familie und ich werden mit unserer größten Vermögensposition im Umfang von mehreren hundert Millionen Euro an AWD beteiligt bleiben.«

Wohl und beruhigend sollten solche Sätze in den Ohren der AWD-Mitarbeiter klingen: Alles blieb beim Alten, außer dass alles noch viel besser würde. Auf die Familie Maschmeyer konnte man sich verlassen.

Maschmeyer seinerseits stand ebenfalls glänzend da: Er hatte Aktien abgegeben, viel Geld bekommen und gleichzeitig Macht und Einfluss behalten.

Nur vier Tage nach Maschmeyers Aktien-Deal kündigte der Vorstand dann auch noch eine großzügige Auszahlung an: Für das Geschäftsjahr 2004 würde pro Aktie eine Dividende von 1,25 Euro anstatt 0,75 Euro wie im Vorjahr fällig. Auch das klang beruhigend und war außerdem für alle Mitarbeiter, die AWD-Aktien besaßen, lukrativ. Der größte Pro-

fiteur der Dividendenerhöhung aber war die Familie Maschmeyer selbst. Für ihren jetzt noch 31-prozentigen AWD-An-
teil bekam sie 14,63 Millionen Euro überwiesen, mehr Geld,
als im Vorjahr geflossen war. Da hatte den Maschmeyers ihr
noch 51-prozentiger Anteil wegen der tieferen Dividende
nur 14,55 Millionen Euro eingebracht.

Der Großaktionär Maschmeyer kassierte also im März 2005
zweimal. Der Vorstandsvorsitzende Maschmeyer jedoch
musste sich Sorgen machen: Zwei Wochen nach dem Beschluss, dem Aufsichtsrat eine Erhöhung der Dividende vorzuschlagen, sprach der AWD-Vorstand im siebten Stock der
Zentrale über die Falk-Fonds. Die Münchner Firmengruppe
»Falk Capital« hatte Gelder für 80 geschlossene Immobilienfonds eingesammelt – und nun Insolvenz angemeldet.

Für den AWD war die Pleite höchst alarmierend. Das Protokoll der Vorstandssitzung vermerkt, »Auswirkungen für
AWD als Vermittler von insgesamt 18 Fonds« würden »intensiv beobachtet«.

Der AWD war am 1. Oktober 2001 mit zwei Vermittlungen
an einen 28-jährigen Münchner in das Falk-Geschäft einge-
stiegen und hatte tags darauf bereits sieben Falkfonds vermit-
telt. Bis zu zwölf Abschlüsse pro Tag registrierte die
AWD-Zentrale in den folgenden zwei Jahren für die Falk-
Fonds. Kassiert hatte der Finanzvertrieb üppig. Bei einem
Prozess in München erinnerte sich später ein ehemaliger
Falk-Mitarbeiter im Zeugenstand, der AWD habe für zwei
Fonds 15 Prozent Vermittlungsprovision erhalten.

Der AWD-Vorstand wusste, was die Pleite des Fondsbe-
treibers Falk bedeuten konnte. Er setzte sich ja seit Jahren
mit Kunden auseinander, die ihr Geld verloren hatten, nachdem der AWD ihnen Dreiländerfonds vermittelt hatte. Er
nahm die Pleite ernst und bildete sofort ein »Falk-Team«.

Die Mitarbeiter sollten mögliche Prozesse im Blick haben und auf Anwälte zugehen. Vor allem sollten sie, das beschloss der Vorstand in einer späteren Sitzung, nach sogenannten »Prozesskostenfinanzierern« recherchieren. Damit waren Privatpersonen oder Firmen gemeint, die auf Menschen zugehen, die in einem Streitfall gute Chancen auf Schadensersatz, aber nicht das Geld für einen langwierigen Prozess haben. Prozesskostenfinanzierer gehen in Vorleistung und zahlen die juristische Auseinandersetzung. Im Erfolgsfall sind sie dann am Schadensersatz beteiligt.

Die AWD-Spitze um Carsten Maschmeyer musste sich noch häufiger mit den Folgen der Falk-Vermittlungen befassen. Und sie legte auch Geld zur Seite: Im Februar 2006, das geht aus einem Vorstandsprotokoll hervor, hatte sie für mögliche Entschädigungszahlungen bereits Rückstellungen gebildet.

Mit kaum einem Wort fand das Drama um die Falk-Kunden allerdings Erwähnung, als der AWD am 7. April 2005 zur Bilanzpressekonferenz nach Hannover lud. Hier ging es um eine makellose Außendarstellung. Schlechte Neuigkeiten konnten Aktionäre erschrecken und den Kurs der Aktie nach unten treiben.

Carsten Maschmeyer beschrieb deshalb lieber die blendenden Aussichten durch die Riester-Rente, als ausführlicher über Altlasten zu reden, die plötzlich wieder Gegenwart und Zukunft bestimmten. Zu den Falk-Fonds merkte Maschmeyer vor den versammelten Journalisten kurz an, dass der AWD da nichts zu befürchten habe. Es sei auch noch keine Klage geschädigter Anleger eingegangen. Dass er in Wirklichkeit von Klagen ausgehen musste und intern bereits die Falk-Gruppe installiert hatte, blieb geheim.

Maschmeyer bestärkte die Öffentlichkeit in dem Glauben, dass alles zum Besten stehe in seinem Unternehmen. Er gab

sich gewohnt optimistisch und zudem hochseriös. Der AWD-
Chef sagte nur, der Gewinn werde stärker steigen als der
Umsatz. Zahlen und genauere Prognosen für das Geschäftsjahr 2005 nannte er nicht und begründete seine ungewohnte
Schmallippigkeit an dieser Stelle geschickt: Angesicht der politischen Entwicklungen seien ernsthafte Prognosen gegenwärtig nicht möglich.

Die politischen Entwicklungen, damit meinte Maschmeyer
vielleicht eine rot-grüne Regierungskoalition, die sich auf
Bundesebene nicht mehr allzu einig war. Vielleicht dachte er
auch an die schwachen Umfragen von SPD und Grünen vor
der Landtagswahl in Nordrhein-Westfalen. Warum aber Ge-
schäftsprognosen unmöglich waren, weil über kurz oder lang
eine Bundes- und eine Landesregierung wechselten, erschloss
er den Zuhörern seiner Rede nicht.

Der AWD-Chef ging dann schnell zu wolkigen Vorhersa-
gen über und blickte weit voraus: 2008 rechne der AWD mit
einem Umsatz von über einer Milliarde Euro. »Wir haben
anspruchsvolle, aber realistische Ziele für 2008«, ergänzte der
Finanzvorstand Ralf Brammer. Auch er ließ sich keine Prognosen zum laufenden Geschäftsjahr entlocken.

Die Inszenierung als Unternehmen mit glorreicher Zu-
kunft gelang dem AWD hervorragend. Selbst renommierte
Börsenanalysten ließen sich von Maschmeyers Worten blen-
den. Ralf Dibbern vom Bankhaus M. M. Warburg wertete die
Aussagen bei der Bilanzpressekonferenz als »Beweis für die
Fähigkeit des Unternehmens, auch in einem schwierigeren
Marktumfeld zu wachsen«. Die AWD-Aktie stieg prompt um
2,7 Prozent auf 35,40 Euro.

Im ersten Quartalsbericht für das Jahr 2005 musste der
AWD allerdings harte Zahlen vorweisen. Das fiel jedoch auch
nicht schwer. Viele Provisionen für Lebensversicherungen,
die der Finanzvertrieb am Jahresende 2004 vermittelt hatte,

zählten für das Januar-Ergebnis. Die Folge war das »umsatz-
stärkste erste Quartal in der Unternehmensgeschichte«, heißt
es in einer Pressemitteilung. Entgegen der stark rückläufigen
Branchenentwicklung setze der AWD den Wachstumskurs
fort. Carsten Maschmeyer ließ sich in der Stellungnahme zur
privaten Altersvorsorge zitieren: Die Riester-Verträge würden besonders stark nachgefragt.

War der AWD-Vorstand unter sich, wärmte er sich keineswegs nur am gutgehenden Geschäft mit der privaten Altersvorsorge. Am 18. Mai 2005 diskutierte er ein »Maßnahmenpa-
ket zur kurzfristigen Kosteneinsparung«. Bei AWD Deutschland wollte der Vorstand Projekte einstellen, Betriebskosten
senken, Provisionen kürzen. Die AWD-Tochter tecis musste
250 000 Euro ihres Marketing-Budgets zur Disposition stellen, AWD Großbritannien die PR-Kosten reduzieren. Carsten
Maschmeyer selbst sollte prüfen, ob auch bei kleinen Ge-
schenken für erfolgreiche Verkäufer und bei den Reisen in fer-
ne Länder zu sparen war.

Am 1. Juli war klar, dass die Bundestagswahl 2006 auf den
September 2005 vorgezogen wurde. Wenige Tage später hielt
der AWD seine Hauptversammlung 2005 ab. Carsten Maschmeyer, der ja wegen »politischer Entwicklungen« eigentlich
keine seriösen Prognosen abgeben konnte, erging sich nun in
besten Zukunftsaussichten. Zur Hauptversammlung erschien
ein Interview mit dem AWD-Chef in der »Frankfurter Allgemeinen Sonntagszeitung«. Maschmeyer sagte zur Bedeutung
der staatlich geförderten privaten Altersvorsorge, hier ent-
stehe »ein Wachstumsmarkt über Jahrzehnte. Ich kann nur
nicht übersehen, ob dieser nachhaltige Boom im Sommer
einsetzt oder erst im Winter. Es ist so, als ob wir auf einer
Ölquelle sitzen. Sie ist angebohrt, sie ist riesig, und sie wird
sprudeln.«

Auf der Versammlung selbst nutzte er das eingängige Bild der Ölquelle erneut und ließ die Aktionäre wissen: »Wir stehen vor dem größten Boom, den unsere Branche je erlebt hat. Die Verlagerung von der staatlichen zur privaten Altersvorsorge ist ein Wachstumsmarkt über Jahrzehnte. Auch wenn manche Regularien und Details noch etwas kompliziert sind, die Privatvorsorge wird boomen. Man kann zwar nicht überblicken, wie sich dieser Anstieg der privaten Altersvorsorge präzise ausgestaltet. Es ist jedoch so, als wenn wir auf einer Ölquelle sitzen. Sie ist angebohrt, sie ist riesig groß, und sie wird sprudeln. Es geht nicht mehr um das ›Ob‹, sondern nur noch darum, wie schnell.«

Statt die Aktionäre über das laufende Geschäftsjahr aufzuklären, schaute Maschmeyer auch jetzt wieder auf das Jahr 2008 und nannte drei »konkrete Ziele: Die Zahl unserer Stammkunden soll von heute 1,4 auf über zwei Millionen wachsen. Die Zahl der Beraterinnen und Berater in der AWD-Gruppe soll von heute 6000 auf über 8000 steigen. Der Umsatz soll von heute 700 Millionen Euro auf über eine Milliarde Euro gesteigert werden.«

Am 18. August 2005 allerdings ließen sich die Umsatzeinbrüche nicht mehr verheimlichen. Das Börsengesetz gebot dem AWD, die Zahlen für die erste Hälfte des Jahres 2005 zu nennen. Der Umsatz betrug nur 162,6 Millionen Euro, das waren acht Prozent weniger als im Vorjahr. »Wir laufen bergauf bei Gegenwind«, sagte der AWD-Chef, scheute sich aber weiterhin, eine Prognose für das Gesamtjahr abzugeben: »Auch im August können wir immer noch nicht konkret einschätzen, wie sich das Geschäft kurzfristig entwickelt.« Nur ins Jahr 2008 sah Maschmeyer wieder voraus: Bis dahin steige der Umsatz auf mehr als eine Milliarde Euro. Maschmeyer klang wie ein Trainer einer Laufgruppe: Der Verlust lasse sich langfristig aussteuern. »Dann laufen wir halt eine Runde schneller, wenn wir zuvor langsamer waren.«

Die Börsenkurve des AWD verlief in den folgenden Wochen leicht gezackt, zeigte aber insgesamt eindeutig nach unten. Jeder Tag, an dem der AWD verlor, machte deutlich, wie geschickt Carsten Maschmeyer als Privatmann im März gehandelt hatte: Er und seine Söhne hatten rechtzeitig verkauft.

Als Vorstandsvorsitzendem aber standen ihm lange Sitzungen bevor. Am 4. Oktober konferierte die AWD-Spitze sechs Stunden lang und musste sich am Tag darauf erneut treffen. Die schlechten Zahlen verbreiteten Unruhe. Die Sorge der AWD-Spitze wuchs. Der Vorstand machte Kassensturz.

Das Ergebnis war niederschmetternd: Der Umsatz des AWD hatte sich im dritten Quartal 2005 um 13 Prozent verringert. Das operative Ergebnis war ebenfalls geschrumpft: Von Juli bis September 2004 hatte der AWD noch 17 Millionen Euro Gewinn ausgewiesen, jetzt, im gleichen Zeitraum 2005, nur noch eine Million.

Am Donnerstag, dem 6. Oktober, brannte das Licht im Rittersaal bereits morgens um 7 Uhr: Der AWD-Vorstand tagte schon wieder. Er musste eine Entscheidung treffen. Punkt eins der Tagesordnung lautete: »Aktuelle Geschäftsentwicklung«. Das Protokoll verzeichnet für den Frühtermin eine »intensive Diskussion« und danach einen Beschluss: Die Öffentlichkeit solle »umgehend« über die »vorläufigen Geschäftszahlen zum dritten Quartal 2005« informiert werden.

Der Protokollführer Elmar Küsters bekam den Auftrag, »unmittelbar nach erfolgter Ad-hoc-Veröffentlichung« den Aufsichtsrat in Kenntnis zu setzen. Carsten Maschmeyer selbst werde der Vertriebsabteilung mitteilen, was passiert war: Nach dem erfolgreichen Jahr 2004 veröffentlichte der AWD jetzt eine Gewinnwarnung.

Die Wahrheit hatte sich nicht länger verbergen lassen. Das

deutsche Wertpapierhandelsgesetz verlangt von jeder Aktiengesellschaft, eine »Ad-hoc-Mitteilung« herauszugeben, sobald der Geschäftsleitung Informationen bekannt werden,
die eine Änderung der prognostizierten Erwartung nahele-
gen. Diese Gewinnwarnungen müssen unverzüglich erfolgen, um zu verhindern, dass Aktionäre ihre Anteile noch vor
der Gewinnwarnung abstoßen. Die Sitzung im siebten Stock
der AWD-Zentrale wurde deshalb um 7.30 Uhr unterbro-
chen.

Am Nachmittag saßen Carsten Maschmeyer und seine
Mitstreiter Ralf Brammer und Friedemann Derndinger erneut zusammen, diesmal für zwei Stunden. Sie hatten hekti-
sche Stunden hinter sich. Der Finanzvorstand Brammer
schilderte den Kursverlauf der AWD-Aktie. Die Reaktion auf
die Gewinnwarnung war verheerend: Das Wertpapier des Fi-
nanzoptimierers sank auf das Jahrestief von 25,60 Euro. Das
war ein Einbruch von 20 Prozent.

Carsten Maschmeyer erklärte den Umsatz- und Ergebnis-
rückgang mit den AWD-Kunden in Deutschland, die bei der
Riester- und Rürup-Rente noch »einen Lernprozess durchlaufen«. Es habe auch an qualifizierten Beratern gemangelt.
»Schwarzer Donnerstag für den AWD«, titelte die »Frankfurter Allgemeine Zeitung« über das Unternehmen, das sich ein
paar Monate zuvor noch auf »Ölquellen« verortet hatte.
Carsten Maschmeyer aber begegnete dem Desaster einfach
mit einem süßen Versprechen: Schon 2006 werde der Umsatz
zweistellig wachsen.

Nur zum Wohle des Unternehmens habe seine Familie 20
Prozent der AWD-Anteile verkauft, hatte Maschmeyer in seinem Brief an die AWD-Führungskräfte im März 2005 behauptet und dann für sich und seine Söhne 235 Millionen
Euro eingenommen. Maschmeyers damaliger Verkauf wirkte

nun im Oktober extrem vorausschauend. Hätte er die Anteile jetzt erst abgestoßen, hätten sie ihm keine 235 Millionen
Euro eingebracht, sondern 40,4 Millionen Euro weniger.

Ein Verdacht machte die Runde: Hatte der AWD-Chef im
Frühjahr 2005 durch geschickte Buchungen und schönfär-
bende Äußerungen die Aktie nach oben getrieben, um bei
gutem Kurs verkaufen zu können?

Am 13. Oktober, eine Woche nach dem schwarzen Donnerstag, ordnete der AWD-Vorstand in seiner Sitzung eine Spar-
welle an. Die Sekretariate in der Holding sollten laut Protokoll fortan »kostenbewusstes Bestellverhalten praktizieren«,
beim Sitzungs-Catering und bei Veranstaltungskosten wurde
»gezieltes Sparverhalten« erwartet. »Softdrinks sollen künftig nur in großen Flaschen (z. B. 1 Liter) zur Verfügung gestellt«, Flüge »ab sofort Economy gebucht« werden, bei Veranstaltungen und »Incentives« galt fortan: »kostengünstige
Tagungshotels, Fingerfood, keine Geschenkausgaben etc.«

Die »Kostensenkung« im vierten Quartal 2005 sowie Pläne
zur Kostensenkung 2006 hätten ab sofort »A-Priorität«, heißt
es in dem Protokoll der Vorstandssitzung. Rettung aus der
Umsatznot konnten die Sparmaßnahmen allerdings nicht
bringen. Carsten Maschmeyer wiederum war auch nicht zum
Multimillionär aufgestiegen, weil er so gut sparen konnte. Er
hatte sich auf dem harten Markt der Finanzbranche durchgesetzt, weil er umtriebiger, hartnäckiger und skrupelloser als
andere agierte. Außerdem konnte Maschmeyer die Leute, die
er für seinen Erfolg brauchte, glänzend motivieren.

Genau das tat er auch jetzt. Die Riester- und die Rürup-
Rente existierten, jeder Vertriebsmitarbeiter des AWD hatte
genug zu tun. Im Januar 2006 lud Maschmeyer Führungskräfte nach Hannover. Vor den Sitzreihen ließ er eine Wäscheleine spannen, daran hingen Briefumschläge, jeweils mit

einem 500-Euro-Schein gefüllt. Auf Maschmeyers Komman-
do sprangen die hochrangigen AWD-Mitarbeiter auf und
balgten sich um das Bargeld. Es hing aber längst nicht für jeden ein Umschlag an der Wäscheleine. Nur die Schnellsten
machten Kasse.

Genau das sollten seine Leute kapieren, wenn sie in Zukunft mit ihren Verkaufstrupps Riester- und Rürup-Renten
vermittelten. Maschmeyer selbst war mit dem Verkauf der
AWD-Anteile auf jeden Fall schnell genug gewesen.

6.
Maschmeyer und Schröder II
... wäscht die andere

Am Abend des 18. September 2005 zeigte sich der noch amtierende Kanzler der Bundesrepublik Deutschland beinahe berauscht. Noch wenige Wochen zuvor hatten die Meinungsforscher die SPD weit abgeschlagen gesehen, teilweise mit bis zu acht Prozentpunkten hinter der CDU. Gerhard Schröder aber hatte einen fulminanten Endspurt hingelegt und Woche für Woche aufgeholt. Es reichte letztlich zwar nicht ganz, CDU und CSU hatten 35,2 Prozent der Stimmen bekommen und damit einen Prozentpunkt mehr als Schröders SPD. Doch in der Runde der Spitzenkandidaten saß Schröder der Wahlsiegerin Angela Merkel gegenüber und grinste in die Kameras von ARD und ZDF, als habe gerade er den größten Triumph seiner Karriere errungen: »Es gibt einen eindeutigen Verlierer. Und das ist nun wirklich Frau Merkel«, sagte Schröder – als bleibe er trotz Wahlniederlage im Amt.

Die Lage stellte sich schon vor dem amtlichen Endergebnis als vertrackt dar. Die Partei »Die Linke« hatte es in den Bundestag geschafft, mit offenbar über acht Prozent. Weder eine rot-grüne noch eine schwarz-gelbe Regierung waren damit rechnerisch möglich. Alles deutete also auf eine Große Koalition hin, mit Angela Merkel als Kanzlerin. Die Spitzenkandidatin von CDU und CSU hatte die Wahl gewonnen und nach gutem Brauch das Anrecht, eine Koalition unter ihrer Führung zu bilden.

Und nun wollte Gerhard Schröder vor einem Millionenpublikum dieses ungeschriebene Gesetz außer Kraft setzen.

Er lieferte sich ein Wortgeplänkel mit den Moderatoren und verkündete den einigermaßen fassungslosen Diskussionsteilnehmern: »Glauben Sie im Ernst, dass meine Partei auf ein Gesprächsangebot von Frau Merkel bei dieser Sachlage einginge, in dem sie sagt, sie möchte Bundeskanzlerin werden? Also, ich meine, wir müssen die Kirche doch mal im Dorf lassen. Die Deutschen haben doch in der Kandidatenfrage eindeutig votiert. Das kann man doch nicht ernsthaft bestreiten.« Schröder zeigte jetzt auf Merkel. »Sie wird keine Koalition unter ihrer Führung mit meiner sozialdemokratischen Partei hinkriegen. Das ist eindeutig. Machen Sie sich da gar nichts vor.«

Zeitungen stellten in den nächsten Tagen die Frage, ob Schröder unter Medikamenten- oder Alkoholeinfluss gestanden habe. In der Fernsehsendung selbst sagte der FDP-Vorsitzende Guido Westerwelle: »Herr Kollege Schröder, ich weiß nicht, was Sie hier vor der Sendung gemacht haben.«

»Das sage ich Ihnen gerne«, erwiderte Schröder dem FDP-Parteichef.

»Ich bin mir nicht ganz sicher, was da noch alles vorher gewesen ist«, sagte Westerwelle und verzichtete auf genauere Ausführungen.

Schröder gab unterdessen nicht nach und ließ sich zu einem Wortgefecht mit Westerwelle hinreißen, der dieses schließlich mit dem Satz beendete: »Ich bin zwar jünger als Sie, Herr Bundeskanzler, aber nicht blöder.«

Was weder Westerwelle noch die Zuschauer wussten: Schröder argumentierte nicht aus der Position eines Wahlverlierers heraus, der persönlich nicht weiß, wie sein Leben weitergehen soll. Er fühlte sich nach dem äußerst gelungenen und beinahe siegreichen Endspurt im Wahlkampf auch nun, in der Stunde der Niederlage, stark und sicher und keineswegs niedergeschlagen.

Denn Schröder hatte für den Fall, dass er aus dem Amt scheiden müsste, längst einen Plan B.

Er hatte als Privatmann einen Deal gemacht, der ihm für den Fall einer Niederlage sehr viel Geld garantierte und damit für einige Zeit eine äußere Unabhängigkeit. Es war ein Deal mit Carsten Maschmeyer.

Der AWD-Chef hatte die politische Entwicklung frühzeitig vorausgedacht. Bereits kurz nach Schröders Entscheidung Ende Mai 2005, dem Bundestag die Vertrauensfrage zu stellen und damit Neuwahlen herbeizuführen, hatte Maschmeyer sich als Gesprächspartner angeboten: »Falls Du einmal das Bedürfnis nach einem Gedankenaustausch mit jemand Außenstehendem haben solltest, wären treue private Wegbegleiter und natürlich ich sofort zur Stelle.« In seinem Brief an Schröder zeigte Maschmeyer bereits eine Alternative auf: »Sollten Deine Parteilinken und die Grünen die Wahl ›vermasseln‹, hast Du anschließend trotzdem große persönliche Chancen, denn Dein Image und Deine Reputation sind durch diesen richtigen Schritt noch besser, und deshalb bieten sich Dir dann vielfältige Möglichkeiten zur Verbesserung der Lebensqualität.«

Vielfältige Möglichkeiten zur Verbesserung der Lebensqualität, damit meinte der Finanzunternehmer sicherlich auch die Verbesserung der persönlichen finanziellen Situation seines Freundes. Maschmeyer hatte sich ja selbst gerade finanziell neu aufgestellt und damit seine eigene Lebensqualität weiter drastisch verbessert: Im März 2005 hatte ihm und seinen Söhnen der Verkauf von 20 Prozent der gesamten AWD-Aktien auf einen Schlag 235 Millionen Euro aufs Konto gespült.

Im August 2005, der Bundestagswahlkampf ging gerade in die heiße Phase, schlossen Carsten Maschmeyer und Gerhard Schröder dann ihren Pakt. Der AWD-Chef nannte es Handschlagvertrag, und die Form der Absprache beschäftigte später Finanzbeamte und Wirtschaftsprüfer. Ungewöhnlicher als die Form war jedoch der Inhalt: Sollte Schröder abgewählt werden, kaufte Maschmeyer ihm die Rechte an seiner Autobiographie über die Kanzlerjahre ab.

Der Finanzunternehmer einigte sich mit dem Bundeskanzler auf einen Preis von geradezu irrealer Höhe. Später hieß es, und die Zahl wurde auch nie dementiert, Maschmeyer habe Schröder eine Million Euro bezahlt. Aber in Wirklichkeit war es mehr – viel mehr: Carsten Maschmeyer zahlte Gerhard Schröder zwei Millionen Euro inklusive Umsatzsteuer.

Im Kreise der deutschen Politiker, die ihre Memoiren veröffentlichten, stieß Gerhard Schröder damit in eine neue Dimension vor. Als Inhaber der Rechte konnte Maschmeyer das Honorar, das er Schröder garantierte, nahezu unmöglich wieder einspielen. Aber darum ging es ihm wohl auch nicht.

Der Vorgang dürfte in der Geschichte der Bundesrepublik Deutschland einmalig sein: Ein Bundeskanzler lässt sich noch während seiner Amtszeit für den Fall seiner Abwahl eine Millionensumme zusichern – von einem Unternehmer, dessen Geschäft in den Jahren zuvor spürbar von der Politik der Bundesregierung betroffen war. Wie wäre die Bundestagswahl im September 2005 ausgegangen, hätte die Öffentlichkeit vorher von diesem Deal Gerhard Schröders erfahren?

Schröder vertraute dem umstrittenen AWD-Chef, und er schätzte ihn auch. Maschmeyer, das war für Gerhard Schröder ein Freund, der regelmäßig schrieb und ihn auch mal mit hochpreisigen Weinen bedachte. Mit dem Unternehmer ließ sich exquisit genießen. Carsten Maschmeyer war ein Mann mit Phantasie und vielen Ideen, der charmant zu kommunizieren verstand. Vermutlich spielte er mit Schröders Sehnsüchten – darin bestand ja immer schon das Geschäftsmodell des AWD-Chefs und auch sein Erfolgsgeheimnis. Es funktionierte offenbar nicht nur bei Vertriebsmitarbeitern, die schnell gutes Geld verdienen wollten, sondern nun auch beim Bundeskanzler.

Der Buch-Deal stand. Mit einem einzigen Handschlag hatte Gerhard Schröder für den Fall einer Abwahl seinen Lebensstandard massiv angehoben. Zugleich allerdings hatte er sich damit auch Maschmeyer verschrieben. Dessen Vorgehensweise war ebenso schamlos wie gerissen: Er zahlte seinem Freund weitaus mehr, als dieser auf dem Buchmarkt für seine Erinnerungen als Garantiehonorar bekommen hätte.

Eine Abhängigkeit war entstanden durch das Geschäft, und es wurde vielleicht auch deshalb nur mündlich festgehalten, damit nicht die falschen Leute davon erfuhren. Keiner der beiden besaß ein Interesse daran, dass die Öffentlichkeit von den zwei Millionen erfuhr. Die vereinbarte Zahlung hätte aufgrund ihrer Höhe ja als nachträgliches Dankeschön aufgefasst werden können – als eine Art der Bezahlung. Schließlich hatte sich Schröder immer vehement für die staatliche Förderung privater Altersvorsorge starkgemacht und der AWD davon profitiert.

Als die SPD die Wahl am 18. September verloren hatte, machte sich Maschmeyer ans Werk. Er hatte keine große Erfahrung im Buchmarkt, konnte aber auch bei diesem Geschäft auf sein Netzwerk zurückgreifen. Dazu gehörte seit den neunziger Jahren Matthias Prinz. Der Medienanwalt unterhielt gute Kontakte in die Verlagsbranche und war der richtige Mann, um das Projekt Kanzler-Autobiographie diskret zu begleiten. Bald stand er mit mehreren großen Verlagen und Verlagsgruppen in Kontakt. Es ging um ein Konzept für ein Buchprojekt mit Gerhard Schröder.

Carsten Maschmeyer verließ sich indes nicht nur auf die Expertise seines Freundes Matthias Prinz. Er schaltete im Laufe der nächsten Monate auch immer wieder einen Mann ein, der gleichermaßen den Altkanzler, die Medien und die Politik kannte: Bela Anda, langjähriger »Bild«-Journalist und Sprecher der zweiten Regierung Schröder von 2002 bis 2005, war in einem Maße vernetzt, das dem Vernetzungsprofi Maschmeyer imponierte.

Anda hatte Mitte der neunziger Jahre gemeinsam mit seinem Kollegen Rolf Kleine ein eher wohlwollendes Buch über Gerhard Schröders politische Karriere vorgelegt. 1999 begann er als stellvertretender Regierungssprecher der rot-grünen Koalition, wurde 2002 Regierungssprecher und Chef des Bundespresseamtes. Die neue Bundeskanzlerin Angela Merkel konnte Anda im Herbst 2005 kaum im Amt belassen. Anda galt als Schröder-Mann. Ende November versetzte Merkel ihn in den einstweiligen Ruhestand.

Als das geschah, stand Anda längst in Kontakt mit Maschmeyer. Die beiden hatten sich in Berlin getroffen, und der Unternehmer machte Anda anschließend Hoffnung auf eine berufliche Perspektive in der Finanzwirtschaft. »Selbstverständlich sind Sie einer der Kommunikations- und Medienprofis in Deutschland«, schrieb Maschmeyer in einem Brief an Anda im November 2005. Er schilderte den AWD als großes Unternehmen mit Zukunft und behauptete über sich selbst, ihm würde nachgesagt, dass er »integer und ehrlich« sei.

Nach einem weiteren Gespräch einigten die beiden sich: Bela Anda, der die Arbeit der Bundesregierung gegenüber der Öffentlichkeit möglichst positiv dargestellt hatte, sollte nun dafür sorgen, dass der Finanzvertrieb AWD ein gutes Image bekam. Außerdem sollte Anda im Auftrag Maschmeyers dazu beitragen, dass möglichst viele Menschen das Schröder-Buch kauften.

Der Altkanzler allerdings verstörte im Dezember erst einmal viele Deutsche. Der russische Energiekonzern Gazprom teilte am 9. Dezember mit, dass er den früheren Bundeskanzler für einen hohen Posten verpflichtet habe. Schröder übernehme den Vorsitz im Aufsichtsrat der »North European Gas Pipeline Company«, der »Nordeuropäischen Gasleitungsgesellschaft«. Die Aktiengesellschaft, bald darauf in »Nordstream AG« umbenannt, war gerade erst gegründet und im Schweizer Steuerparadies Zug in das Handelsregister eingetragen worden. Ihr Projekt war eine Pipeline von 1200 Kilometer Länge, die von St. Petersburg durch die Ostsee bis nach Greifswald in Mecklenburg-Vorpommern führen sollte.

Gerhard Schröder hatte sich für genau dieses Projekt in seiner Zeit als Bundeskanzler politisch eingesetzt. Zehn Tage vor der Bundestagswahl kam er gemeinsam mit dem russischen Präsidenten Wladimir Putin zur Unterzeichnung einer Grundsatzvereinbarung. Diese hielt fest, dass auch der deutsche Energiekonzern EON sich am Bau der Gasleitung beteiligte.

Schröder erhielt für seinen Posten bei dem Gasprojekt pro Jahr eine viertel Million Euro. Darüber regten sich große Teile der Bevölkerung, aber auch viele Politiker in Berlin auf. Die Frage war, ob Schröder nun, als Privatperson, unmittelbar von seiner Politik als Bundeskanzler profitierte.

Schröder wies solche Vorwürfe als »falsch« und »ehrenrührig« zurück. Juristisch stand Schröder auf der sicheren Seite. Anders als etwa der frühere britische Premierminister Tony Blair musste er sich nach Ende seiner Kanzlerschaft neue Jobs in der Wirtschaft nicht von einer Regierungskommission genehmigen lassen. Und das Antikorruptionsabkommen für Abgeordnete, Beamte und Regierungsmitglieder, das die Vereinten Nationen ihren Mitgliedern bereits 2003 vorlegte, hatte die Bundesregierung unter Schröder nicht ratifiziert. Die sogenannte »nachträgliche Belohnung« war mithin nicht strafbar.

Der Altkanzler war jedenfalls nicht auf der Höhe seiner Popularität, als Mitte Dezember 2005 zwei Verlagsvertreter in seinem Büro am Boulevard Unter den Linden erschienen und wie besprochen ihr Konzept für das Buch vorstellten. Die Verlagsdelegation hatte sich den Arbeitstitel »Der ganze Kerl« überlegt. Schröder sollte rauflustig, hemdsärmelig und im besten Sinne populär rüberkommen, in etwa so, wie ihn viele Deutsche wahrgenommen und gemocht hatten. Gerhard Schröder amüsierte sich über die Vorstellung, dass er, der Altkanzler, auf jede Diplomatie verzichtete und ohne Rücksichten schilderte, wie die sieben Jahre aus seiner Sicht gelaufen waren.

Mit im Büro saßen allerdings auch der Medienanwalt Matthias Prinz und der AWD-Chef Carsten Maschmeyer. Die beiden Berater wirkten von der Idee des Verlags weniger überzeugt und signalisierten dem Altkanzler, sich die Sache noch einmal zu überlegen.

Carsten Maschmeyer hielt sich ansonsten bei dem Termin eher im Hintergrund. Vorgestellt hatte er sich nur als »Berater« des künftigen Buchautors. Dass er die Rechte besaß, es also letztlich um sein Geld ging, ließ er die Verlagsvertreter nicht wissen.

Das Konzept vom »ganzen Kerl« setzte sich schließlich nicht durch. Der Verlag Hoffmann und Campe erhielt den Zuschlag. In einer Abteilung dieses Verlages führte Manfred Bissinger die Geschäfte. Der Journalist hatte als Chefredakteur der 2002 eingestellten Zeitung »Die Woche« Schröders politischen Aufstieg mit Sympathie begleitet und immer schon guten Zugang zu dem Spitzenpolitiker gehabt.

Hoffmann und Campe verlegte nun klassische Politiker-

Erinnerungen. In dem Buch »Entscheidungen – Mein Leben in der Politik« erschien Schröder staatsmännisch. Von dem Typ, der auch mal eine große Klappe gehabt hatte und mit dem viele Deutsche gerne mal ein Bier getrunken hätten, blieb nicht viel übrig.

Verhandlungspartner des Verlags war am Ende Carsten Maschmeyer, der sich nun als Inhaber der Buchrechte zu erkennen gegeben hatte. Kurz vor Weihnachten 2005 besprachen Maschmeyer und der Hoffmann-und-Campe-Chef Günter Berg das Honorar. Als Garantiehonorar zahlte der Verlag eine Million Euro. Der Autor hatte von Carsten Maschmeyer rund zwei Millionen Euro inklusive Mehrwertsteuer zugesichert bekommen.

Die Verhandlungen mit dem Verleger Günter Berg besiegelte der Finanzunternehmer ebenfalls per Handschlag. Im Februar 2006 war der Vertrag mit dem Verlag Hoffmann und Campe auch schriftlich fixiert. In einem Brief an Gerhard Schröder schlug Maschmeyer nun zum einen vor, dass nicht nur er selbst als Inhaber der Rechte, sondern auch der Autor den Vertrag unterschreiben sollte. Zum anderen ging es schlicht um die Überweisung: »Wegen der Handhabung der Kontenverbindung werde ich mir erlauben, Doris einmal privat anzurufen«, schrieb Maschmeyer.

Ob sich im Hause Schröder die Dame um die Finanzen kümmerte oder ob Maschmeyer das Geld aus bestimmten Gründen nicht Gerhard Schröder selbst, sondern dessen Ehefrau Doris überweisen sollte, geht aus dem Brief nicht hervor.

Unterschrift und Bankverbindung waren nicht die einzigen Formalitäten, mit denen sich Maschmeyer in diesen Wochen befasste. Auch der Handschlagvertrag zwischen ihm und Schröder vom August 2005 musste niedergeschrieben werden. »Die steuerlichen Administratoren auf allen Seiten«

hätten offenbar »ihre eigenen Detaillisierungsvorstellungen«, schrieb Maschmeyer zur Erklärung, als er Schröder den Vertrag zuschickte. »Wie Du weißt, ist dieses für mich ein Handschlaggeschäft, aber es ist anscheinend manchmal schwierig, für Dritte eine freundschaftliche Abmachung in Papierform zu konkretisieren.« Dem Unternehmer war wichtig, dass in dem Vertrag »der großzügige Sicherheitsgedanke aus Deiner bzw. Eurer Sicht erhalten geblieben ist«. Aus »Eurer Sicht«, damit meinte Maschmeyer neben Schröder auch dessen Frau.

Insgesamt, darauf deutet der Inhalt des Briefes von Anfang März 2006 hin, verhielt sich der AWD-Chef bei dem Geschäft nicht gerade knauserig. Er empfahl dem Altkanzler am Ende des Briefes, sich »über die Privilegien und die erhebliche Zunahme der finanziellen Unabhängigkeit« zu freuen.

Keine drei Wochen später, am 20. März 2006, erschien im »Spiegel« eine kurze Meldung. Unter der Überschrift »Schröder schreibt« war zu lesen: »Der ehemalige Bundeskanzler Gerhard Schröder hat offenbar einen Verlag für sein politisches Vermächtnis gefunden. Eine Unterschrift unter den Vertrag mit dem Hamburger Verlag Hoffmann und Campe (HoCa) sei für diese Woche geplant, bestätigen Eingeweihte. Vorangegangen waren wochenlange Verhandlungen auch mit anderen Verlagen wie Random House und Droemer, bei denen Schröder unter anderen von dem Hamburger Medienanwalt Matthias Prinz und seinem hannoverschen Vertrauten Carsten Maschmeyer beraten wurde, dem Chef des Finanzdienstleisters AWD. Es gehe bei dem bevorstehenden Abschluss mit HoCa um ein Vertragsvolumen ›im oberen sechsstelligen Bereich‹.«

Damit war bekannt, dass Gerhard Schröder seine Autobiographie veröffentlichte. Und damit war auch bekannt, dass der Verlag, der das Buch veröffentlichte, eine nicht geringe Summe für das Buch zahlte. Aus Maschmeyers Sicht war der

Text im »Spiegel« jedoch keine Katastrophe. Er tauchte darin
ja nur als »Berater« auf. Dass er die Rechte vom noch amtierenden Bundeskanzler erworben hatte, erfuhr die Öffentlichkeit ebenso wenig wie die Tatsache, dass er Schröder zwei
Millionen Euro gegeben hatte.

Nachdem die Meldung »Schröder schreibt« erschienen war,
verfasste Carsten Maschmeyer einen Brief an Günter Berg,
den Chef des Verlags Hoffmann und Campe. Maschmeyer
sicherte Berg höchste Vertraulichkeit zu und pochte auch seinerseits darauf: »Sie können sich darauf verlassen, dass es von
mir keine Kommunikation zu diesem Geschäft gibt, und ich
bitte Sie, auch in Ihrem Haus dafür zu sorgen, dass meine
Sonderrolle im Rahmen des Möglichen diskret gehandhabt
wird.«

Gegenüber seinem Medienanwalt Matthias Prinz, der ihm
in dem Buchprojekt ja als Berater zur Seite stand, meldete
Maschmeyer kurz darauf Vollzug: »Trotz des verschiedenen
Hin und Her auf allen Seiten ist es heute Morgen zur Unterzeichnung des Vertrages gekommen.« Maschmeyer war seinem Vertrauten für dessen »enorme Hilfe« dankbar und
blickte in dem Brief zurück bis in die Zeit, als Gerhard Schröder noch Bundeskanzler war: »Nur Deinen Kontakten, Deinem Know-how und Deiner Kreativität war es zu verdanken, dass man diese zwischen dem Autor und mir schon im
August per Handschlag getroffene Vereinbarung nunmehr
auch in Schrift und Form ratifizieren konnte.«

Fortan nahmen die Dinge ihren Lauf. Gerhard Schröder
verfasste mit Hilfe seines langjährigen Weggefährten Uwe-
Carsten Heye das Buchmanuskript und gab, um das Interesse an seiner Person zu erhöhen, weiterhin keine Interviews.
Im Verlag arbeiteten ein Lektor, der Chef selbst und ein Jurist
den Text durch. Schröder erstand unterdessen in einem Neu-

bau auf der Nordseeinsel Borkum zwei Wohnungen, die er durch einen Durchbruch verbinden ließ und fortan als Feriendomizil nutzte. Die beiden Erdgeschosswohnungen darunter standen den Personenschützern zur Verfügung, die den Altkanzler und dessen Familie auch in den Urlaub begleiteten.

An einem Samstag im August besuchte Carsten Maschmeyer seinen Freund auf Borkum. Der AWD-Chef vergaß allerdings, zum Neueinzug Brot und Salz zu schenken. Das holte er postalisch nach und wünschte Gerhard Schröder und Doris Schröder-Köpf, dass »nie das Brot ausgehen« oder »Salz vermisst werden« und dass ihnen auch niemals »Geld fehlen« möge. Weil seit kurzem auch ein Baby zur Familie Schröder zählte, schickte Maschmeyer auch noch etwas Wein mit, »wenn die Nächte mal zu kurz werden oder die Medien zu laut«.

Der Autor und der Rechteinhaber hatten in diesem Spätsommer 2006 einiges zu besprechen. Der Erscheinungstermin für »Entscheidungen – Mein Leben in der Politik« näherte sich. Das Problem werde sein, dass der Verlag »darauf spezialisiert ist, ein normales Buch auszurollen in der Vertriebskraft, es hier aber mit Dir um eine so hochkarätige Persönlichkeit geht, dass seine normalen Computerabläufe über eine Buchvermarktung völlig unpassend sind«, schrieb der AWD-Chef am 25. August nach Borkum.

Offenbar hatte sich jemand der am Projekt Beteiligten dafür ausgesprochen, dass der Autor Schröder gleich zum Start des Verkaufs aus seinem Buch lesen sollte. Solche Veranstaltungen haben den Vorteil, dass gleich auch Bücher verkauft werden. Maschmeyer jedoch dachte größer: »Wir brauchen zeitnah zur Vorabveröffentlichung bzw. des Erscheinens des Buches maximale Fernsehpräsenz«, schrieb er an Schröder. »Autogramme vor 50 Rentnern in einer Buchhandlung erhöhen die Verkaufszahl vielleicht um zehn Stück, und ein paar glückliche Menschen haben dann mit ihrem Handy Fotos von Dir.«

Über den Vorabdruck, erfuhr der Altkanzler, werde Maschmeyer Anfang September mit dem »Spiegel«-Chefredakteur Stefan Aust und mit Gabor Steingart verhandeln, der das Berliner Büro des Magazins leitete. Steingart und Maschmeyer hatten sich im Dezember 2004 auf der Chinareise mit dem Bundeskanzler kennengelernt. Maschmeyer hatte danach mehrere Exemplare eines Buches von Steingart erstanden und verschenkt.

Dass Auszüge aus der Autobiographie eines früheren Bundeskanzlers vorabgedruckt wurden, war nicht ungewöhnlich. Maschmeyer ging auch hier professionell vor, ließ sich vom Medienanwalt Prinz und vom Medienprofi Bela Anda begleiten. Er wollte keine Fehler machen und sprühte gleichzeitig vor Ideen. Sein Autor Gerhard Schröder, dessen Image durch das Engagement bei dem Pipelineprojekt getrübt war, sollte nun glänzend dastehen. Da konnte ein Vergleich mit der noch nicht allzu beliebten Angela Merkel helfen. Maschmeyer regte gegenüber Schröder an, kurz vor dem Erstverkaufstag des Buches per Umfrage zu erfahren, ob die Deutschen lieber Schröder als Kanzler behalten hätten. »Frau Merkel macht ja im Moment indirekt gute PR für das Buch. So dankte sie am Montag in ihrer ersten Pressekonferenz nach dem Urlaub ihrem Vorgänger, denn die guten Zahlen derzeit wären noch auf die Maßnahmen von Kanzler Schröder zurückzuführen.«

Auch um die Geheimhaltung des Projektes während der letzten Wochen sorgte sich Maschmeyer. Vielleicht hatte ihm sein Sprecher Bela Anda berichtet, dass Boulevardzeitungen zuweilen unorthodoxe Mittel anwenden, um früher als andere an mit Spannung erwartete Bücher zu kommen. Jedenfalls plädierte Maschmeyer dafür, die Druckerei »die letzten Tage vorher« zu bewachen, »um Diebstahl von Vorabexemplaren zu verhindern«. Maschmeyer, offiziell ja weiterhin nur »Berater« des Autobiographen Schröder, wollte auf alles vorbereitet sein. Geheimhaltung war ihm wichtig. »Wir müssen, wie einsichtig besprochen, alle Dinge unterlassen, die die Gefahr eines Leaks vorher auslösen«, schrieb er kurze Zeit später dem Hoffmann-und-Campe-Chef Günter Berg.

Der Hamburger Verlag lernte jetzt einen entschiedenen Geschäftsmann kennen, der sich nicht vor klaren Ansagen scheute. Ende August hielt Maschmeyer gegenüber Hoffmann und Campe fest, dass »die Hannoveraner« die Aufgabe hätten, den »Ausrollplan« zu verändern. Die Pressekonferenz mit Gerhard Schröder in Berlin sollte einen Tag früher als angedacht stattfinden. Die »Hannoveraner« würden sich auch um die »Interessenswahrung des Autors bezüglich der Vorabdruckverträge« kümmern. Sollte der Verlag das Buch an einen ausländischen Verlag weiterverkaufen, würde Maschmeyer die Summe dafür »freigeben«.

Am 20. Oktober 2006 traf sich Gerhard Schröder mit den »Spiegel«-Journalisten Stefan Aust und Gabor Steingart zum Interview. Das Gespräch sollte Bestandteil einer Titelgeschichte des Magazins werden. Der »Spiegel« druckte zudem Teile der Autobiographie ab und stellte dazu noch eine Rezension, die Appetit auf das Werk machte. Brancheninsider mutmaßten später, das Magazin habe dem Rechteinhaber Carsten Maschmeyer 50 000 Euro für Vorabdruck und Interview bezahlt. Aber das war wohl nicht mehr als eine Schätzung.

Das Interview fand im Büro des Altkanzlers in Berlin statt. Schröder gab sich konziliant, wollte nicht mit »Herr Bundeskanzler« angesprochen werden und schon gar nicht mit »Herr Altbundeskanzler«. Er sehe die Sache so: »Man ist vorher Schulze, Müller oder Maier oder eben Schröder. Dann ist man Bundeskanzler. Danach ist man aber wieder Schulze, Maier oder eben Schröder.«

Schröder kokettierte mit dem SPD-Ergebnis bei der Bundestagswahl 2005, die er eigentlich »nicht so ganz« verloren habe. »Es ist doch besser, aus einer schrecklichen Defensive heraus ein achtbares Ergebnis, das immerhin meiner Partei den Verbleib in der Regierung verschafft hat, zu erreichen, als aus einer Favoritenstellung heraus – denken Sie an Schweden oder Österreich – die Macht aufgeben zu müssen. Für mich war jedenfalls dieser Wahlkampf der interessanteste, den ich erlebt habe – und ich habe ja viele erlebt.«

Der frühere Bundeskanzler rechtfertigte in dem Gespräch seinen Entschluss, vorzeitige Neuwahlen anzusetzen. Er rechnete mit Gewerkschaftsbossen wie dem IG-Metall-Chef Jürgen Peters und dem ver.di-Vorsitzenden Frank Bsirske ab – nach Schröders Ansicht hatten sie seine Reformpolitik unterlaufen wollen. Seinen Freund Wladimir Putin hingegen bezeichnete Schröder erneut als »lupenreinen Demokraten«.

Einen anderen bekannten Freund erwähnte der Altkanzler in dem Interview nicht. Er wurde auch nicht nach Carsten Maschmeyer gefragt, obwohl der »Spiegel« sich vier Monate zuvor kritisch mit dem Wirken des AWD-Chefs auseinandergesetzt und außerdem festgestellt hatte, dass Schröder in Gelddingen Maschmeyer vertraute.

Das Buch erschien am 26. Oktober mit einer Startauflage von 160 000 Exemplaren. Es kostete 25 Euro, hatte 576 Seiten und nahm sich, verglichen mit anderen Kanzlermemoiren, eher schmal aus. Adenauer hat 2076, Helmut Kohl bislang 1820 Seiten vorgelegt. Dafür ist Gerhard Schröder der flinkste Verfasser. Rund 13 Monate nach der Bundestagswahl lagen seine Erinnerungen im Buchhandel.

Als der frühere Kanzler sie der Presse vorstellte, reichten die Stühle in der SPD-Zentrale nicht aus. Der Luxemburger Premierminister Jean-Claude Juncker, ein Christdemokrat, bewertete das Buch in seiner Laudatio als geglückt. Persönliche Erinnerungen seien ja »nicht notwendigerweise dazu angetan, zu objektiven Gesamtbetrachtungen einen wesentlichen und wichtigen Beitrag zu liefern«. Gerhard Schröder jedoch sei das »in hervorragender Weise gelungen«.

Schröder schien seine Rückkehr ins Rampenlicht nach einem Jahr zu genießen. Lässig plauderte er am Rednerpult neben der großen Willy-Brandt-Statue über einstige Widersacher. Mit Oskar Lafontaine sei er im Buch »deutlich, aber fair« umgegangen. Über die »Bild«-Zeitung, die honorarfrei Auszüge aus der Autobiographie veröffentlicht hatte, urteilte er milde: »Ich hab ja gesagt, man darf nicht sein Leben lang nachtragen.«

Nach dieser offiziellen Vorstellung ging Schröder bis kurz vor Weihnachten auf Tour fürs Buch. Immer wieder signierte er sein Werk, und nicht nur Rentner durften sich mit ihm fotografieren lassen. Er trat auch im Fernsehen bei »Beckmann« und bei »Sabine Christiansen« auf. Die ARD sendete zudem ein Schröder-Porträt des renommierten »Spiegel«-Autors Jürgen Leinemann. »Die beste PR-Kampagne seit Harry Potter«, fasste der AWD-Sprecher Bela Anda nicht ohne Eigenlob zusammen.

Auch Carsten Maschmeyer wirkte zufrieden. Seinem Autor und dessen Frau sandte er Anfang November 2006 »ganz liebe Grüße« und hoffte, dass der große Rummel »für Euch die erwartete Wertschätzung und Anerkennung« gewesen sei. Mitfühlend bilanzierte der AWD-Chef: »Die vielen Titelseiten, die unzähligen positiven Zeitungs- und Internetberichte, der super Werbespot, die Menge an ausführlichen Berichterstattungen in den Fernsehnachrichten, über 400 Journalisten aus fünf Kontinenten bei der Pressekonferenz sowie lange Warteschlangen beim Signieren der Bücher müssten Euch, und ganz besonders Dir, lieber Gerd, ein ganz großes Gefühl des Stolzes geben.«

Maschmeyer nannte es eine »große Freude und Ehre«, dass er das Buchprojekt »für Euch mitgestalten durfte«. Dem Autor und dessen Ehefrau schenkte er »noch einmal eine Saftmaschine aus den USA. Dann habt Ihr eben in Zukunft eine in Hannover und eine in Berlin.« Maschmeyer hatte offenbar mehrere Saftmaschinen geordert. Und weil er die Einrichtung der Küche im Ferienhaus der Schröders schon einmal gesehen hatte, fügte er hinzu: »Ein Hinweis genügt, dann wird auch Borkum in Zukunft bereit sein, Euch vitalisierende Kräfte zuzuführen.«

Wichtiger als alles Marketing waren natürlich die Verkaufszahlen. Auch hier begann alles vielversprechend: Gerhard Schröders »Entscheidungen – Mein Leben in der Politik« schoss aus dem Stand auf Platz eins der Bestsellerliste. Laut »Media-Control« setzte der Verlag Hoffmann und Campe bis zum Herbst 2014 insgesamt 167 419 Exemplare ab. Der Ullstein-Verlag verkaufte von der Taschenbuchausgabe 17 892 Bücher. Es ist kaum wahrscheinlich, aber möglicherweise hat Hoffmann und Campe zumindest annähernd die eine Million Euro an Autorenhonorar eingespielt, die der Verlag an Maschmeyer bezahlt hat. Dass darüber hinaus Geld vom Verlag an Maschmeyer geflossen ist, das scheint ausgeschlossen, denn dafür hätten sich Schröders Memoiren ganz erheblich besser verkaufen müssen. So aber ist eingetreten, was zum Zeitpunkt der vertraglichen Vereinbarung zwischen Carsten Maschmeyer und Gerhard Schröder absehbar war: Das Buch war weit überzahlt.

So hatte also Gerhard Schröder ein ausgezeichnetes Geschäft gemacht. Womit, fragt sich der Leser und Bürger, womit hatte der Kanzler es verdient, dass ihm der Finanzunternehmer so viel Geld gab?

Im neuen Jahr meldete sich das Finanzamt Hannover. Maschmeyer wandte sich deshalb Ende Januar 2007 »persönlich/vertraulich« an Schröders Büroleiterin Sigrid Krampitz. Weil ein Wirtschaftsprüfer eine bestimmte Konstruktion gewählt habe, gebe es »sowohl bei Herrn Schröder als auch bei mir einige umsatzsteuerliche Anforderungen«. Eine Rechnung müsse gestellt werden, vom Altkanzler an Maschmeyer. So komme man darum herum, »noch ein kompliziertes Vertragswerk zu bauen«.

Maschmeyer hatte die vom Finanzamt vermisste Rechnung bereits vorformuliert beigefügt. Schröder musste das Papier nur noch mit seiner Umsatzsteuer- und einer Rechnungsnummer sowie dem aktuellen Datum versehen und dann unterschreiben. Ein großer Aufwand war das nicht, der AWD-Chef bedauerte den Vorgang gegenüber Sigrid Krampitz aber dennoch. »Wie Sie wissen, reicht zwischen Herrn Schröder und mir ein Handschlag. Aber Finanzämter akzeptieren solche ›Männervereinbarungen‹ eben leider nicht.«

Für Maschmeyer mochte die Korrektheit des Finanzamts Hannover lästig sein. Doch stellt man sich vor, wie der Beamte in seinem Büro las, dass der AWD-Chef dem ehemaligen Bundeskanzler eine hohe Summe überwiesen habe, wirkt die Nachfrage nicht übergenau – sondern angemessen und geradezu notwendig. Der Mitarbeiter des Finanzamts hätte seinen Beruf verfehlt, wenn ihm die »Männervereinbarung« ausgereicht hätte.

Maschmeyer hatte an jenem Januartag, als er den Brief schrieb, allerdings nicht damit gerechnet, dass den Finanzbeamten auch die nachträglich ausgefertigte Rechnung nicht zufriedenstellte. Dem Unternehmer blieb nichts anderes übrig, als seinen Freund Gerhard Schröder erneut in dieser Sache zu kontaktieren. Er begann seinen Brief mit einigen Bemerkungen über das Loslassen der Eltern (»Kinder gehören einem ja nicht«) und ging dann noch einmal auf das Buchprojekt ein: »Leider schenkt nach Aussagen meiner Wirtschaftsprüfer das Finanzamt Hannover meinen Angaben in meiner Steuererklärung keinen abschließenden Glauben und hat deshalb darum gebeten, von Dir eine schriftliche Bestätigung des von uns mündlich abgeschlossenen Vertrages zu erhalten.« Maschmeyer bat Schröder, den beigefügten Entwurf zu unterschreiben und an ihn zurückzuschicken.

Erneut musste Maschmeyer also nacharbeiten, um den Kauf der Buchrechte von der Steuer absetzen zu können. War dem Finanzbeamten der Vorgang zu bizarr erschienen, dass ein Millionär einem aus dem Amt geschiedenen Bundeskanzler zwei Millionen Euro überwiesen hatte und dies nun steuerlich geltend machte? War ihm die Summe zu hoch? Gab es einen anderen Grund, der den Finanzbeamten noch zweifeln ließ?

Maschmeyer jedenfalls wollte das Finanzamt Hannover nun überzeugen, indem Gerhard Schröder den Sachverhalt noch einmal schriftlich niederlegte und unterschrieb. Um die Dinge zu vereinfachen, hatte der Unternehmer die Verschriftlichung des »Handschlagvertrags« selbst übernommen und beigefügt, allerdings den Buchtitel »Entscheidungen« falsch zitiert.

Die »Bestätigung über Vertrag betreffend die Nutzungsrechte am Werk ›Erinnerungen – Mein Leben in der Politik‹« aus dem September 2007 lautete:

> »Die nachfolgend gemachten Angaben entsprechen dem Inhalt des zwischen dem Unterzeichner und Herrn Carsten Maschmeyer geschlossenen Vertrags über die

Einräumung an Nutzungsrechten am Werk des Unterzeichners ›Erinnerungen – Mein Leben in der Politik‹:
Ein schriftlicher Vertrag zwischen Herrn Maschmeyer und Herrn Schröder betreffend die Nutzungsüberlassung an Herrn Schröders Memoiren existiert nicht. Die diesbezüglichen Abreden wurden vielmehr mündlich getroffen. Danach überträgt Herr Schröder für die Dauer der gesetzlichen Schutzfrist sämtliche Nutzungsrechte an seinen Memoiren auf Herrn Maschmeyer. Dazu zählt insbesondere das Verlagsrecht für alle Ausgaben und Auflagen ohne Stückzahlbegrenzung und für alle Sprachen. Die Nutzungsüberlassung betrifft auch die Nebenrechte, insbesondere das Recht auf Vorabdruck und Nachdruck, das Recht zur Übertragung des Werkes auf Trägermaterial zur digitalen Wiedergabe, die Verwertung des Werkes in Funk und Film, auf der Bühne oder als Hörspiel, die Berechtigung zur Vergabe von Lizenzen die Nebenrechte betreffend.

Für die vorstehend beschriebene Nutzungsüberlassung hat Herr Maschmeyer an Herrn Schröder einen Vorschuss in Höhe von EUR 2.016.380,37 (inkl. USt) gezahlt. Dabei stehen die Erlöse aus der Verwertung der Nutzungsrechte bis zur Höhe des Vorschusses allein Herrn Maschmeyer zu. Ein darüber hinausgehender Betrag wird zwischen Herrn Schröder und Herrn Maschmeyer im Verhältnis 80 % zu 20 % geteilt.

Die Laufzeit des zwischen Herrn Schröder und Herrn Maschmeyer geschlossenen Vertrags umfasst die gesamte gesetzliche Schutzfrist. Diese beträgt gemäß § 64 UrhG die Lebenszeit des Autors und die nachfolgenden 70 Jahre. Herr Maschmeyer ist damit für die gesetzlich zulässige Höchstdauer alleiniger Inhaber der Rechte aus dem Werk von Herrn Schröder.

Das durch Herrn Maschmeyer von Herrn Schröder er-
worbene exklusive Nutzungsrecht umfasst schließlich
auch das Recht zur Verfilmung einschließlich der Rechte
zur Bearbeitung als Drehbuch und zur Vorführung des
so hergestellten Films.«

Mit dieser Darstellung der Vorgänge, so hoffte Maschmeyer,
sollte der leidige Vorgang nun endlich in seinem Sinne erle-
digt sein.

In den nächsten Monaten sah sich Carsten Maschmeyer beruflich sehr gefordert. Er plante, den Großteil der AWD-Aktien der Familie an die Schweizer Versicherung Swiss Life zu
verkaufen. Mit Gerhard Schröder stand er jedoch weiterhin
in bester Verbindung. Dessen Frau Doris Schröder-Köpf
übernahm zur Freude Maschmeyers einen Platz im Kuratorium der AWD-Stiftung, die sich um Kinder in Not kümmerte und zu guten Teilen von AWD-Mitarbeitern finanziert
wurde.

Maschmeyer selbst trat in Zukunft öfter mit karitativem
Engagement an die Öffentlichkeit. 2008 und 2009 spendete er
jeweils eine Million Euro an »Ein Herz für Kinder«, die
Hilfsorganisation der »Bild«-Zeitung. Das wirkte großzügig
und war gut für das Image von Carsten Maschmeyer. Niemand dachte daran, dass dieser Mann seinen Reichtum auf
Heerscharen von Opfern aufgebaut hatte. Im Dezember 2010
war Maschmeyer erneut bei der Spendengala von »Ein Herz
für Kinder« zu Gast. Bis zu sechs Millionen Zuschauer verfolgten die Übertragung im ZDF. Viele Prominente hatten
sich bereit erklärt, an der Sendung mitzuwirken. Der Schauspieler Til Schweiger und seine Kollegin Uschi Glas, der Sänger Peter Maffay und der frühere Boxer Henry Maske nahmen am Telefon Spenden entgegen. Auf der Bühne warb

Stephanie zu Guttenberg, die Frau des damaligen Verteidigungsministers als »Kinderbotschafterin« um Zuwendungen für Kinder in Not. Bettina Wulff hatte einen Solo-Auftritt: Die Ehefrau des Bundespräsidenten hielt die Laudatio auf den englischen Prinzen Harry, der für sein Engagement für die Wohltätigkeitsorganisation seiner verstorbenen Mutter geehrt wurde.

Carsten Maschmeyer hatte in der ersten Reihe des Publikums Platz genommen. In den Jahren zuvor hatte er bereits zweimal eine Million aus seinem Privatvermögen gespendet. Diesmal nahmen ihn die Kameras zu Anfang der Sendung auf. Thomas Gottschalk, der Moderator des Abends, setzte sich nämlich gleich neben Maschmeyer. »Ich mag den Mann«, begann Gottschalk und kündigte an: »Er hat gesagt: Egal was heute reinkommt, ich lege zehn Prozent drauf.«

Das großzügige Versprechen, frühzeitig angekündigt, beeindruckte. Gottschalk hielt Maschmeyer das Mikrofon hin, und dieser sagte: »Egal ob großes Herz, weiches Herz oder goldenes Herz. Wir müssen das Herz öffnen!«

Maschmeyer gab schließlich 1,4 Millionen Euro. Zum Schluss trug er ein großes rotes Herz über die Bühne, auf dem die Spendensumme von »13 247 821« Euro zu lesen war. Auf der Aftershowparty nach dem Ende der Sendung sagte er: »Ich war selbst in einem Mutter-Kind-Heim und weiß, wie wichtig es ist, dass Kindern geholfen wird. Ich glaube, diejenigen, die etwas haben, sollten auch etwas geben.«

Drei Wochen nach dem Auftritt bei der Spendengala war Carsten Maschmeyer erneut im Fernsehen zu sehen, diesmal in der ARD. Ein Team um den Reporter Christoph Lüttgert ließ Menschen zu Wort kommen, die nach »systematischer Falschberatung« durch den AWD ihr Vermögen verloren hatten. Der Titel der halbstündigen Reportage lautete: »Der Drückerkönig und die Politik. Die schillernde Karriere des

Carsten Maschmeyer«. Lüttgert hatte über Monate versucht, Carsten Maschmeyer selbst zu dem Thema zu befragen.

Der Film sorgte bereits vor der Ausstrahlung für großen Wirbel. Wie schon 1994 bei der ZDF-Reportage »Nur der Chef sahnt ab« schaltete sich Maschmeyers Medienanwalt Matthias Prinz ein. Er schickte den ARD-Intendanten 61 Seiten, mit denen er versuchte, die Ausstrahlung zu verhindern. Prinz bat zu prüfen, ob der Film die journalistische Sorgfaltspflicht erfülle. Es gebe daran Zweifel, da sein Mandant keine Gelegenheit erhalten habe, angemessen zu Wort zu kommen. Im Film bekamen Fernsehzuschauer dann den gegenteiligen Eindruck. Eine Szene zeigte sogar, wie Maschmeyer ein Interview ablehnte.

Auch nach der Ausstrahlung, als Maschmeyer sogar noch überlegte, strafrechtlich gegen den NDR-Reporter Lüttgert vorzugehen, machte der Film Schlagzeilen. Weitere Journalisten befassten sich nun mit der Vergangenheit des langjährigen AWD-Chefs. Der »Spiegel« berichtete auch über das Buchprojekt. Anfang 2006 hatte das Magazin ja geschrieben, es gehe bei Schröders Autobiographie um ein Vertragsvolumen im oberen sechsstelligen Bereich. Mit Blick auf das Garantiehonorar, das der Verlag Hoffmann und Campe für den Text überwiesen hatte, lag der »Spiegel« damals ziemlich richtig. Nun schrieb er, dass Carsten Maschmeyer dem Altkanzler die Rechte am Buch für »rund eine Million Euro« abgekauft hatte.

Maschmeyer äußerte sich dazu selbst. Seine Version entsprach allerdings nicht nur der Wahrheit. Schröder habe ihn nach seiner Abwahl als Bundeskanzler 2005 angesprochen, teilte er dem »Spiegel« mit. Verschiedene Agenturen hätten den Ex-Kanzler damals als Berater oder als Buchautor haben wollen. Schröder habe »von diesen Dingen aber keine Ahnung« gehabt. »Deshalb habe ich mir die Briefe von den Verlagen angucken dürfen, und dann haben wir gemeinsam Hoffmann und Campe ausgesucht.«

Das klang gut, doch in Wirklichkeit stammte der »Handschlagvertrag« nicht aus der Zeit, in der Schröder nicht mehr Kanzler war und Buchverlage ihr Interesse an seiner Autobiographie bekundeten. Der Handschlagvertrag war bereits im August 2005 geschlossen worden, als Schröder gerade als Wahlkämpfer den Umfragerückstand der SPD zur Union reduzierte.

Laut Maschmeyer wollte Schröder sich nicht bis ins letzte Detail mit dem Buchgeschäft auseinandersetzen. Er habe ihm aber gesagt: »Weißt du was, Gerhard, wir machen eine Pauschale, ich kümmere mich um den ganzen Kram, entweder habe ich dann Geld verloren oder Geld verdient. Dann sagte er: Komm, mach das!«

All das klang nett und freundschaftlich. Nur die wirkliche Höhe der Bezahlung und der wahre Zeitpunkt der Vereinbarung blieben im Verborgenen. Die Öffentlichkeit ging weiterhin von einer Million Euro aus.

Gerhard Schröder hatte die Riester-Rente reformiert und dem AWD dadurch »sprudelnde Ölquellen« verschafft. Wäre bekannt geworden, dass Maschmeyer mit dem Kanzler Gerhard Schröder noch während dessen Amtszeit einen Vertrag über eine Summe abschloss und dass diese Summe dann auch noch absurd hoch war, hätte das wie eine »nachträgliche Belohnung« gewirkt. Schröder wäre als Kanzler nicht mehr tragbar gewesen. Daran konnte Carsten Maschmeyer und Gerhard Schröder auch nicht gelegen sein.

7.
Der Assistent
Ein Insider erzählt

Am 1. Juli 2011 tobte im niedersächsischen Landtag eine heftige Diskussion. Toben ist ein großes Verb für eine politische Debatte, doch in diesem Fall zeigte sich tatsächlich, dass in deutschen Landesparlamenten zuweilen hartnäckig gestritten wird. Das Thema bot sich allerdings auch dazu an, zuzuspitzen, Vorwürfe zu erheben, souverän zu kontern, zwischenzurufen, zu unterstellen und zu versuchen, den Fokus auf den politischen Gegner zu richten. Nach dem NDR-Beitrag »Der Drückerkönig und die Politik« und weiteren Fernsehberichten über Carsten Maschmeyer befassten sich die Parlamentarier in Hannover mit der Frage, ob der AWD-Chef so etwas wie der Pate der Landesregierung gewesen war. Hatten die früheren Ministerpräsidenten Christian Wulff und Gerhard Schröder eine Politik betrieben, von der Maschmeyer in außergewöhnlichem Maße profitieren konnte?

Offiziell hieß der Punkt in der 111. Plenarsitzung der 16. Legislaturperiode des niedersächsischen Landtags »Besprechung: Verbindungen und Einflüsse Carsten Maschmeyers und seines Firmengeflechts auf Politiker und Politik des Landes Niedersachsen«. Die Partei »Die Linke« hatte ein Große Anfrage an die Landesregierung gestellt und um allerlei Aufklärung gebeten.

Die »Linken«-Abgeordnete Kreszentia Flauger empörte sich gleich zu Beginn der Debatte, dass die Anfrage nur unzureichend beantwortet worden sei. Für die Landesregierung erwiderte der Wirtschaftsminister Jörg Bode, dass er die Kollegin enttäuschen müsse: »Die Antworten belegen, dass es, soweit wir dies aufgrund der lange zurückliegenden abgefragten Zeiträume umfassend und präzise beantworten konnten, nur übliche Kontakte zwischen der niedersächsischen Landespolitik und einem für Niedersachsen bedeutenden Unternehmen gegeben hat. Die Recherchen der Landesregierung haben weder hinsichtlich der Häufigkeit noch hinsichtlich der Intensität der Begegnungen außergewöhnliche Ergebnisse hervorgebracht.«

Die Fronten waren schnell markiert. Auf der einen Seite hielten es die »Linke« und die Fraktion der »Grünen« für sehr gut möglich, dass Maschmeyer unguten Einfluss auf die Politik genommen hatte. Beide Parteien hatten auch ein Interesse daran, dies zu verbreiten. Ihnen gegenüber mussten sich SPD und CDU jeweils vor ihre früheren Ministerpräsidenten stellen und klarmachen, dass man doch kaum etwas wisse und nichts bewiesen sei. Diese Aufgabe war knifflig, wenn man wie die SPD gleichzeitig den CDU-Mann Wulff in den Mittelpunkt der Debatte rücken wollte oder wie die CDU den Sozialdemokraten Schröder.

Vergleichsweise unbelastet konnten die FDP-Abgeordneten die Debatte angehen. Sie hatten ja keinen Ministerpräsidenten gestellt. Der FDP-Parlamentarier Christian Grascha nahm auch gleich die Riester-Rente in die Debatte auf und stellte »die Zusammenhänge mit Carsten Maschmeyer, Gerhard Schröder und der damaligen Rentenreform« her: »Zuerst unterstützt Carsten Maschmeyer mit einer anonymen Anzeige den damaligen Kanzlerkandidaten Gerhard Schröder, Frank-Walter Steinmeier und damit auch die SPD, um an die Macht zu kommen. Anschließend entwirft das SPD-Mitglied Bert Rürup Vorschläge zur Rentenreform. Dieser gründet später mit dem Geschäftspartner Carsten Maschmeyer eine Gesellschaft u. a. zur Beratung in Finanzangelegenheiten. Die SPD und Gerhard Schröder setzen die Rentenreform durch. Schröder tritt später auf AWD-Veranstaltungen auf und lässt sich dafür bejubeln. Ach ja, dann gibt es noch den damaligen Arbeitsminister Walter Riester, SPD. Es ist nicht nur so, dass er der Rentenreform und damit der Rente seinen Namen gibt, nämlich der Riester-Rente, sondern noch heute verdient er nicht schlecht auf Veranstaltungen, bei denen er sich als sogenannter unabhängiger Referent feiern lässt. Wer hier noch den Eindruck hat, es sei alles mit rechten Dingen zugegangen, der muss schon sehr gutgläubig sein. Mein Eindruck ist eher: Die Herren Schröder, Steinmeier, Rürup, Riester und Maschmeyer haben erst auf Kosten der Allgemeinheit ihren persönlichen wirtschaftlichen Erfolg gesät und anschließend privat die Ernte eingefahren.«

Der nächste Redner, der Sozialdemokrat Hans-Dieter Haase, stellte wiederum das Visier auf das gegnerische Lager. Die Große Anfrage der »Linken« sei, so erklärte Haase durchaus wortmächtig, »nichts anderes als eine groß angelegte Skandalisierungsaktion, ein Aufguss der Medienberichterstattung von vor einigen Monaten, an die man sich nun politisch, publizistisch und populistisch anzuhängen versucht. Dieser Versuch ist nach meiner Auffassung nicht gelungen.« Stattdessen erwähnte der SPD-Abgeordnete Haase Christian Wulffs Urlaub bei Carsten Maschmeyer in Mallorca. Doch dieser Aufenthalt in der Villa des Finanzunternehmers war – einige Monate vor Beginn der Wulff-Affäre im Dezember 2011 – durchaus bekannt. Interessanter klang ein Satz, den Haase eher am Rande der Debatte fallen ließ: »Der Kollege Hocker als ehemaliger Referent von Herrn Maschmeyer weiß ja gut Bescheid.«

Diesen Hinweis nahm ein paar Minuten später Enno Hagenah von der Fraktion der Grünen auf, während er auf seinen Vorredner Christian Grascha einging: »Herr Grascha scheint noch immer nicht gemerkt zu haben, dass er selbst auch im Glashaus sitzt mit seinem Herrn Kollegen Dr. Hocker, der noch bis 2008 direkt Herrn Maschmeyer zugearbeitet hat.«

Der »Kollege Dr. Hocker« beteiligte sich nicht an der Debatte um Schröder, Wulff und Carsten Maschmeyer. Auf seinem Platz im Landtag saß der FDP-Abgeordnete allerdings. Dr. Gero Hocker, FDP, am Tag zuvor 36 Jahre alt geworden, hatte am 1. August 2007 beim AWD angefangen und dort, frisch von der Uni kommend, fast ein Jahr lang an zentraler Stelle gearbeitet: als persönlicher Assistent des Vorstandsvorsitzenden Carsten Maschmeyer.

Hocker erinnert sich heute an die lebhafte Debatte: »Sie hat allerdings am Ende doch nur zu Tage geführt, was zu diesem Zeitpunkt ohnehin schon bekannt war: dass Gerhard Schröder und Carsten Maschmeyer sich gegenseitig als ›Freunde‹ bezeichneten und dass der damalige Bundespräsident Christian Wulff zu Gast in Herrn Maschmeyers Villa auf Mallorca gewesen ist. Es fehlten neue Fakten, und man war ziemlich schnell bei irgendwelchen Verschwörungstheorien.«

Gero Hocker wuchs in Achim bei Bremen auf, nach dem Abitur bildete ihn die Sparkasse Bremen zum Bankkaufmann aus. Hocker studierte danach an der Universität Bremen das Fach Wirtschaftswissenschaften und arbeitete nebenbei weiter für die Bremer Sparkasse. Als sein Professor ihm nach der Diplom-Prüfung anbot zu promovieren und dafür eine Stelle am Lehrstuhl in Aussicht stellte, sagte Hocker zu.

Als die Doktorarbeit geschrieben war und die Stelle an der Universität auslief, stellte Hocker seinen Lebenslauf und seine Studienleistungen auf einige Karriereportale im Internet. Eine Headhunterin meldete sich und sagte, sie suche einen

Vorstandsassistenten für einen erfolgreichen Finanzdienstleister. Den Namen des Unternehmens nannte sie am Telefon
nicht.

Im zweiten Telefongespräch erfuhr Hocker, dass die Headhunterin vor allem einen Punkt seines Lebenslaufes interessant gefunden hatte: seinen Nebenjob bei der Sparkasse, mit
dem er sich sein Studium finanziert hatte. Die Bremer Sparkasse hatte damals sogenannte Shops in Einkaufszentren eröffnet. Die Mitarbeiter sollten in einem Einkaufszentrum
Personen ansprechen und ihnen Finanzprodukte anbieten.
Gero Hocker wurde in einem Sparkassen-Shop in Vahr eingesetzt, einem Stadtteil im Osten Bremens, deren Bevölkerung nicht als besonders kaufkräftig galt. Dort sollte er Sparbücher, Versicherungen und Kreditkarten verkaufen.

Die Headhunterin war im Auftrag von Carsten Maschmeyer unterwegs. Sie suchte einen persönlichen Assistenten
für den AWD-Chef. Der Kandidat sollte vertrauenswürdig
sein und wenn möglich vom Fach. Und bei Gero Hocker
hatte die Headhunterin erkannt, dass sie ihrem Auftraggeber
diesen Bewerber nicht nur als qualifizierten Wirtschaftswissenschaftler präsentieren konnte: Dieser Hochschulabsol-
vent mit beinahe vollendeter Promotion hatte auch Erfahrungen im Vertrieb. Damit besaß Hocker nach Ansicht Carsten Maschmeyers gute Qualifikationen für die Arbeit als
persönlicher Assistent.

Hocker dachte an den potenziellen Arbeitsplatz Hannover, Niedersachsen. Er könnte gleichzeitig für seine Eltern da
sein und einen Kompromiss mit seiner Verlobten in Bremen
eingehen. Die nur 110 Kilometer Entfernung zwischen der
niedersächsischen Landeshauptstadt und Achim kamen ihm
auch noch aus einem anderen Grund entgegen: Hocker betrieb als Kreisvorsitzender der FDP in Verden an der Aller
damals schon seit über zehn Jahren Kommunalpolitik, unter

anderem im Stadtrat von Achim. Die FDP hatte ihn auch für die Landtagswahl im Januar 2008 aufgestellt. Diese Kandidatur, so kalkulierte er im Frühsommer 2007, könne er bei der geringen Entfernung zum Wahlkreis vielleicht aufrechterhalten.

Gero Hocker schaffte es tatsächlich, den Wahlkampf zu bestreiten. Die FDP erzielte 8,2 Prozent und 13 Mandate. Doch Hocker belegte auf der Landesliste seiner Partei nur Platz 16. Im Oktober 2009 rückte er jedoch in den Landtag nach, für Philipp Rösler, der als Bundesminister für Gesundheit nach Berlin wechselte. Heute arbeitet Hocker außerdem als Generalsekretär der Niedersachsen-FDP.

Als Hocker 2007 zum ersten Vorstellungsgespräch an der verspiegelten AWD-Zentrale in Hannover ankam, parkte eine Mercedes-Limousine der S-Klasse vor der Tür. Das Gebäude, das sich aus mehreren Türmen zusammensetzt und von weitem an einen Diamanten erinnert, beeindruckte ihn. Im siebten Stock traf der Bewerber im Beisein der Headhunterin auf zwei Führungskräfte, von denen einer 1999 ebenfalls als Assistent des Vorstandsvorsitzenden begonnen hatte.

Vor dem zweiten Gespräch musste Gero Hocker vor dem Vorstandssekretariat auf einem weißen Sofa Platz nehmen. Später würde er manchen AWD-Mitarbeiter genau dort stundenlang ausharren sehen, bevor dieser zu Maschmeyer vorgelassen würde. Diesmal aber ließ Maschmeyer nicht lange auf sich warten.

Der vielbeschäftigte Multimillionär kam aus seinem Büro heraus, das voller moderner Kunst hing und einen Blick über das Gebäude der HDI-Versicherung hinweg bis zur Innenstadt bot, und der erste Satz, den Gero Hocker von seinem künftigen Chef hörte, war: »Herr Hocker, ich habe schon viel von Ihnen gehört und freue mich ausdrücklich darüber, dass Sie es einrichten konnten, heute zu mir zu kommen.«

Dass er sich noch genau daran erinnere, sagt Gero Hocker im Rückblick, »zeigt ja, dass dieses Verhalten auf mich Eindruck machte. Bei meiner Internetrecherche hatte ich gesehen, in welchen Kreisen sich Carsten Maschmeyer üblicherweise bewegte, mit wem er sich umgab, mit wem er befreundet war. So eine Begrüßung schmeichelt einem, wenn man aus eher bescheidenen Verhältnissen kommt, man kann das gar nicht verhindern. Später habe ich oft erlebt, wie Carsten Maschmeyer mit etwas dick aufgetragener Freundlichkeit auf Gesprächspartner zuging. Es hat, genau wie damals bei mir, fast immer funktioniert.«

Im Gespräch stellte Maschmeyer Fragen, die Interesse signalisierten, zu Hockers Weg von der Realschule zur Promotion, zu seinem Nebenjob beim Sparkassen-Shop im Einkaufszentrum. Und Maschmeyer hörte auch zu, wenn Hocker antwortete. Bald entstand eine Atmosphäre, in der sich der Bewerber keineswegs unwohl und kaum wie in einem Bewerbungsgespräch fühlte. Der AWD-Chef tat, als kenne man sich schon lange. An seinem Bewerber schien er auch deswegen Gefallen zu finden, weil er dessen Lebensweg interessant fand. Hier saß jemand vor ihm, der es von einem mittelmäßigen Realschüler zum »Doktor der Wirtschaftswissenschaft« gebracht hatte, inklusive Berufsausbildung, Fremdsprachenkenntnissen und Auslandsaufenthalten. Das imponierte Maschmeyer, der in seinen Reden ja selbst oft auf seine schwierige Kindheit und Jugend abhob.

Dass Hocker auf die Frage, wo er sich in fünf Jahren sehe, mit »im Vorstand einer Bank« antwortete, war ein Patzer, den er erst später bemerkte. Immer wieder diffamierte Maschmeyer in seinen Vorträgen ja die Banken, distanzierte die »unabhängige« Finanzberatung des AWD von den herkömmlichen Kreditinstituten und Versicherungen, die damals ja meistens nur die eigenen Produkte verkaufen wollten.

Doch der AWD-Chef stellte Gero Hocker trotzdem als seinen neuen zweiten persönlichen Assistenten ein. Am 1. August 2007 bezog der promovierte Wirtschaftswissenschaftler, ausgebildete Bankkaufmann und FDP-Kommunalpolitiker das Assistentenbüro auf der Vorstandsetage im siebten Stock. In seiner ersten Woche beim AWD begleitete er Carsten Maschmeyer gleich zu einem Auftritt in Salzburg. Hocker lernte eine für ihn neue Welt kennen. Nach zehn Monaten allerdings wechselte er lieber in die Abteilung Vertriebslogistik. Das war ungewöhnlich, ein Assistent des Vorstandsvorsitzenden blieb meistens rund zwei Jahre, bevor er im Unternehmen Karriere machte.

»An der Seite von Carsten Maschmeyer macht man sich unweigerlich Gedanken darüber, welche Dinge im Leben käuflich sein dürfen und welche nicht«, erzählt Hocker im Rückblick. »Zu oft erlebt man mit, wie der Preis für ein gekauftes Unternehmen, einen Mitarbeiter oder auch einfach für eine Gefälligkeit in nächtlichen Sitzungen und über Stunden verhandelt wird. An der Seite von Carsten Maschmeyer stellte man sich unweigerlich die Frage, was Menschen für Geld tun. Wir Assistenten machten daraus ein skurriles Spiel. Würden wir für 500 Euro ein Glas Senf auslöffeln? Oder nachts nackt durch den Maschsee schwimmen? Wenn nicht für 500, dann vielleicht für 1000 Euro? Was würde jeder von uns tun, wenn er eine Million Euro dafür bekäme?« Hocker sagt, irgendwann sei ihm klargeworden, dass auch für die absurdesten Ideen oder Wetten fast immer ein Preis gefunden werden kann. Er mochte sich von Person zu Person unterscheiden, aber immer ließ er sich ziemlich genau definieren. Sich lächerlich zu machen, über seinen Schatten zu springen, Ekel zu überwinden, auch seine Würde zu verkaufen: Mit Geld ließ sich all das ermöglichen.

Hocker stellte fest, dass der AWD für ihn ein interessanter

Einstieg in sein Berufsleben war. Dauerhaft sah er in dem Unternehmen für sich selbst aber keine Perspektive. Nach insgesamt 16 Monaten kündigte er und begann bei der Versicherung Allianz.

Als Gero Hocker im August 2007 bei Carsten Maschmeyer anfing, hatte er jedoch erst einmal einiges vor sich. Mal saß er in Maschmeyers Privatflieger dem Altkanzler Gerhard Schröder gegenüber, der einen Abstecher nach London unternahm und die Businessmaschine als Mitfluggelegenheit nutzte. Mal lernte er das Hotel Dolder Grand in Zürich kennen, wo der AWD-Chef für Übernachtungen in der besten Suite einen mittleren fünfstelligen Betrag auf der Rechnung hatte. Und nach einigen Wochen schon erlebte er, wie gut gelaunt und voller Elan zwei Persönlichkeiten an der Seite des AWD-Chefs auftraten.

Die erste war Bert Rürup, der geachtete Professor, der zu diesem Zeitpunkt noch als Sprecher der sogenannten Wirtschaftsweisen die Bundesregierung beriet. Rürup behauptete in einem Interview mit der »Welt am Sonntag« 2011, er habe Carsten Maschmeyer 2007 kennengelernt. Das entsprach nicht der Wahrheit, die beiden Finanzexperten mit unterschiedlichem Hintergrund hatten ja schon auf der Geburtstagsfeier Gerhard Schröders 2004 in Hannover miteinander gesprochen. Der Kontakt hatte sich dann verfestigt, und kein Jahr später hatte Rürup bei einer AWD-Veranstaltung in Bremen geredet. Rund 2000 Finanzberater kamen damals zusammen, und Maschmeyer hatte Rürup vorab ein Honorar von 12 000 Euro bestätigt und außerdem das Thema für seinen 45-minütigen Vortrag mitgeteilt: »Es wäre äußerst hilfreich, wenn Sie die Notwendigkeit der privaten Altersvorsorge darstellen könnten. Gerade mit Ihrem Namen ist die Hoffnung auf ausreichende Rente durch Privatvorsorge verbunden.«

Nun, im Sommer 2007, saß Rürup mit im AWD-Boot. Doch Carsten Maschmeyer dachte diesmal noch größer. Er verpflichtete für eine Reihe von Auftritten auch noch den früheren Arbeitsminister Walter Riester, der noch immer dem Deutschen Bundestag und dem Bundesvorstand der SPD angehörte. Damit umgab Carsten Maschmeyer sich mit zwei Männern, nach denen Rentenversicherungen benannt wurden. In Hannover, Düsseldorf, Leipzig und München ließen sich hunderte AWD-Mitarbeiter und auch manch andere Menschen dieses Trio nicht entgehen.

Als eine Art Mitveranstalter der Rentenshow agierten die Magazine »Focus Money« und »SUPERillu«. »Focus Money« stellte seinen Chefredakteur auch gleich zur Moderation ab. Die vor allem im Osten Deutschlands gelesene »SUPERillu« warb für eine Veranstaltung in Leipzig und schrieb: »Wer sich schnell anmeldet, ist am 29. August live dabei!«

Der Bericht in der »SUPERillu« trug die Überschrift: »Vorsorge aus erster Hand«. Carsten Maschmeyer wurde hier von der Redaktion nicht etwa als größter Profiteur der privaten Altersvorsorge bezeichnet, sondern als »renommiertester Vorsorge-Experte«. Den Text flankierten Interviews: Der frühere Arbeitsminister Riester kam ebenso zu Wort wie Rürup, der amtierende Vorsitzende des Rats der Wirtschaftsweisen. Und auch Carsten Maschmeyer durfte an die Leser appellieren: »Es kommt auf jeden Euro und jeden Monat an. Jedes Jahr, das Sie nicht für die geförderte Rente sparen, schlägt im Schnitt mit fünf Prozent weniger Geld zu Buche.« Auf dem beigestellten Foto gaben Riester und Rürup einander mit breitem Lächeln die Hand. Maschmeyer saß zwischen den beiden und legte wiederum seine rechte Hand auf den Handschlag.

Carsten Maschmeyer demonstrierte Kompetenz, das war in diesen Monaten aus AWD-Sicht dringlicher denn je. Seit längerem schon verfolgten Maschmeyer und seine Manager nämlich, dass sich ein Konkurrent formierte, an dessen Spitze auch frühere AWD-Führungskräfte standen: Formaxx, eine Finanzberatung mit Sitz in Hannover. Im Juli 2007 ließ sich das Unternehmen ins Handelsregister eintragen, 2008 übernahm Maschmeyers früherer Schwager und langjähriger Vertrauter Kai Lange einen Vorstandsposten.

2009 holte Formaxx zudem noch Jörg Jacob, den früheren Vertriebschef von AWD-Deutschland. Jacob und Maschmeyer waren lange Jahre enge Weggefährten gewesen, hatten voneinander profitiert, es jedoch irgendwann nicht mehr miteinander ausgehalten. Jacob, der unter den Vertriebsmitarbeitern beliebt, dadurch im Unternehmen mächtig und auch ohne Vorstandsposten die eigentliche Nummer zwei war, sah bestimmte Dinge anders als Maschmeyer. Auch Jacob konnte Leute aufheizen und einpeitschen, galt als begnadeter Vertriebsmann. Wenn es einen Mann im Unternehmen gab, der an Carsten Maschmeyer heranreichte, dann allenfalls Jörg Jacob.

Beim AWD gingen manche davon aus, dass Jacob die Formaxx-Gründung heimlich unterstützt haben könnte. Im Februar 2007 erhielt er jedenfalls seine Kündigung von Maschmeyer, die Auseinandersetzung zwischen ihm und der AWD-Spitze dauerte aber noch länger an. Der AWD hatte Jörg Jacob verklagt und sich dabei auf ein Wettbewerbsverbot berufen.

Der Streit mit Jacob, der später auch in den Vorstand von Formaxx einzog, wurde mit harten Bandagen geführt. Von Spionagemethoden war gar die Rede, dem Einsatz von Privatdetektiven. Jacob erstattete Anzeige gegen unbekannt wegen rechtswidriger Bespitzelung und Abhörpraktiken und ging damit an die Öffentlichkeit.

»Wenn bei uns in der AWD-Zentrale in dieser Zeit interne

Dokumente von Formaxx auftauchten, und das war immer wieder der Fall, dann hieß es, das habe man in der Straßenbahn gefunden«, erinnert sich Gero Hocker. »Auf welche Weise solche Informationen wirklich beschafft wurden, entzog sich allerdings dem Wissen der Vorstandsassistenten.«

Wenn Carsten Maschmeyer im Sommer 2007 und noch im Februar 2008 mit Walter Riester und Bert Rürup auf die Bühne ging und wenn alle drei gemeinsam auch ein Interview im Magazin »Focus« gaben, so sollte das auch eine Botschaft an die eigenen Leute transportieren, die in diesen Monaten möglicherweise von Formaxx umworben wurden: Sie sollten dagegen immunisiert werden, sich mit dem neuen Mitbewerber einzulassen.

Vertriebsmitarbeiter waren begehrt in der Finanzbranche, und der AWD hatte sich daran gewöhnt, ständig zu wachsen. Wenn nun Führungskräfte zu Formaxx gewechselt waren und auch noch ein paar ihrer Leute mitnahmen, mochte das bei insgesamt 2000 AWD-Beratern in Deutschland auf den ersten Blick nicht dramatisch aussehen. Doch tatsächlich konnten schon 50 Leute weniger schmerzen. Der AWD war eine Aktiengesellschaft, und die Analysten mochten sich schnell fragen, wie man seinen Umsatz mit weniger Personal steigern könne und auch in Zukunft interessant für Investoren bleiben wolle.

Als der AWD-Chef im Februar 2008 wieder mit Riester und Rürup auf der Bühne saß, moderierte Ralf-Dieter Brunowsky. Der Wirtschaftsjournalist hatte als Chefredakteur zehn Jahre lang das Magazin »Capital« geleitet. Er verstand sich, das zeigt ein Wortlautprotokoll der Veranstaltung in Stuttgart, bestens auf lockere Fragen. Brunowsky startete humorvoll: »Ich dachte heute Morgen: Wie wäre es eigentlich, wenn ich so daran denke, dass gerade in Hollywood die Oscars verliehen werden, wenn man mal einen richtig tollen

Film über Altersvorsorge hätte. Richtig, ich meine keinen Werbefilm oder irgendwas, sondern einen tollen und spannenden Film. Stichwort Tatort Liechtenstein.« Brunowsky stellte sich vor, wie Klaus Zumwinkel, der Vorstandsvorsitzende der Deutschen Post AG, mit dem Fürst von Liechtenstein die staatliche Förderung der Rente diskutierte. »Da kommt vielleicht die Frage: Sag mal, wie wär's denn eigentlich mit der Riester-Rente? Wäre das nichts für mich? Ja, ich glaube, die Antwort wäre gewesen in diesem dramatischen Thriller: Die Riester-Rente ist für Sie nichts, die wird ja auf die Grundsicherung angerechnet.«

Zumwinkel war gerade in aller Munde, da Fernsehkameras gefilmt hatten, wie Polizisten ihn aus seiner Villa geleiteten. So wurde bekannt, dass Zumwinkel Geld auf einer Stiftung in dem Fürstentum geparkt hatte und die Staatsanwaltschaft Bonn gegen ihn nun wegen des Verdachts auf Steuerhinterziehung ermittelte.

Das Wortlautprotokoll verzeichnet nach dem Gag mit der Grundsicherung »Lacher«, und der Moderator Brunowsky merkte noch an: »Also, so gesehen hat dann unser Herr Zumwinkel eine andere Methode gewählt.« Dann kam er auf das Thema des Abends zu sprechen: »Riester oder Rürup, wo gibt es mehr Geld im Alter?«

Die Männer, die Brunowsky nun auf die Bühne bat, seien »zwar keine Oscarpreisträger, aber sie sind schon Stars in ihrer Branche. Und dass wir die hier oben haben, das verdanken Sie dem Gastgeber AWD, der auf seine Weise wirklich Expertenwissen zusammenbringt.« Er beginne mit dem Professorentitel, das sei doch »am beeindruckendsten«, fuhr der Moderator fort, rief »Herrn Professor Bert Rürup« zu sich und erklärte, dass dieser der einflussreichste Politikberater Deutschlands sei.

Die AWD-Leute im Saal applaudierten, als Nächstes wurde

Walter Riester aufgerufen. In die Vorstellung des Arbeitsministers des ersten Kabinetts Schröder baute Brunowsky den nächsten Witz ein, wieder auf Kosten eines bekannten Managers. »Herr Riester ist gelernter Fliesenleger, hat eine Meisterprüfung abgelegt, sich dann weiter fortgebildet und eine Karriere im Gewerkschaftsbereich gemacht, zuletzt als zweiter Bundesvorsitzender der IG Metall. Zwischendurch hat er ein lukratives Angebot abgelehnt, bei VW Personalvorstand zu werden.« Als das Publikum lachte, fügte der Moderator hinzu: »Ich glaube, da hat er gut dran getan.«

Die Korruptionsaffäre bei der Volkswagen AG war Anfang 2008 noch recht präsent, doch für den Fall, dass einer der Zuhörer den Zusammenhang nicht verstanden hatte, warf Walter Riester ein: »Sie brauchen nur zu sagen, dass mein Vorschlag damals Hartz war, das war es auch damals.« Das Publikum lachte erneut, und so war die Stimmung auch heiter mit Hilfe des früheren VW-Vorstandes Peter Hartz, der insgesamt 2,5 Millionen Euro veruntreut hatte und dafür zu zwei Jahren Haft auf Bewährung und einer Geldstrafe von 576 000 Euro verurteilt worden war. Der dritte Referent konnte kommen.

Brunowsky erging sich in Ehrerbietung, als Carsten Maschmeyer die Bühne betrat. Er freue sich, dass er mit ihm zusammensitzen könne. Bei »Capital« habe man sich öfter gesehen, und Brunowsky hatte offenbar schon damals ganz im Sinne Maschmeyers agiert und versucht, eine zwar korrekte, aber für den AWD nicht positive Bezeichnung zu vermeiden: »Ich musste so nach und nach daran arbeiten, dass die Redakteure aus den Archiven das Wort Strukturvertrieb streichen, weil sie das immer noch nicht begriffen hatten«, erzählte Brunowsky dem AWD-Chef und dessen Beratern. »Inzwischen ist das, glaube ich, alles Vergangenheit.«

Es ging dann munter und nicht allzu vertieft durch die

Welt der Altersvorsorge, eine ziemlich schöne Welt für Menschen, die unter anderem davon leben, Produkte der privaten Altersvorsorge zu vermitteln. Bert Rürup zitierte eine alte Bauernregel, die besage: »Tu nie alle Eier in einen Korb«, und riet so, sich nicht nur auf die staatliche Rente zu verlassen. Walter Riester pflichtete ihm bei, es gehe »nichts daran vorbei, es müssen eben mehr Rücklagen gebildet werden in der Zeit, wo man erwerbstätig ist«. Die Rendite in einem kapitalgedeckten System, das sagte wiederum Rürup, sei immer etwas höher als im Umlagesystem, auf dem die staatliche Rente basiert. »Immer mehr Menschen erkennen, dass sie eigentlich dumm sind, wenn sie diese Möglichkeit starker Steuerunterstützung für ein Sparen nicht wählen«, urteilte Riester. Rürup sagte: »Die Politik hat außerordentlich generöse Möglichkeiten geschaffen für eine ganze Branche, aber jetzt muss die Branche Qualität liefern.«

Es waren keine Geheimnisse, die das Publikum zu hören bekam, doch dieser letzte Satz stach heraus: Laut Rürup hatte die Politik »generöse Möglichkeiten« geschaffen, und zwar »für eine ganze Branche«. Der Wirtschaftsweise ließ tief blicken.

Rürup meinte die Politik der Regierung Schröder, die Politik, die er als Berater maßgeblich mitgestaltet hatte. Der Professor gab also zu, dass die Regierung Schröder und er als deren rentenpolitischer Berater sich gegenüber einer ganzen Branche großzügig gezeigt hatten. Gemeint war die Branche der Finanzdienstleister. Gemeint waren Banken und Versicherungen. Gemeint war auch der AWD mit seinem Chef Carsten Maschmeyer.

Der drohte als Gastgeber der Veranstaltung gegenüber dem wortgewandten Professor und dem debattengestählten Ex-Minister zeitweise ins Hintertreffen zu geraten. Das bemerkte allerdings auch der Moderator Ralf-Dieter Brunowsky und nahm den AWD-Chef daher immer wieder dran. Brunowsky stellte Fragen wie diese: »Müssen die Bürger eigentlich verstehen, wie die Altersvorsorge funktioniert, um sie abzuschließen?«

Das war eine Steilvorlage, und der Finanzunternehmer nutzte sie. »Die Rentenreform nützt nur etwas, wenn sie in jedem Ordner beim Kunden passiert«, antwortete Maschmeyer. »Die Rentenreform ist überhaupt nicht passiert, außer dass man die Gesetze gemacht hat. Jeder Bürger benötigt jetzt eine Riester- und/oder Rürup-Rente, denn das sind nicht Zusatzrenten, wie: Ich kann im Hotel noch ein zusätzliches Zimmer haben. Das ist ein Ersatzzimmer.«

Der gesetzliche Rentenanspruch sei heute im Verhältnis zu den vorherigen Generationen geringer, fuhr Maschmeyer fort. »Leider – und Gott sei Dank gleichzeitig – haben Herr Riester und Herr Rürup Instrumente geschaffen. Das ist ja ein einmaliges Konstrukt: Wer wenig verdient, bekommt Zulagen, und wer viel verdient und hohe Steuern zahlt, bekommt den Steuervorteil. Das ist ja eine ganz perfekte Konstruktion.«

Damit beendete Maschmeyer sein Lob der Politik und ging auf die ihm gestellte Frage ein: Der Bürger könne sich die private Altersvorsorge selber nicht mehr erklären. »Deswegen haben wir viel, viel mehr Arbeit. Im Schnitt dauert eine Beratung bei uns, in der Komplexität, sieben Stunden. Nicht, dass Sie denken, wir fahren zum Wohnzimmer und wir meeten jetzt einen Tag und sagen: nicht stören.« Stattdessen, sagte Maschmeyer, müssten zwei Stunden lang alle Daten zusammengetragen werden, Lebensversicherungen, Anwartschaften, Ausfallzeiten. »Dann wird alles gerechnet wieder, und dann kommt das Ganze, immerhin sind das bis zu 80 Seiten, die der Kunde möglichst lesen soll, die er verstehen soll, sehr komplex.«

An dieser Stelle unterbrach ihn der Moderator: »Ich kenne keinen, der das liest.«

»Das liest auch keiner«, erwiderte Maschmeyer und baute einen Witz ein: »Das ist wie bei den Fernsehspots: Bitte fressen Sie die Packungsbeilage und schlagen Sie ihren Arzt oder Apotheker!«

Das Gespräch wogte dann noch ein wenig hin und her, das Wortlautprotokoll füllt engbedruckte 32 Seiten. Walter Riester flocht seinen Standardwitz ein, dass es ihm wie dem Reichskanzler Bismarck gehe, nach dem man einen Hering benannt habe – auch ihn habe niemand gefragt, ob es ihm recht sei, dass eine Rente seinen Namen trage. Gegen Ende der Veranstaltung hob Carsten Maschmeyer zu einem Lob der Vertriebsmitarbeiter an: »Je länger ich auch heute der Diskussion beiwohne, möchte ich für alle Menschen, die in der Branche arbeiten, einfach sagen: Man kann stolz sein auf die Leute, die das erklären.«

Jener Teil der Leute, der im Publikum saß, bekam zum Dank nun nicht nur einem Imbiss und Getränke. Die AWD-Berater konnten sich auch fotografieren lassen, mit Maschmeyer, vor allem aber mit Rürup und Riester. Viele taten das. Ein Fotograf und eine Stellwand mit blau-grünem AWD-Logo standen bereit, ebenso eine Kosmetikerin mit Puder und Schminkutensilien.

Die Fotos mit den prominenten Rentenexperten waren nicht nur für das private Album der Mitarbeiter gedacht, sie landeten auch in den Mappen der Berater. In den Wohnzimmern, Küchen oder wo auch immer sie ihren Kunden die Riester- und Rürup-Renten anpriesen – Maschmeyers Vertreter konnten fortan scheinbar beiläufig darauf hinweisen, mit wem sie sich letztens noch über die neuesten Produkte zur privaten Altersvorsorge ausgetauscht hatten.

Gero Hocker begleitete seinen Chef 2007 zu einem dieser Auftritte in Leipzig. Der Assistent des AWD-Chefs erlebte die Veranstaltung in großen Teilen genau wie jene, die das Wortlautprotokoll aus dem Februar 2008 wiedergibt. Um die Vermittlung konkreten Wissens sei es nicht gegangen, erinnert sich Hocker. »Wichtig war die Demonstration, dass der AWD die absoluten Experten hatte. Es ging ja immer darum, die Leute an den AWD zu binden und keinen guten Vertriebsmitarbeiter an die Konkurrenz zu verlieren. Die Botschaft war deshalb: Wir sind die Besten, denn wir bekommen auch die Besten! Bleibt bei uns, da seid ihr beim Marktführer. Und kommt bloß nicht auf die Idee, zu Formaxx zu gehen!«

Maschmeyer sprach vor seinen Vertriebsmitarbeitern immer wieder auch über Formaxx. Er ließ keinen Zweifel daran, dass der Nebenbuhler den Kampf gegen den Platzhirsch niemals gewinnen könne. Er verglich den AWD mit der SPD und Formaxx mit Oskar Lafontaine, der die Sozialdemokraten 1999 verlassen hatte und ihnen dann durch Kolumnen in der »Bild«-Zeitung und durch ein Engagement bei der Partei »Die Linke« schadete.

Wie der Wahlkämpfer einer politischen Partei zog auch Carsten Maschmeyer durchs Land. Sein Kontakt in die Tiefen seines Unternehmens sollte so eng wie möglich sein. Büroleitern legte er in Briefen nahe, doch tunlichst mehr Mitarbeiter zu gewinnen und »den Turnaround zu schaffen«. Jene von ihnen, die 2006 niemanden oder fast niemanden rekrutiert hatten, mussten dem Vorstandsvorsitzenden schreiben und danach mit ihm telefonieren.

Wer jedoch unter den Tausenden Vertriebsmitarbeitern seine Sache aus Maschmeyers Sicht gut machte, wurde verwöhnt. Er durfte auf sogenannte Incentive-Events fahren, die der AWD-Chef in Dubai oder auch als Wochenende in Paris, Rom und London organisieren ließ.

Im Rahmen des Firmenjubiläums 2008 reisten 2500 AWD-Vertriebskräfte und Mitarbeiter der Zentrale sogar kostenlos in die Karibik. Das Ziel war der Strand von Nassau, der Hauptstadt der Bahamas. Hier stand das Hotel Atlantis Paradise, ein 3400-Zimmer-Komplex mit Kasino, Geschäften und eigenen Reptilien, das in der Liste der größten Hotels der Welt Platz 15 belegt. Der AWD-Chef lud im Atlantis zum großen Gala-Dinner, bot den Mitarbeitern Bootsausflüge, Tauchgänge, Schwimmen mit Delphinen und Belustigung am Strand. Abends wartete ein buntes Programm. Mal trat Maschmeyer fast wie in alten Zeiten im rosafarbenen Zweireiher, mit lila Krawatte und lila Einstecktuch auf die Bühne, mal ließ sich der Geschäftsführer Götz Wenker von zwei Magiern vermeintlich zersägen.

Bevor der Spaß begann, musste allerdings ein kleiner Patzer korrigiert werden: Der Vertriebschef der Bremer Firma Proventus, die seit einigen Monaten mehrheitlich dem AWD gehörte, hatte die größte der zahlreichen Suiten erhalten. Die musste er natürlich umgehend räumen.

Im Oktober 2007 flog der AWD etwa 20 Führungskräfte aus der Schweiz zur Motivation nach Moskau. Die Reisegruppe bezog Zimmer im berühmten Hotel Baltschug. Aus dem 1898 erbauten Gebäude an der Moskwa schaute man auf den Kreml und die Basilius-Kathedrale. Der Blick aus der Suite, die Carsten Maschmeyer während des Aufenthalts bewohnte, bot so viele spannende Details, dass in einem Zimmer ein Fernrohr installiert war.

Auf dem Programm der Reisegruppe stand auch das sogenannte Powershopping im Luxus-Kaufhaus GUM, das auf dem Roten Platz gegenüber dem Lenin-Mausoleum liegt. Jeder bekam einen Umschlag mit einer bestimmten Summe Bargeld, und die Aufgabe bestand darin, es in begrenzter Zeit auszugeben. Carsten Maschmeyer verteilte die Kuverts persönlich. Sie enthielten nicht alle dieselbe Rubel-Summe, weshalb sich die einzelnen Führungskräfte dann austauschten, wer wie viel bekommen hatte und was der Hintergrund für die einzelnen Differenzen sein könnte. Zum »Powershopping« gehörte auch, die erstandenen Dinge anschließend der Gruppe zu zeigen.

Carsten Maschmeyer selbst war durchaus beeindruckt von dem Wochenende in der russischen Hauptstadt. Er hatte Moskau zuvor noch nie besucht und nahm sich die Zeit, einmal über den Roten Platz zu schlendern. Dabei hatte er, wie er später Klaus Meine schrieb, dem Sänger der Rockgruppe Scorpions, dessen Hymne »Wind of Change« im Ohr. Im Hotel Baltschug hatte er auch ein Foto der Scorpions gesehen. Die Welt sei manchmal doch sehr klein, fand Maschmeyer und bat den Freund, ihn irgendwann einmal bei einem Konzert in Moskau begleiten zu dürfen.

8.
Wetten, dass ...?
Jeder hat seinen Preis

Im Dezember 2004 lernte Carsten Maschmeyer auf der Reise mit dem Bundeskanzler Gerhard Schröder nach China einen umtriebigen Unternehmer kennen, auf dessen Bruder er 1989 vom Elefanten aus herabgeschaut hatte: Christoph Gottschalk. Der Jurist, drei Jahre jünger als sein Bruder Thomas, hatte 1999 die Agentur »Dolce« gegründet und mit ihr die Vermarktungsrechte an der ZDF-Sendung »Wetten, dass ...?« erworben. Maschmeyer und Christoph Gottschalk verstanden sich prächtig.

Wie der AWD-Chef war auch der Gottschalk-Bruder ein Vermittler: Er agierte im Dreieck von Fernsehsendern, Prominenten und Unternehmen. Mal besorgte er einem Prominenten einen Konzern, der ihn als Werbegesicht verpflichtete, Günther Jauch etwa das Versandhaus Quelle oder Verona Pooth Langnese Iglo. Mal half er Unternehmen, in Fernsehsendungen Präsenz zu erlangen. Was erlaubt war und was nicht, wusste Christoph Gottschalk vermutlich, nach dem Jura-Studium hatte er einst eine Dissertation mit dem Thema »Verbotenes und erlaubtes Product-Placement im TV« begonnen. Doch Gottschalk schloss die Doktorarbeit nicht ab und landete in der Praxis.

»Ich bin Geschäftsmann durch und durch«, sagte Christoph Gottschalk einmal über sich selbst. Er vermarktete auch seinen Bruder. Mit dem, schrieb das »Handelsblatt«, telefoniere er regelmäßig.

Nach China reiste Christoph Gottschalk, um dem Staat

die Rechte an »Wetten, dass ...?« zu überlassen. Der Medienunternehmer ließ sich die Rechte von den Chinesen nicht für
Geld abkaufen, sollte aber dafür Werbeminuten zur besten
Sendezeit erhalten. Die konnte er dann wiederum an deutsche Unternehmen veräußern, die auf dem großen chinesischen Markt bekannt werden wollten.

Es dauerte nicht lange, bis Carsten Maschmeyer nach Gesprächen mit Christoph Gottschalk eine erste Geschäftsidee
hatte: »Wetten, dass ...?« könnte eine internationale Bekanntheit wie zum Beispiel den früheren US-Präsidenten Bill
Clinton in die Abendsendung laden, die am Mittag noch kurz
auf einer AWD-Veranstaltung auftreten würde. Der Finanzvertrieb würde bei dieser Art Prominenten-Sharing dann den
Großteil des Honorars übernehmen.

Maschmeyer dachte allerdings auch noch eine andere Form
der Zusammenarbeit an. Unzweideutig bekundete der AWD-
Chef in einem Brief an Christoph Gottschalk einige Tage
nach der China-Reise sein Interesse an fragwürdigen Deals.
»Es wäre auch sehr interessant, mehr darüber zu hören, wie
eine mögliche ›Werbung‹ im nicht werblichen Teil von ›Wetten, dass ...?‹ möglich wäre«, schrieb er Christoph Gottschalk kurz vor Weihnachten 2004.

Wer Schleichwerbung betreibt, verstößt gegen Paragraph
4, Nr. 3 des Gesetzes gegen den unlauteren Wettbewerb
(UWG). Dort ist geregelt, dass jede Werbemaßnahme so be-
schaffen sein muss, dass ihr werbender Charakter von den
Angesprochenen auch erkannt werden kann.

Maschmeyer schreckten derlei Bestimmungen offenbar im
Dezember 2004 nicht ab. Zumindest wollte er ausloten, was
bei »Wetten, dass ...?« möglich sei.

In der größten Unterhaltungsshow Europas war zu dieser
Zeit einiges möglich. Autos des Daimler-Chrysler-Konzerns
wurden für viel Geld in der Sendung sichtbar gemacht, ein

Kooperationsvertrag zwischen dem Autobauer und Christoph Gottschalks Firma Dolce regelte akribisch die Details der Produktplazierung. Der »Spiegel«, der die Zusammenarbeit beleuchtete, zitierte 2013 aus einem internen »Lagebericht 2001« der Firma Dolce. »Der Zuschauer ist zunehmend ›genervt‹ durch die Werbeeinblendungen, denen sich der Zuschauer durch häufiges ›Zapping‹ zu entziehen versucht«, heißt es dort. Die Firmen müssten sich deshalb etwas einfallen lassen, um »sicherer ihre Kunden« zu erreichen als mit »herkömmlicher Werbung«.

Carsten Maschmeyer kannte diese Analyse der Firma Dolce sehr wahrscheinlich nicht. Aber er hatte sich ja auf der China-Reise mit ihrem Gründer Christoph Gottschalk ausgetauscht. Dem wünschte er nun in dem Brief im Dezember 2004 ein »gesegnetes Weihnachtsfest« und wies ansonsten auf den »Herrenabend bei Götz von Fromberg« Mitte Januar hin. Dort sehe man sich ja wahrscheinlich.

Der prominente Rechtsanwalt Götz von Fromberg, früher Gerhard Schröders Partner im Tennis-Doppel und noch immer einer seiner besten Freunde, gilt als Bindeglied jener »Hannover-Connection«, von der Maschmeyer 2010 im Interview mit der »Welt am Sonntag« sprach. Von Fromberg selbst bezeichnete während der Affäre Wulff zwar die »Hannover-Connection« als »Erfindung«. Dass auf den Herrenabenden in seinem Keller, zu dem mehr als 100 Männer kämen, jeder einzelne vielleicht Macht habe, sei allerdings nicht zu bestreiten. »Es sind ja wichtige Unternehmer, wichtige Politiker und wichtige Personen aus dem Showbusiness. Aber«, das war Götz von Fromberg wichtig, »es ist eine Freundschaftsrunde.«

Carsten Maschmeyer und Christoph Gottschalk mussten für ihren nächsten Kontakt indes gar nicht bis zur »Freundschaftsrunde« bei Götz von Fromberg im Januar warten. Noch vor Weihnachten vermeldete Christoph Gottschalk nämlich Neuigkeiten: Der Süßwarenhersteller Haribo stehe nicht mehr als offizieller Presenter von »Wetten, dass ...?« zur Verfügung.

Christoph Gottschalk hatte nun offenbar an den AWD gedacht – der Finanzvertrieb könnte die Sendung offiziell präsentieren. Für Carsten Maschmeyer war das eine extrem attraktive Vorstellung: Das Image seines Unternehmens hatte in den zurückliegenden Jahren und vor allem 2004 durch Klagen von Kunden gelitten, denen der AWD hochriskante geschlossene Immobilienfonds vermittelte. Die bei den Massen beliebte Fernsehshow »Wetten, dass ...?« offiziell zu präsentieren konnte dem Finanzvertrieb da nur guttun. Zudem würde es den AWD bei noch mehr Menschen zur Marke machen.

Aus einem anderen Schreiben Carsten Maschmeyers, das er wenige Tage vor Heiligabend formulierte, geht hervor, dass Christoph Gottschalk mit ihm sogleich ein »Paket« besprach. Zu diesem Paket zählten demnach auch einige »mündliche Zusicherungen«, nämlich »werbliche Maßnahmen«. Maschmeyer hatte bereits einen Einfall, wie sein Unternehmen in der großen Samstagabendshow vorkommen könnte – jenseits der offiziellen Erwähnung als Presenter: »Im Interview könnte ein Gast, wie z.B. Bill Clinton, auf einen AWD-Kongress oder auf vorangegangene Gespräche mit dem AWD-Vorstand von Ihrem Bruder befragt werden«, schrieb er Christoph Gottschalk. Dass dessen Bruder, der Moderator Thomas Gottschalk, generell einverstanden und auch bereit sei, den Plan in die Tat umzusetzen, setzte Maschmeyer offenbar voraus. Er kannte Thomas Gottschalk ja schon etwas länger.

Der AWD würde also die Sendung »Wetten, dass ...?« als
Nachfolger von Haribo offiziell präsentieren. Das war die
erste gute Neuigkeit für Carsten Maschmeyer. Der Unternehmer freute sich Christoph Gottschalk gegenüber deshalb
»noch mehr auf das Jahr 2005, wenn Europas größter unabhängiger Finanzdienstleister und Europas erfolgreichste Unterhaltungsshow Kooperationspartner werden«.

Doch die »Kooperation« sollte eben auch noch weitere
und für das Unternehmen besonders wertvolle Präsenzen
bringen: Schleichwerbung oder, wie Maschmeyer selbst es
ausdrückte: »Werbung im nicht werblichen Teil« der Sendung. Scheinbar beiläufig, stellte Maschmeyer sich offenbar
vor, könnte der beliebte Moderator Thomas Gottschalk den
AWD erwähnen, Worte wie »AWD-Chef«, »AWD-Arena«
oder auch »AWD-Dome« fallen lassen. Auf diese Weise würde der AWD in den redaktionellen Teil von »Wetten, dass ...?«
eindringen – eine Infiltration der meistgesehenen Sendung
des öffentlich-rechtlichen Fernsehens.

Es war ein kühnes Vorhaben, das Maschmeyer da in seinem
Brief an Christoph Gottschalk zusammenfasste und höchst
diskret zu handhaben versprach. »Selbstverständlich ist das
Projekt bei AWD ›Chefsache‹«, ließ Maschmeyer Christoph
Gottschalk wissen. Er selbst sei jederzeit persönlich an-
sprechbar.

Maschmeyers Hochgefühl hielt über die Feiertage, auch
Anfang Januar war der AWD-Chef noch frohen Mutes. Allerdings durfte für seinen Geschmack nun auch langsam mal
der nächste Schritt folgen. Die Partnerschaft musste besie-
gelt, die ersten AWD-Erwähnungen im Ablauf der Sendung
verankert werden. Es wurde Zeit.

Am 22. Januar in Hannover solle der AWD »Wetten,
dass ...?« erstmals präsentieren, schrieb Maschmeyer deshalb

am 4. Januar 2005 an Christoph Gottschalk. »Um angesichts des begrenzten Zeitfensters mögliche noch anfallende inhaltliche und organisatorische Vorbereitungen abschließen zu können (...), bitte ich um Ihre Meinung zum weiteren Vorgehen.« Maschmeyer schrieb, dass eine Agentur bereit sei, den AWD-Einspieler vor der Sendung zu produzieren, nannte Christoph Gottschalk zwei Kontaktleute beim AWD und verblieb dann »in der Vorfreude auf die Fortsetzung der anregenden China-Gespräche während des Herrenabends bei Götz von Fromberg am 14. Januar«.

Der Herrenabend kam, und er brachte nicht nur leckeres Essen, beste Weine, Partien am Kicker und anregende Fortsetzungen der China-Gespräche. Carsten Maschmeyer erhielt von Christoph Gottschalk auch eine ernüchternde Nachricht: Das »angestrebte Paket ›Presenting und Product Placement‹« in der ZDF-Show »Wetten, dass ...?« werde »nun doch nicht umgesetzt«. So hielt es Maschmeyer drei Tage später fest. Der Deal über Werbung und Schleichwerbung war geplatzt, und der AWD-Chef teilte Christoph Gottschalk mit, er könne die Gründe dafür nun, nach dem Gespräch, besser nachvollziehen.

Die Absage traf Carsten Maschmeyer in schwierigen Zeiten. Hinter dem AWD lag ein Rekordjahr, niemals hatte das Unternehmen mehr Umsatz als 2004 gemacht. Die herausragenden Zahlen hatte allerdings der Umstand verursacht, dass Lebensversicherungen nur bis zum Jahresende 2004 steuerfrei gewesen waren. Die AWD-Berater hatten daher überdurchschnittlich viele Policen vermitteln können, mit dem Argument, dass es sich nur noch in diesem Jahr so richtig lohne.

Die Riester-Rente, von der Politik im Sinne des AWD reformiert und um die Rürup-Rente ergänzt, musste nun umso mehr Provisionen einbringen. Doch Maschmeyer wusste,

dass seine Finanzvermittler für das neue Produkt zur Altersvorsorge viel Überzeugungsarbeit aufbringen und vor allem
zuerst einmal selbst viel lernen mussten. Das Januargeschäft
hatte vergleichsweise schlecht begonnen. Maschmeyer übte
von oben Druck auf die Führungskräfte aus. Aber er wusste
auch, dass den Vermittlern in den untersten Hierarchien des
AWD flankierende Werbemaßnahmen helfen konnten. Eine
Nähe zu »Wetten, dass ...?« hätte den AWD für manchen auf-
gewertet: Wer die seit Urzeiten beliebte Samstagabendshow
im öffentlich-rechtlichen Fernsehen offiziell präsentierte,
konnte kaum ein windiger Drückerverein sein, der den Kunden dubiose Fonds aufschwatzte.

Und nun hatte es nicht hingehauen, die Firma Haribo bei
»Wetten, dass ...?« abzulösen. Mit leeren Händen allerdings
hatte Carsten Maschmeyer die Villa Götz von Frombergs
nach dem Herrenabend trotzdem nicht verlassen. Das Gespräch mit Christoph Gottschalk, resümierte der AWD-Chef
in dem Brief, habe ja dem »Fortgang unserer Kooperation«
gegolten. Das klang fast schon wieder optimistisch, und
Maschmeyer definierte diesen »Fortgang der Kooperation«
Gottschalk gegenüber auch gleich: Die »Kooperation« sollte
schon in wenigen Tagen fortgesetzt werden. »Umso glückli-
cher bin ich, dass Du bereits vorab – quasi als ›Morgengabe‹ –
dafür sorgen wirst, dass Thomas in der Sendung am kommenden Sonnabend einen Hinweis auf die Einweihung der
AWD-Arena geben wird.«

Die »Werbung im nicht werblichen Teil« von »Wetten,
dass ...?«, von Maschmeyer als »Morgengabe« aus dem Hause
Gottschalk bezeichnet, war damit vereinbart. Am 25. Januar,
wenn Thomas Gottschalk mit seiner Sendung in Hannover
gastierte, würde der Moderator an den AWD denken. Ob
Christoph Gottschalk die Morgengabe mit dem ZDF abgestimmt hatte, geht aus dem Brief nicht hervor.

Maschmeyer dachte die »Wetten, dass …?«-Sendung vom kommenden Samstag gleich einmal voraus und unterbreitete in dem Brief an Christoph Gottschalk zwei Vorschläge, wie dessen Bruder die Schleichwerbung umsetzen könne:

»a) Verpackt in die Stadtwette: ›Ich bin gespannt, ob das klappt. Aber die Hannoveraner sind ja für einige Überraschungen gut. Hannover 96 zum Beispiel. Die Überraschungsmannschaft der Bundesliga. Ich drücke morgen beim Spiel gegen Leverkusen in der neuen AWD-Arena ganz fest die Daumen.‹
b) Verpackt in ein Kompliment an Hannover: ›Hannover ist ja eine richtige Fußballstadt geworden. 96 spielt in der Liga oben mit und ärgert meine Bayern. Die Mini-WM findet im Sommer hier statt und ein Jahr später die Fußballweltmeisterschaft. Da wird ja einiges in Eurer AWD-Arena los sein. Morgen ist übrigens die Eröffnung der AWD-Arena, hoffentlich mit einem Sieg gegen Leverkusen.‹«

Der AWD-Chef wirkte in dem Schreiben jetzt geradezu begeistert. Dass die Gottschalks bei der Plazierung von Werbebotschaften keiner Nachhilfe bedurften, war ihm aber bewusst. Er schrieb Christoph Gottschalk deshalb, das Wichtigste sei, dass die AWD-Arena genannt werde.

Am Samstag, dem 25. Januar 2005, erklang um 20.15 Uhr im ZDF ein kleiner Teil des Präludiums des »Te Deum«, das der französische Komponist Marc-Antoine Charpentier vor mehr als 300 Jahren geschrieben hat: Die Eurovisionsmusik kündigte live aus Hannover eine Sendung an, die in Deutschland, Österreich und der Schweiz zu sehen war, jenen Ländern, in denen der AWD den größten Teil seines Umsatzes machte. Carsten Maschmeyer saß im Publikum und hatte auch noch ein paar Freunde eingeladen, unter anderem den Scorpions-Sänger Klaus Meine und seine Frau Gabi.

Die 153. Ausgabe von »Wetten, dass ...?« begann wie gewohnt mit einem lange anhaltenden Applaus für den Moderator. Thomas Gottschalk betrat die Bühne der TUI-Arena auf dem ehemaligen Gelände der Weltausstellung Expo in einem dunklen und eher unauffälligen Dreiteiler. Mehr als 14,5 Millionen Zuschauer sahen die Show allein in Deutschland. Das ZDF erreichte damit einen Marktanteil von 44,8 Prozent. Diesen Wert würde der Sender mit »Wetten, dass ...?«, nie wieder übertreffen.

Als Wettpaten traten der französische Schauspieler Gérard Depardieu und seine deutschen Kollegen Moritz Bleibtreu und Uwe Ochsenknecht auf, außerdem der Opernsänger Plácido Domingo, die Komikerin Hella von Sinnen und die Schauspielerin Marie-Luise Marjan. Zuerst aber begrüßte Thomas Gottschalk Oliver Pocher. Der Komiker moderierte an diesem Abend die Stadtwette. Dabei schlug er vor laufenden Kameras einer jungen Frau vor, sich einer Schönheitsoperation zu unterziehen. Die Frau verklagte Oliver Pocher auf Schadensersatz und erhielt nach einem Urteil des Landgerichts Hannover ein Jahr später dafür eine Entschädigung von 6000 Euro. Kopien der Sendung sind aufgrund dieses kleinen Skandals heute kaum mehr zu bekommen.

Doch vom Fehltritt des Komikers ahnte noch niemand etwas, als Oliver Pocher und Thomas Gottschalk erst einmal scheinbar belanglos einige Sätze austauschten.

»Bist du gerne zu Hause?«, fragte Gottschalk Pocher, der aus Hannover stammt. Er komme gerade aus Afrika, sei jetzt Teamchef der Nationalmannschaft Sansibars, »und am Donnerstag werden Sie um 23.15 Uhr bei Rent a Pocher sehen, wie es dazu gekommen ist«, antwortete der Komiker. Das war Werbung für die andere Sendung, wie sie bei prominenten Fernsehgästen in »Wetten, dass …?« nicht unüblich war, und Thomas Gottschalk ging nicht weiter darauf ein. Er hatte ja selbst einen Auftrag zu erfüllen. Und das gelang ihm schon im nächsten Satz.

Gottschalk: »Fußballfan bist du sowieso, hast morgen auch sogar offiziell zu tun. Du weihst eine große Arena ein, die AWD-Arena.«

Die Kamera schwenkte nicht auf Carsten Maschmeyer im Publikum, aber der AWD-Chef dürfte in diesem Moment hoch zufrieden gewirkt haben. Was auch immer noch möglich sein würde für den AWD bei »Wetten, dass …?« – keine zwei Monate nach der China-Reise mit Gerhard Schröder hatte seine frisch geknüpfte Beziehung zu Christoph Gottschalk bereits Zinsen abgeworfen: Der AWD war gleich zu Beginn der größten Fernsehunterhaltungsshow Europas genannt worden. Die »Morgengabe« zum »Fortgang der Kooperation« war damit gewährt.

Es kam aus Maschmeyers Sicht allerdings noch besser an diesem Samstagabend in Hannover. Oliver Pocher antwortete Thomas Gottschalk und machte sich dabei kurz über den schwergewichtigen Ex-Manager des nächsten Gegners lustig: »Genau, morgen spielt Hannover 96 gegen Bayer Leverkusen. Wir mussten das Stadion größer machen, weil Rainer Calmund kommt.« Der Vorverkauf, fügte Pocher hinzu, laufe »bis jetzt beschissen, deshalb kommen Sie bitte morgen ins Stadion.« – »Also«, kommentierte darauf Thomas Gottschalk, »Ihr seid ja in Hannover mit Großkampfstätten gesegnet, also alles Arena, TUI-Arena, AWD-Arena, alles.«

Nun hatten die Gottschalks ihre Morgengabe kurzerhand verdoppelt: Der Name AWD war zweimal gefallen.

Carsten Maschmeyer wiederum hatte gesehen, dass der große deutsche Fernsehmoderator Gottschalk bei der Schleich-

werbung keiner Hilfestellung bedurfte. Die Vorschläge zur
Nennung seines Unternehmens, die der AWD-Chef in dem
Brief an Gottschalks Bruder formuliert hatte, nahmen sich
im Nachhinein geradezu amateurhaft aus. Elegant hatte Thomas Gottschalk den AWD in »Wetten, dass …?« eingefloch-
ten, sogar doppelt so oft wie zwischen seinem Bruder und
Maschmeyer vereinbart. Dabei wirkte Gottschalk souverän
wie immer.

Im März verkaufte Carsten Maschmeyer dann für sich und
seine Familie AWD-Aktien im Wert von 235 Millionen Euro.
Dass dem Unternehmen ein schwieriges Jahr bevorstand,
blieb der Börsenwelt aber verborgen.

Im Juni 2005 enthüllte der Journalist Volker Lilienthal,
dass die ARD-Serie »Marienhof« über Jahre für Schleichwerbung missbraucht wurde. Die ARD-Produktionsfirma Ba-
varia hatte Unternehmen ermöglicht, Produkte in der Vor-
abendserie zu plazieren und dafür allein zwischen 2002 und
2005 mehr als 800 000 Euro abgerechnet. Allein der Reiseveranstalter »L'tur« erkaufte sich in 31 Folgen mit Logos und
speziell formulierten Dialogen Präsenz. Im September veröffentlichte die ARD selbst eine Liste mit Schleichwerbekun-
den. Auf der fand sich auch die wirtschaftsliberale Initiative
Neue Soziale Marktwirtschaft. Sie hatte sich 2002 im »Marienhof« Szenen und Dialoge zu Themen wie »Wirtschaft,
schlanker Staat, Steuern« 58 670 Euro kosten lassen.

Weil ebenfalls Schleichwerbung in der ZDF-Serie »Sabine«
bekannt wurde, gerieten die öffentlich-rechtlichen Fernseh-
anstalten in eine schwere Glaubwürdigkeitskrise. Die durch
Rundfunkgebühren finanzierten Sender, deren Journalisten
die Menschen politisch informieren und sogar Unrecht auf-
decken sollten, galten nun selbst als käuflich. Die Schleichwerbung im »Marienhof« sei »der schwerwiegendste Fall,

den ich in meiner ganzen Amtszeit je hatte«, bekannte Fritz Pleitgen, der Intendant des Westdeutschen Rundfunks. Politiker rügten ARD und ZDF mit scharfen Worten.

Carsten Maschmeyer verfolgte die Diskussion aufmerksam. Am 6. Oktober 2005 schrieb er Christoph Gottschalk: »Sehr dankbar bin ich Dir dafür, dass wir unsere angedachte Kooperation rund um ›Wetten, dass …?‹ in der Phase der öffentlichen Berichterstattung über Product-Placement auf Eis gelegt haben. Das war eine richtige Entscheidung, weil Dolce Media und AWD m. E. in schwieriges Fahrwasser geraten wären.«

Der Schleichwerbemarkt entwickelte sich ungünstig, doch Maschmeyer gab sich gegenüber seinem »Kooperationspartner« Gottschalk als Ehrenmann: »Da ich mein Dir gegebenes Wort halten möchte, wäre ich dankbar, wenn wir die Kooperation zunächst auf ›unsensible‹ Bereiche kurzfristig beschränken.« Mit unsensiblen Bereichen meinte Maschmeyer kleinere, aber erlaubte Geschäfte: Der AWD-Chef wollte den offenbar zugesagten Betrag für eine Kooperation nun über Frei- und VIP-Karten für »Wetten, dass …?« abstottern. Als offiziellen »Presenter« der Sendung allerdings konnte Maschmeyer sich seinen AWD weiterhin vorstellen.

Das Schreiben entbehrte jener Begeisterung, die sich zuvor aus der Hoffnung auf »Werbung im nicht werblichen Teil« gespeist hatte. Anders als in früheren Briefen an den Bruder des Entertainers klang Maschmeyer ein wenig desillusioniert. Der AWD-Chef wusste an diesem 6. Oktober, dass sein Unternehmen in Zukunft mehr denn je um ein gutes Image kämpfen musste. Hinter ihm lagen nämlich jene drei Tage mit aufreibenden Vorstandssitzungen und der Entscheidung, die Gewinnwarnung zu veröffentlichen. Der Finanzvertrieb befand sich also ohnehin »in schwierigem Fahrwasser«.

Die Vermarktung der Erinnerungen Gerhard Schröders mochte Carsten Maschmeyer in diesen Wochen ablenken. Für die Autobiographie des Altkanzlers, dessen Rechte Maschmeyer erstanden hatte, interessierten sich in diesen Wochen bereits eine Reihe von Verlagen. Überhaupt war Schröder nun als Ex-Kanzler ein gefragter Mann. Wie aber konnte man dessen Auftritte künftig professionell vermarkten? Wer würde das Honorar mit Unternehmen aushandeln, die ihre Veranstaltung mit dem früheren deutschen Bundeskanzler schmücken wollten? Maschmeyer machte sich Gedanken. Das führte ihn wieder zu Christoph Gottschalk.

Der umtriebige Geschäftsmann hielt es nämlich offenbar für lukrativ, den Redner Schröder in Deutschland zu vermitteln, und wollte der New Yorker Redner-Agentur Harry Walker Agency nicht alle Auftritte des Altkanzlers überlassen. Maschmeyer war ihm behilflich. Am 28. November 2005 schrieb er Gottschalk: »Deine Idee, Bundeskanzler a. D. Gerhard Schröder für bestimmte Veranstaltungen als Teilnehmer oder VIP-Redner einzuplanen, ist sicher sehr interessant. Ein Fax oder Anruf genügt, und ich werde dieses dann mit seiner Mannschaft und der wahrscheinlich hauptverantwortlichen Agentur erörtern und schnell reagieren.«

Maschmeyer klingt in dem Schreiben bereits wieder heiter und zukunftsfroh. Der Grund dafür steht ebenfalls in dem Brief von Ende November. Maschmeyer hatte gerade mit Christoph Gottschalk telefoniert und hielt nun feierlich fest: »Es ist für uns eine Freude und Ehre, dass Du uns die namentliche Erwähnung in vier der nächsten sechs ›Wetten, dass ...?‹-Sendungen zugesagt hast.«

Maschmeyers Plan, die Bekanntheit und Beliebtheit des AWD durch Erwähnung in der großen Samstagabendshow systematisch steigern zu lassen – nun schien er sich doch noch fortzusetzen: Maschmeyer konnte sich die Erwähnung seiner Firma kaufen. Und Christoph Gottschalk hatte ihm dabei sogar Rabatt gewährt. Maschmeyer schrieb ihm: »Vielen Dank außerdem für das Entgegenkommen, dass sich die Summe dafür von 1 Mio. auf 750 000,– Euro reduziert.«

Das Jahr 2005 neigte sich, der Advent begann. Carsten Maschmeyer persönlich blickte auf ein finanziell gutes Jahr zurück. Er hatte ja mit seiner Familie durch Aktienverkäufe 235 Millionen Euro eingenommen. Der AWD hingegen war nach dem Deal an der Börse schwer gebeutelt worden. Eine Investition in das Image des Finanzvertriebs kam daher genau zur richtigen Zeit. Und dann gewährte Christoph Gottschalk für die Schleichwerbung auch noch 25 Prozent Rabatt. Vier Erwähnungen bei »Wetten, dass …?« für 750 000 Euro: Maschmeyer wollte diese Zusage unverzüglich schriftlich fixiert haben und dankte Gottschalk »im Voraus für die Übersendung eines modifizierten Vertrages«. Zum Vollzug des Deals kam es allerdings nicht. Der AWD wurde in den folgenden Sendungen nicht genannt.

9.
Multitasking
AWD-Verkauf, Weltstars in Hannover und eine neue Liebe

Am 19. Oktober 2007 ging in der Staatsanwaltschaft Hannover eine Anzeige ein. Absender war der Rechtsanwalt Jascha Alleyne von der Hamburger Sozietät Creon. Die Kanzlei residierte am Ballindamm, direkt an der Innenalster.

»Im Auftrag und Vollmacht eines Mandanten, welcher nicht namentlich genannt zu werden wünscht, erstatten wir Anzeige gegen Vorstände bzw. ehemalige Vorstände der AWD Holding AG«, schrieb Rechtsanwalt Alleyne. Der Vorwurf lautete: Der AWD habe Geschäftszahlen geschönt und trotz drohender Gerichtsverfahren keine größeren Rückstellungen für die Entschädigung früherer Kunden gebildet. Es gehe auch um »aktive Verschleierung und Falschdarstellung der Geschäftstätigkeit des AWD«.

Der Anzeigensteller glaubte belegen zu können, dass die AWD-Spitze über Jahre verheimlicht habe, wie sehr die Vermittlung geschlossener Immobilienfonds das Unternehmen nachträglich belastete. Der 33-seitigen Anzeige legte er einen Ordner voller AWD-interner Dokumente bei, unter anderem eine »Auswertung der gerichtlichen und außergerichtlichen Ansprüche gegen den AWD«. Der anonyme Mandant, der hinter der Anzeige steckte, schien exzellente Kontakte bis in die Führungsebene des Unternehmens zu haben.

Auch wenn die Vorwürfe letztlich nicht zu Ermittlungen führten – für Carsten Maschmeyer kamen sie zu einem besonders ungünstigen Zeitpunkt. Sechs Kilometer vom Sitz der Staatsanwaltschaft Hannover entfernt, nämlich in der Zentrale des AWD, startete etwa zu diesem Zeitpunkt eine geheime Operation. Nur wenige Eingeweihte wussten davon. Nach dem geglückten Deal im März 2005, der ihm und seinen Söhnen 235 Millionen Euro eingebracht hatte, plante Maschmeyer still und leise den zweiten großen Schlag: Er wollte weitere Anteile an dem Unternehmen, das er bei passender Gelegenheit als sein »Lebenswerk« bezeichnete, zu Geld machen. Carsten Maschmeyer wollte nun auch einen Großteil der AWD-Aktien verkaufen, die er noch selbst direkt oder über seine Familie hielt.

Der AWD war im Herbst 2007 ein brüchiger, in Teilen abgewrackter Finanzvertrieb. Altlasten aus Jahren, in denen geschlossene Immobilienfonds gewaltige Provisionen eingespielt hatten, drückten das Unternehmen. Der Laden war toxisch geworden. Und das vielgepriesene Geschäft in Osteuropa boomte überwiegend in Präsentationen.

All das sollte niemand wissen. Eine Anzeige aber, die sich intensiv mit der Dreiländerfond-Vergangenheit des AWD auseinandersetzte und deren Folgen für das Unternehmen bemaß, musste unbedingt stören. Ein Gerichtsverfahren konnte Zahlen und Fakten öffentlich machen, die Käufer abschreckten, zumindest erheblich den Preis drückten.

Carsten Maschmeyer vertraute in den Wochen der Entscheidung kaum jemandem. Einige Mitarbeiter in der AWD-Zentrale in Hannover weihte er allerdings ein; er benötigte sie, um seinen Plan umzusetzen. Diese Kollegen mussten eine Verschwiegenheitserklärung unterzeichnen und erfuhren dann im November 2007 vom Kaufinteresse einer großen Versicherung: Die Swiss Life beabsichtige, sich am AWD zu beteiligen. Der einst staatliche Schweizer Konzern hatte gerade sein Geschäft in Belgien und Holland für 2,5 Milliarden Franken verkauft. Die Aktionäre erwarteten nun neue Investitionen. Die Gelegenheit für Carsten Maschmeyer war günstig.

Der AWD-Chef wollte in den Verhandlungen vor allem drei Punkte durchsetzen. Der Name AWD sollte erhalten bleiben. Ebenso wichtig war ihm das, was Maschmeyer all die Jahre immer als Unabhängigkeit ausgegeben hatte: Der AWD sollte weiterhin Finanzprodukte unterschiedlicher Herkunft vermitteln dürfen, sein Portfolio nicht auf Produkte des neuen Mehrheitsaktionärs verengen müssen. Maschmeyer wollte, drittens, auf jeden Fall Vorstandsvorsitzender des AWD und damit das Gesicht des Unternehmens bleiben.

Als kompliziert stellte sich dabei die Besitzstruktur heraus: Carsten Maschmeyer wollte als Großaktionär und mit ihm wollten auch noch Angehörige seiner Familie in großem Umfang Anteile des Unternehmens verkaufen. Doch gleichzeitig sollte Maschmeyer als Chef über die künftige Zusammenarbeit mit den neuen Besitzern verhandeln. Zudem wollte er die Geschicke des Unternehmens auch in Zukunft lenken. Es war folglich einiges auseinanderzuhalten. Das Geschäft barg im Detail viele Fallstricke. Es war im Übrigen von einem derartig großen Volumen, dass Maschmeyer sich Sachverstand von außen holte. Er vertraute auf die Kompetenz der Juristin Daniela Weber-Rey, die Partnerin der Anwaltskanzlei Clifford Chance war.

Maschmeyer konnte viel gewinnen, aber auch einiges verschenken. Über die Steuer etwa ließen sich bei bestimmten Besitzkonstruktionen innerhalb der Familie hohe Summen einsparen. Daniela Weber-Rey war auf Kapitalmarktrecht spezialisiert und kannte sich hier bestens aus. Auch bei den Verhandlungen mit den gestandenen Schweizer Versicherungsmanagern wusste der AWD-Chef die Anwältin gerne in seiner Nähe.

Bei der Swiss Life oblag es Manfred Behrens, den Deal einzufädeln. Behrens, ein deutscher Staatsbürger, hatte lange bei der Mannheimer Versicherung und dann als Vertriebschef der Volksfürsorge gearbeitet. Seit 2004 verantwortete er das Deutschland-Geschäft der Swiss Life. Maschmeyer kannte er bestens, der AWD vertrieb ja auch Produkte der Swiss Life. Kollegen, die eng mit Behrens zusammenarbeiteten, beschreiben ihn als eher gemütlichen denn schneidigen Typen. Um ihn herum habe Behrens es gern harmonisch gehabt. Gute Stimmung sei ihm immer wichtig gewesen.

Gute Stimmung zu machen, darauf verstand sich Carsten Maschmeyer. Und gute Stimmung brachte bei ihm auch das Ambiente. Der AWD-Chef mietete für die Verhandlungen eine Suite im Hotel Dolder Grand in Zürich. Der englische Architekt Sir Norman Foster hatte das schlossähnliche, Ende des 19. Jahrhunderts erbaute Gebäude oberhalb des Zürichsees nach alten Bauplänen renovieren lassen.

Hier, in einem der spektakulärsten Hotels der Schweiz, empfing Carsten Maschmeyer die Delegationen der Swiss Life. Die Suite, die er für die Treffen auswählte, war meistens die teuerste.

Neben Manfred Behrens nahm von Schweizer Seite zuweilen auch Rolf Dörig an den Verhandlungen teil, der Präsident der Konzernleitung der Swiss Life. Dörig hatte Jura studiert, die Harvard Business School absolviert und bei der Swiss Life 2002 die Position übernommen, die in Deutschland dem Vorstandsvorsitz entspricht. Allerdings steht in der Schweiz hinter der Konzernleitung noch der Präsident des Verwaltungsrates, der einem deutschen Aufsichtsratsvorsitzenden vergleichbar, aber mit deutlich mehr strategischer Kompetenz ausgestattet ist.

Wenn Maschmeyer an Swiss Life verkaufen wollte, reichte es nicht, Manfred Behrens zu überzeugen. Auch Rolf Dörig musste hinter dem Geschäft stehen und es dann beim Ver-

waltungsrat der Swiss Life durchsetzen. Und Dörig, blond-
grauer Seitenscheitel, alert, zwei Jahre älter als Maschmeyer
und äußerlich dem ZDF-Moderator Claus Kleber ähnlich,
wirkte nicht wie einer, den man leicht um den Finger wickelt.
Wie viele Schweizer Manager trat er selten laut auf, war sich
seiner Macht aber durchaus bewusst.

Während der wohl wichtigsten Verhandlungen seiner Karriere verließ Maschmeyer sich auf das Talent, das ihm bisher
noch niemand in Abrede gestellt hatte: Ob bei Gesprächen in
der AWD-Zentrale in Hannover oder im Besprechungsraum
der Suite im Dolder Grand, der Unternehmer verbog sich
nicht und agierte wie ein echter Versicherungsvertreter – er
redete vor den Schweizer Versicherungsmanagern sein Unternehmen groß. Er hielt Präsentationen, zeigte Charts. Er
argumentierte, umgarnte. Die Zahlen seines Unternehmens
kannte er – und verstand vor allem, geschickt damit umzugehen.

Maschmeyer hatte schnell durchschaut, dass die Führung
der renommierten Schweizer Versicherung sich nach einer
starken Vertriebsmannschaft sehnte. Außerdem wollte sie
das Geschäft ihrer Versicherung geographisch ausweiten.
Hörte man den AWD-Chef in jenen Wochen reden, fiel deshalb der Name »Österreich« eher selten. Maschmeyer sprach
von »AWD Osteuropa« und vom »Wachstumsmarkt Osteuropa«. Den Finanzmarkt in Ländern wie der Tschechischen
Republik oder in Polen beschrieb er als Versprechen auf eine
goldene Zukunft. Österreich war auf der AWD-Landkarte
stets dem »Wachstumsmarkt Osteuropa« zugeschlagen. Das
lag nicht an geographischen Erwägungen: Ohne die starken
Umsatzzahlen aus dem Nachbarland hätte selbst dem Ver-
kaufsmagier Maschmeyer niemand die Illusion des osteuropäischen Wachstums abgenommen. In Wirklichkeit nämlich
waren die Strukturen, die der AWD in Ländern wie Polen,

Ungarn, Slowenien und der Slowakei vorweisen konnte, noch ziemlich dünn. Sie deuteten keineswegs darauf hin, dass das Unternehmen hier kurz davor stand, den Finanzmarkt zu erobern.

Mit der Erzählung vom Wachstumsmarkt Osteuropa gelang es Maschmeyer, die Sehnsüchte der potenziellen Käufer zu wecken. Die Swiss Life biss an, und am 3. Dezember 2007 hob Rolf Dörig vor Investoren und Journalisten ausdrücklich auf den Zugang zu osteuropäischen Wachstumsmärkten ab. »Die Swiss blickt nach Osten«, schrieb tags darauf der »Tages-Anzeiger«. Die »Basler Zeitung« berichtete: »AWD soll vor allem im Osten neue Kunden bringen«.

Swiss Life ging es nicht nur darum, sich am AWD zu beteiligen. Der Konzern plante mittelfristig die komplette Übernahme. Das war ganz im Sinne Maschmeyers – es sollte nur erst einmal nicht so deutlich werden. Zunächst kaufte die Swiss Life von Maschmeyer 20 Prozent der AWD-Aktien. Maschmeyer und seine Familie kassierten dafür 230 Millionen Euro – fast genauso viel wie im März 2005. Auch diesmal glückte dem AWD-Chef ein sehr gutes Geschäft: Der Preis lag 30 Prozent über dem notierten Börsenwert. Er selbst und seine Familie besaßen danach nur noch elf Prozent der AWD-Anteile. Für diesen Rest sicherte sich die Schweizer Versicherung eine Kaufoption. Weil sie ohnehin bereits 5,4 Prozent der AWD-Aktien besaß, stieg sie zum Hauptaktionär auf.

Was für einen Partner sie erworben hatte, wie der Vorstandsvorsitzende tickte und wie es um den AWD wirklich stand, schienen die Vorstände der Swiss Life nicht durchschaut zu haben.

Losgeworden war die Swiss Life Maschmeyer vorerst nicht. Der Unternehmer stand, wenn auch bald darauf ge-

meinsam mit Manfred Behrens, weiterhin an der Spitze des
Finanzvertriebs. Aus Sicht der Swiss Life war das ein Vorteil – in den ersten Wochen nach der Übernahme. Da brauchte die Versicherung Maschmeyer noch, um die AWD-Berater
bei der Stange zu halten. Das Unternehmen war ja abhängig
vom Einsatz seiner Vertreter. Nur wenn die mehr als 6000
Mitarbeiter hochmotiviert und überzeugt loszogen und immer neue Kunden für den AWD gewannen, kamen Provisionen in die Kasse. Und die meisten der formal selbständigen
Handelsvertreter konnten ja auch jederzeit zur Konkurrenz.
Es bedurfte der Zuwendung, um sie emotional zu binden –
erst recht an Tagen wie am 3. Dezember 2007.

Schon am Morgen gingen mehr E-Mails als gewöhnlich in
der AWD-Zentrale in Hannover ein. Den Großteil der Zu-
schriften hatten Vertriebsmitarbeiter geschickt. An diesem
Montagmorgen hatten sie erfahren, dass Carsten Maschmeyer
seine AWD-Anteile verkaufen würde.

Ein AWD-Vertreter aus dem Bergischen Land meldete sich
bereits um 9.46 Uhr. Schon in der Betreffzeile stellte er jene
Frage, die auch viele andere AWD-Verkäufer umtrieb: »Muss
ich mir Sorgen um die Unabhängigkeit machen?« Die E-Mail
landete schließlich beim Assistenten des Geschäftsführers
von AWD Deutschland. Der Assistent versuchte zu beruhigen. Die Unabhängigkeit werde auch in Zukunft nicht beein-
trächtigt, schrieb er zurück, und: »Ich würde Ihnen gerne
mehr sagen, aber wir wissen auch nicht mehr.«

Im Laufe des Montags und an den nächsten Tagen schilderten viele Mitarbeiter, was sie bedrückte. Für manche hatte
der Verkauf, so formulierte es eine Führungskraft aus Köln,
die »eigene Zukunft von heute auf morgen in Frage gestellt«.
Die Unabhängigkeit, die der oberste Chef immer betont
hatte, hielten sie tatsächlich für unverzichtbar. »Das Gefühl,
zukünftig für eine Versicherung zu arbeiten, erfüllt mich mit

Übelkeit«, schrieb der AWD-Manager aus Köln. »Ich habe auch Ihren Traum von der Unabhängigkeit gelebt.« Sein »Grundvertrauen« sei »gebrochen«. Noch vor drei Wochen »haben Sie einen Vortrag über Unabhängigkeit und positive Geisteshaltung bei uns in Köln gehalten«, warf er Maschmeyer vor, »wie sollen wir positiv denken und an Unabhängigkeit glauben?«

Carsten Maschmeyer befand sich an jenem Montag erst einmal in Zürich. Fast 20 Jahre lang hatte er den AWD als »unabhängigen Finanzoptimierer« positioniert, der nicht wie viele Konkurrenten jeweils den Produkten des eigenen Konzerns verpflichtet war. Unabhängigkeit bedeutete, theoretisch: ein Zugriff auf die Angebote aller Versicherungen und Banken, die beste Auswahl für den Kunden, die beste Versicherung, die beste Geldanlage, die beste Privatrente. Dass seine Vertriebsleute nach Provisionen bezahlt wurden und es für sie, ihre Vorgesetzten und für Maschmeyer selbst lukrativer war, einen riskanten Immobilienfonds zu vermitteln als einen Sparplan der örtlichen Volksbank, hatte der AWD in seinen millionenschweren Marketingkampagnen nie verbreitet. Unabhängig, das klang ja fast wie unparteiisch. Als sei der AWD ein Tochterunternehmen der Stiftung Warentest.

Und nun verlor der AWD diese Unabhängigkeit. Das Unternehmen veränderte sein Image fundamental, verstörte und verängstigte dadurch viele Mitarbeiter.

Für ein Verkäufertalent wie Carsten Maschmeyer bedeutete diese Situation die wohl größte denkbare Herausforderung: Gestern, vorgestern und vorvorgestern hatte er Tausenden Menschen, die im Namen des AWD Finanzprodukte vermittelten, den hohen Wert der Unabhängigkeit von Großkonzernen eingebimst. Nun musste er ihnen genau das Gegenteil erzählen. Und die Vertriebsmitarbeiter mussten ihm folgen.

Statt abzuspringen, sollten sie Motivation schöpfen, trotz der neuen Abhängigkeit von Swiss Life. Der AWD war ja auch als Vertriebsorganisation eines Versicherungskonzerns weiterhin auf all jene angewiesen, die ausschwärmten und direkt mit den Kunden Geschäfte abschlossen.

Nach der Veranstaltung in Zürich flog Maschmeyer zurück nach Hannover. Dort wollte er mit Hilfe einer Pressekonferenz erreichen, dass der Verkauf zugunsten des AWD interpretiert werden würde. Die Botschaft, die Maschmeyer verkündete, drängte sich nicht gerade auf: Obwohl der Chef im großen Stil Anteile an einen Konzern im Ausland verkauft hatte, würde der AWD unabhängig bleiben. Viele Wirtschaftsjournalisten mochten Maschmeyers Argumentation nicht folgen. »AWD gibt Unabhängigkeit auf«, titelte die »Welt«. »Ob der AWD der unabhängige Finanzberater bleibt, als der das Unternehmen groß wurde, ist trotz aller gegenteiligen Beteuerungen der Beteiligten zweifelhaft«, fand die »Financial Times Deutschland«.

Die Unruhe unter den Mitarbeitern wuchs durch solche Sätze. Maschmeyer zog es deshalb an den Ort, den man in einer politischen Partei als »die Basis« bezeichnet: Möglichst schnell besuchte er möglichst viele AWD-Vertreter. Seit jeher hatte er erfolgreich von Angesicht zu Angesicht kommuniziert, zuerst die Kunden und dann seine Dutzende, Hunderte, schließlich Tausende Verkäufer direkt überzeugt. Nun war die Lage diffizil wie nie zuvor, und Maschmeyer ging wieder »auf Roadshow«. So nannte man es in der AWD-Zentrale, wenn der Chef Mitarbeiter in verschiedenen Regionen zu Konferenzen zusammenrufen ließ und dort auftrat. Zuletzt war es bei solchen Veranstaltungen um den bestmöglichen Profit mit Riester- und Rürup-Renten gegangen, auch um mögliche Abwerbeversuche des neuen Finanzvertriebs

Formaxx. Seinen Leuten hatte er damals gesagt, der AWD bleibe auf immer und ewig unabhängig. Nun verkaufte er denselben Mitarbeitern die Aufgabe der Unabhängigkeit als Fortschritt.

Maschmeyer sprach vor Tausenden AWD-Vertriebsmitarbeitern und auf Versammlungen der Tochtergesellschaften tecis und Horbach. Er zitierte Passagen aus dem Übernahmevertrag. Er ließ als eine Art Kronzeugen den Swiss-Life-Manager Manfred Behrens auftreten, mit dem er die Übernahme eingefädelt hatte. Und er bewies, dass er es nicht verlernt hatte, Menschen ein X für ein U vorzumachen. In einem Unternehmen voller Leute, die gut reden konnten, war der Chef immer noch der beste Redner.

Mal trat Maschmeyer geradezu staatsmännisch auf und im nächsten Moment wieder, als habe er selbst gerade erst vom Verkauf erfahren und sei ebenso betroffen wie seine Zuhörer. Maschmeyer gab sich wie ein Mensch mit großen Emotionen, den seine Entscheidung zutiefst rührte. Er wolle den AWD auch von ihm selbst unabhängig machen, falls ihm mal etwas zustoße, ließ er seine Zuhörer wissen. Das Wort Übernahme vermied er, sprach stattdessen von einer »strategischen Partnerschaft«, mit der das Unternehmen die nächste Stufe erklimme. »Eine reiche Tante in der Schweiz ist besser als ein armer Onkel«, rief Maschmeyer in die angemieteten Hotelsäle.

Er gab auch darauf acht, dass die reiche Tante sich gegenüber den AWD-Mitarbeitern nicht im Ton vergriff. Als der Swiss-Life-Vorstand Manfred Behrens und der Vorstandsvorsitzende Rolf Dörig einen Brief an AWD-Führungskräfte schreiben sollten, schickte Maschmeyer ihnen kurzerhand vorab einen Entwurf. Er wusste, dass die Swiss-Life-Führung derlei Eifrigkeit als Geringschätzung oder als unbotmäßige Einmischung empfinden konnte. Deshalb bat er Behrens am 5. Dezember 2007 schriftlich darum, den Entwurf »nicht als Anmaßung zu verstehen«. Maschmeyer fügte allerdings in diesem Brief noch einige Sätze hinzu: »Es wäre hervorragend, wenn ein Schreiben dieser Art, in dem die Gefühle und Emotionen des Vertriebes berücksichtigt werden, bald freigegeben werden könnte und nicht ein völlig technisches, juristisches Schreiben, das erst sehr viel später bei den Mitarbeitern ankommt.« Der AWD-Chef machte zum einen Dampf, wollte keine Zeit verlieren. Zum anderen war er offenbar nicht davon überzeugt, dass den Vorständen des Versicherungskonzerns die richtige Ansprache der AWD-Leute gelingen würde. Zumindest hielt er es für möglich, dass diese ein technisches, emotionsfreies und damit kontraproduktives Schreiben verfassten.

Der Swiss-Life-Vorstand Manfred Behrens nahm nicht an jeder Veranstaltung der Roadshows teil. Wenn Maschmeyer allein auf der Bühne stand, konnte er offener sprechen. Swiss Life brauche die Kompetenzen des AWD, sagte er dann, der Einfluss des AWD auf die Versicherung sei daher immens. Letztlich behalte der AWD seine Unabhängigkeit. Und der Kapitän, damit meinte er sich selbst, bleibe auch an Bord.

Die Reaktionen auf die Auftritte in Leipzig und Bochum, Wiesbaden, Berlin und anderen Städten erreichten Maschmeyer bald. »Wir vertrauen Ihnen voll und ganz«, schrieb ein AWD-Manager aus dem Emsland. Ein Teamleiter aus dem Harz äußerte sich ähnlich: »Nach Ihren persönlichen Ausführungen heute weiß ich, dass nicht nur alles gut ist, sondern ich bin fest davon überzeugt, dass es mit Ihnen an der Spitze der Bewegung der Unabhängigen in Zukunft noch besser werden wird.«

Dass Carsten Maschmeyer in seinen Reden auf die Absichten der Konkurrenten einging, nahm ein AWD-Teamleiter aus dem Bergischen Land auf: »Offensichtlich gibt es nach wie vor ja Personen, die unserem AWD an den Kragen wollen. Nun, in solchen Zeiten muss man zusammenstehen, und das möchte ich Ihnen hiermit zusagen.« Auch die Frauen erreichte Maschmeyer bei seinen Auftritten offensichtlich. »Ich bin seit fast 17 Jahren beim AWD, und heute bin ich wieder sehr stolz darauf«, mailte eine Vertriebsmitarbeiterin aus Thüringen. Ein Teammanager aus Norddeutschland, der Maschmeyer offenbar näher kannte, versprach: »Ich bleibe an Deiner Seite und gehe mit Dir in die Hölle und zurück.«

Fast ausnahmslos Bekundungen von Lob, Dank und Treue gingen beim AWD-Chef ein. Carsten Maschmeyer mit einem Sektenführer zu vergleichen wäre übertrieben, doch manche Sätze seiner Mitarbeiter erinnern in ihrer Untertänigkeit, Gläubigkeit und auch in ihrer Unbedingtheit an Menschen, die einem Guru verfallen sind. »Was Sie leisten, können wohl nur die wenigsten Menschen erahnen, ich gönne Ihnen viele Milliarden Euro«, mailte ein AWD-Handelsvertreter aus Nordrhein-Westfalen. Der Mann wusste, dass Mitarbeiter wie er als Geschenk für zehnjährige Zusammenarbeit eine AWD-Uhr erhielten, und schrieb weiter: »Ich zähle nur noch die Meetings bis zu meinem zehnjährigen AWD-Jubiläum: noch 28 Meetings. Ich glaube, mit dieser AWD-Uhr werde ich sogar schlafen gehen.« Die »100-Euro-Goldmünze«, offenbar ein bereits erhaltenes Geschenk, habe er täglich in seiner Tasche, fügte der Vertriebsmitarbeiter hinzu und: »AWD verdanke ich Persönlichkeitsentwicklung ohne Ende.« Er wünschte Carsten Maschmeyer »in dieser schweren Zeit viel Kraft und Gottes Segen. Sie sind für mich der Größte!!! Meine Kinder (5 und 3 Jahre) sprechen ganz oft von Ihnen – die beiden denken, Sie sind der liebe Gott, dem alles auf der Welt gehört.«

Schreiben wie diese waren keine Ausnahme in den Wochen vor Weihnachten. Aus Berlin mailte nach einem Auftritt des

AWD-Chefs ein Zuhörer, was ihm anschließend widerfahren war: »Als ich heute auf dem Heimweg so grob realisiert hatte, was Sie uns in Ihren Botschaften übermittelt haben, so überkam es mich, und ich rief im Auto laut: Das ist doch ein Märchen. Wo gibt es heute noch so etwas, dass sich ein Unternehmer so aufopferungsvoll mit all seiner Leidenschaft und seinem Talent dafür einsetzt, dass es in kritischen Phasen auch um die Mitarbeiter und deren Zukunft und nicht nur um die eigenen Vorteile geht?«

Dann kam Weihnachten. Carsten Maschmeyer verschnaufte kurz, widmete sich im Januar weiterhin mit Verve der Aufgabe, seine Mitarbeiter nach dem faktischen Verlust der Unabhängigkeit beim AWD zu halten. Das Unternehmen verlor in der Folge dennoch zahlreiche Berater, nach Schätzungen damaliger Mitarbeiter 150 bis 300. Ein Rückgang der Vertriebsmitarbeiter in dreistelliger Höhe bedeutete, dass der Umsatz spürbar sinken würde. Börsenanalysten hielten solche Zahlen gewöhnlich für alarmierend. Maschmeyer musste gegensteuern, und das tat er gleich zu Beginn des Jubiläumsjahres 2008.

Er nutzte dafür die drei sogenannten Jahresauftaktveranstaltungen des AWD in Deutschland, Österreich und der Schweiz. Maschmeyer konnte hier auf die Schnelle zu rund 4000 Mitarbeitern sprechen. Manfred Behrens von der Swiss Life begleitete ihn. Vor dem ersten Termin sah Maschmeyer noch Behrens' Redetext durch und schlug Änderungen und kleine Einschübe vor. Dann stellten sie sich gemeinsam vor die Finanzverkäufer, redeten und redeten und beantworteten Fragen.

Am 17. Januar 2008, nachdem die beiden in den drei Ländern gesprochen hatten, setzte Maschmeyer begeisterte Zeilen an Rolf Dörig auf, den Präsidenten der Konzernleitung der Swiss Life. Die Veranstaltungen seien »hervorragend gelaufen«, ließ Maschmeyer Dörig wissen. 4000 Menschen seien »erfolgreich von dem Sinn und den Chancen unserer strategischen Partnerschaft überzeugt« worden. »Herr Behrens hat mit den richtigen Worten Ihr Haus vorgestellt«, lobte Maschmeyer. Gleichwohl bestehe »natürlich noch eine abwartende und etwas skeptische Haltung bei den Vertrieblern, ob wir jetzt gemeinsam auch das Motto ›Promised-and-Delivered‹ leben«.

Auch Worte des Dankes fand Maschmeyer gegenüber dem Swiss-Life-Chef. »Mir persönlich haben Ihre freundlichen SMS-Zeilen vor und zu Weihnachten wirklich gutgetan. Vor allem die Worte: ›Machen Sie sich keine Sorgen, ich habe Verständnis für Sie!‹, haben mir zusätzliche Kraft und Überzeugung gegeben, mich – wie ich es Ihnen versprochen habe – voll einzusetzen.«

Bei Worten beließ Maschmeyer es aber wie so oft nicht. Der AWD werde in diesem Jahr ja 20 Jahre alt, schrieb er Dörig weiter, und da habe er sich erlaubt, »Ihnen für diese Zeitreise als Symbol und Glücksbringer für die gemeinsame Zukunft eine kleine Kollektion aus dem Hause Rothschild zu schenken«. Wie einst den deutschen Bundeskanzler, so beschenkte er nun den Chef des Schweizer Großaktionärs mit feinsten Weinen. »Das Besondere an diesem Mouton ist«, erklärte Maschmeyer zu dem Produkt des prominenten Weinguts bei Bordeaux, »dass jedes Jahr ein anderer Künstler das Etikett gestaltet.« Dörig erfuhr, dass im Gründungsjahr des AWD Keith Haring die Weinflasche veredelt hatte und später auch Prinz Charles künstlerisch tätig geworden war. Der New Yorker Pop-Art-Künstler und der englische Thronfolger als Etiketten-Designer – in Maschmeyers Welt, das lernte nun auch der Konzernchef Dörig, ging es immer noch ein bisschen exklusiver.

Maschmeyer präsentierte sich in seinem Brief an Rolf Dörig auf zweierlei Arten. Einerseits verschenkte hier ein steinreicher Mann Spitzenweine. Das war eine Geste der Großzügigkeit, zugleich aber auch die Demonstration finanzieller Potenz. Die Weine für die Jahre 2005, 2006 und 2007, die noch nicht eingefüllt waren, würden übrigens nachgeliefert, versprach Maschmeyer.

Neben Döring bekam an diesem 17. Februar auch der Swiss-Life-Vorstand Manfred Behrens Wein von Carsten Maschmeyer geschickt. Der AWD-Chef lobte in dem Begleitschreiben noch einmal Behrens' Reden vor den Mitarbeitern des Finanzvertriebs: »Aus meiner Sicht hat noch nie ein CEO einer Versicherung oder Bank in Deutschland bei uns so performt.« Maschmeyer beschwor nicht weniger als historische Bedeutung: »Ich bin stolz und dankbar über Ihre Initiative, die unsere gemeinsame Idee, den Markt zu verändern und Geschichte in unserer Branche in Deutschland und in der ganzen Welt zu schreiben, entwickelt hat.« Bei der Auswahl der Weine hatte ihn ein Sommelier des hoch dekorierten Schweizer Restaurants ›Chesery‹ in Gstaad beraten. Auch das teilte Maschmeyer Behrens mit.

Zur Swiss-Life-Spitze zählte allerdings noch ein Manager, dessen Wohlwollen Maschmeyer in Zukunft nützlich sein konnte: Bruno Gehrig, ein renommierter Banker, der einige Jahre lang auch eine Professur für Wirtschaftswissenschaften innegehabt hatte, präsidierte dem Verwaltungsrat des Konzerns. Von diesem Posten aus mischte Gehrig sich nicht in das Tagesgeschäft ein, sprach aber bei Entscheidungen von Bedeutung durchaus mit. Maschmeyer bedachte auch Bruno Gehrig. Er habe ihm einen »großen Wein« aus dem Gründungsjahr von AWD ausgewählt, schrieb er dem Banker. Nach diesem Präsent kamen sich Maschmeyer und Bruno

Gehrig offenbar näher. Zwei Monate später jedenfalls duzte Maschmeyer den Verwaltungsratsvorsitzenden der Swiss Life. Der Schweizer war nach Hannover gereist, hatte dort die AWD-Zentrale angeschaut und sich dann mit Maschmeyer zum Essen getroffen. Zu diesem Termin hatte Maschmeyer auch den früheren deutschen Bundeskanzler Gerhard Schröder eingeladen. »Den Abend mit Dir und Gerd habe ich sehr genossen. Ich bin sehr, sehr froh, dass wir dieses kleine Kellermahl gemeinsam einnehmen konnten«, schrieb Maschmeyer Gehrig Mitte März 2008 – und schenkte ihm erneut Wein. »Hoffentlich denkst Du jetzt nicht, dass wir ein ›Saftladen‹ sind, weil es nur Traubensaft gab«, schrieb Maschmeyer launig. »Da wir als unabhängiger Berater mit einer breiten Auswahl ja für Best Select stehen, habe ich Dir den favorisierten Premium-Wein des Abends nochmals zur Erinnerung beigefügt.«

Großzügige Weingeschenke, höfliche Briefe und zuweilen ein Mahl mit dem früheren deutschen Bundeskanzler: So ging Maschmeyer mit den wichtigsten Männern des Swiss-Life-Konzerns um. Gehrig, Dörig, Behrens waren in der Schweizer Finanzwelt Namen von Bedeutung. Maschmeyer hatte die drei Manager zuerst überzeugt, eine sehr hohe Summe für seine und die AWD-Aktien seiner Familie zu bezahlen. Nun, nachdem er von der Swiss Life für AWD-Anteile etliche Millionen Euro sicher hatte, erwies er sich als charmanter, generöser und keineswegs lautsprecherischer Geschäftspartner. Zu geselligen Anlässen brachte Maschmeyer sogar Politprominenz aus Deutschland mit und schmückte damit sich selbst, aber auch die ganze Runde. In dem Brief an Bruno Gehrig schrieb er: »Schon heute freuen wir uns auf den Besuch im besten Schweizer Restaurant in Lausanne. Ich werde mir erlauben, kurzfristig Terminvorschläge zu offerieren, an denen auch Gerd Schröder Zeit hätte.« Carsten Masch-

meyer hatte in den vergangenen zehn Jahren einiges auf das
Beziehungskonto Schröder eingezahlt. Es warf immer noch
Zinsen ab.

Rolf Dörig wechselte im Mai 2008 in den Verwaltungsrat
der Swiss Life und 2009 an die Spitze dieses Gremiums. So
behielt er Einfluss. Als CEO des Konzerns rückte das Vor-
standsmitglied Bruno Pfister nach. Pfister hatte lange für die
Unternehmensberatung McKinsey gearbeitet und galt in
Bankenkreisen nicht als Schwergewicht. Den Kauf des AWD
hatte er unterstützt. Von ihm, so konnte Maschmeyer annehmen, ging erst einmal keine große Gefahr aus.

Maschmeyer kümmerte sich beim AWD weiterhin emsig um
das Tagesgeschäft. Er ließ sich nun als »Gründer, Großaktionär und Vorstandsvorsitzender von AWD« bezeichnen, etwa
in der firmeninternen »Februar News«, wo er unter der
Überschrift »Unsere Zeit ist jetzt erst richtig gekommen!«
Stimmung machte. Formal hatte zwar sein damaliger Schwager den AWD zwar gegründet. Aber wer wollte ihm wider-
sprechen?

Die Staatsanwaltschaft Hannover hatte inzwischen die Anzeige der Hamburger Anwaltskanzlei geprüft und danach
offenbar keine Ermittlungen eingeleitet.

Bei einer anderen juristischen Auseinandersetzung kam es
hingegen sogar zu einem Urteil. Reinfried Pohl, Chef und
Gründer des großen Konkurrenten DVAG, hatte jahrelang
und zu seinem Missfallen beobachten müssen, dass der AWD
sich als »unabhängiger Finanzdienstleister« und als »unabhängige ganzheitliche Finanzberatung« präsentierte. Diese
Botschaft, nicht einem einzigen Konzern verpflichtet zu sein,
verfing bei den Menschen. Doch nun gehörte der AWD zu
großen Teilen einem einzigen Konzern. Pohl sah die Chance,

dem Konkurrenten vor Gericht das Attribut der Unabhängigkeit zu nehmen.

Das Landgericht Hannover entschied dann tatsächlich, dass der AWD nicht mehr mit dem Begriff »Unabhängigkeit« werben dürfe. Die Richter hatten sich intensiv mit dem Geschäftsmodell des AWD auseinandergesetzt und begründeten ihr Urteil nicht nur mit dem Einfluss der Swiss Life auf den AWD. Der Finanzvertrieb aus Hannover sei hierarchisch geprägt, Vertriebsziele könnten von oben vorgegeben werden. Dem Berater vor Ort nehme das die Unabhängigkeit. Zudem wies das Landgericht auf das einheitliche Computerprogramm hin, mit dem alle AWD-Berater arbeiteten. Dadurch hingen sie am Tropf der Entscheidungen der Geschäftsführung. Von einer unabhängigen Beratung, das sahen die Richter eindeutig, war demnach nicht auszugehen.

Der AWD kündigte Berufung an, das Verfahren zog sich lange hin. Doch die Medien berichteten sofort. Manche Überschriften lasen sich aus AWD-Sicht verheerend. »Unter falscher Flagge«, titelte die »Börsenzeitung«. Die »Süddeutsche Zeitung« überschrieb ihren Bericht süffisant mit: »Ihr abhängiger Finanzberater«.

Carsten Maschmeyer konnte an dem Urteil des Landgerichts Hannover allenfalls den Zeitpunkt begrüßen: Die Richter entschieden erst 2009. Das Jubiläum des AWD blieb damit frei von Schatten. Für 2008 hatte Carsten Maschmeyer sich ja nicht nur vorgenommen, weiterhin die Geschicke des AWD zu lenken. Er wollte auch feiern. Der 20. Geburtstag bedeutete ihm viel. Er bot die perfekte Gelegenheit zu demonstrieren, was er geschaffen hatte.

Maschmeyer konnte sich in seinem Erfolg sonnen. Mit der Swiss-Life-Führung befand er sich in bestem Einvernehmen. Die Schweizer ließen ihn bei der Vorbereitung der wohl allergrößten Maschmeyer-Show gewähren. Finanzielle Bedenken hatten sie ohnehin nicht: Maschmeyer versprach, die Feierlichkeiten aus eigener Tasche zu bezahlen.

Sein Ziel war ambitioniert: Der AWD-Chef wollte Glamour nach Hannover holen, Stars und Sternchen und politische Schwergewichte. Über den runden Geburtstag sollte nicht nur im Finanzteil großer Tageszeitungen zu lesen sein, sondern auch in den People-Blättern.

Im Sommer 2008 hatte allerdings die Finanzkrise bereits zahlreiche Länder ergriffen. Auch Deutschlands Finanzbranche steckte in Schwierigkeiten. Maschmeyer nutzte die Hauptversammlung des AWD am 4. Juni, um Entwarnung zu geben. In seiner Rede zelebrierte der AWD-Chef die Probleme am Finanzmarkt geradezu. Experten sprächen »von der größten Finanzkrise seit der Weltwirtschaftskrise von 1929. Ganz besonders betroffen waren und sind hiervon die internationalen Geschäftsbanken und Finanzkonzerne, die zum Teil sehr hohe Verluste durch ungekannt große Abschreibungen vermelden mussten«, sagte Maschmeyer. Die Auswirkungen dieser Entwicklung seien im Markt stark zu spüren.

Bei den Lebensversicherungen werde »von stagnierendem Neugeschäft im Jahr 2007 gesprochen. Und nach Meinung von Branchenkennern war das Neugeschäft der Lebensversicherungsbranche in den ersten Monaten des laufenden Jahres sogar stark rückläufig.« Maschmeyer beschrieb schwere Zeiten für Unternehmen des Finanzsektors – um dann von einer Ausnahme zu berichten: Beim AWD, ließ er wissen, sei alles anders. »Auch in einem schlechten Markt ist gute Beratung gefordert. Auch in einem schlechten Markt kann sie erfolgreich sein. Wir« – und dieses »Wir« betonte Maschmeyer kräftig – »konnten unter diesen Bedingungen das mit Abstand erfolgreichste Geschäftsjahr in unserer 20-jährigen Unternehmensgeschichte erzielen.«

Der Vertriebserfolg des vergangenen Geschäftsjahres dokumentiere sich in drei »zentralen Erfolgskennziffern, die allesamt historische Top-Marken setzen: einer Höchstzahl an Beratern, einem Spitzenwert an beratenen Kunden und einem Rekordumsatz«. Maschmeyer breitete rosarote Unternehmenszahlen aus: 399 zusätzliche Berater habe der AWD gewonnen, eine knappe halbe Million Kunden hätten im zurückliegenden Geschäftsjahr beim AWD Verträge unterzeichnet. Das entspreche einer Steigerung von fünf Prozent gegenüber dem Vorjahr. Schließlich sei der Konzernumsatzerlös um fast fünf Prozent auf 762 Millionen Euro gestiegen.

Der AWD-Chef überhöhte die Arbeit seiner Berater, indem er deren Geschäft mit der Arbeit von Medizinern verglich: »Wie ein Arzt mit seinem Patienten durchlaufen wir bei der Betreuung unserer Mandanten mehrere Phasen. Der Arzt spricht mit dem Patienten, analysiert seinen Gesundheitszustand, schlägt die angemessene Behandlung vor und leitet die notwendige Maßnahme ein. Und ein guter Arzt wird sich auch im Anschluss an die Behandlung regelmäßig um den Gesundheitszustand seiner Patienten kümmern.« So, erklärte Maschmeyer, müsse man sich auch die Zuwendung eines AWD-Beraters dem Kunden gegenüber vorstellen. Zuerst würde dessen »finanzieller Status quo« festgestellt. Daraus ergebe sich mit Hilfe der AWD-Software »eine individuelle Finanz- und Vorsorgeplanung«. Der Berater unterstütze den Kunden bei der Auswahl der am besten passenden Produkte. Und schließlich bringe »die weitere lebensbegleitende Betreuung durch unsere Berater« dem Kunden »die Sicherheit, langfristig bestens beraten und betreut zu werden«.

Den typischen AWD-Berater hatte Maschmeyer damit rhetorisch zum treuen Gefährten seiner Kunden bis zu deren Tod aufgebaut. Nun konnte er jenen Faktor nennen, der all diese Unternehmensbilanz erst ermöglicht hatte: »Mit einem

Anteil von 78 Prozent des Neugeschäfts im Produktsegment Altersabsicherungs- und Vorsorgeprodukte haben wir den richtigen Schwerpunkt gelegt«, sagte Maschmeyer. Er wies nicht nur auf den hohen Profit der Riester-Rente für den AWD hin, sondern auch auf dessen große Leistung: Man habe einen Teil dazu beitragen können, »dieses gesellschaftspolitische Problem (gemeint war die Lücke in der Rentenversorgung durch die Alterung der Gesellschaft, die Autoren) zu verkleinern«.

Der AWD als »gesellschaftspolitischer« Akteur: Damit deutete Maschmeyer auf der Hauptversammlung des Unternehmens bereits den Ton an, den er auf der Zwanzigjahrfeier am 5. Juli 2008 in Hannover anschlagen würde. Vor 10 000 Zuhörern sagte er dort in einer Halle auf dem ehemaligen Expo-Gelände, es gehe um die »Lösung eines der zentralen Probleme vieler Industrieländer, die Alterung der Gesellschaft«. Maschmeyer schwang sich außerdem zum Retter seiner Zunft auf: »AWD wird die Branche aktiv konsolidieren. So wie es in Amerika früher circa 1000 Autohersteller gab und jetzt nur noch drei, wird es auch in der Finanzbranche sein: Die vielen kleinen, egokranken und von Gier getriebenen Nachahmer werden entweder die Branche verlassen, unter das Haftungsdach einer Bank schlüpfen oder sich dem größten unabhängigen Finanzdienstleister anschließen.«

Wer zu der Jubiläumsfeier erschienen war, konnte beeindruckt sein: Hier feierte ein Mann sein Unternehmen, welches offenbar das Problem der Alterung der Gesellschaft linderte, zugleich eine schwer kriselnde Branche konsolidierte und dabei etliche Opfer dieser Krise bei sich unterbrachte.

Bekannte Gesichter hatten Maschmeyer und seine Helfer tatsächlich zum Firmenjubiläum verpflichten können. Er warb damit schon in den Einladungen. Leicht verspielt schrieb er etwa dem Stahlunternehmer Jürgen Großmann, er traue sich gar nicht, ihn nach Hannover einzuladen. »Aber vielleicht ist ja ein musikalisches Grundinteresse in Deiner Familie vorhanden, und sie würden es uns beiden nicht verzeihen, wenn sie Seal, Scorpions, Mel C., Pink und Nelly Furtado, Mousse T., Marques, Scooter etc., von Thomas Gottschalk moderiert, verpassten.«

Thomas Gottschalk und die namhaften Musiker ließen sich auch in offiziell gehaltene Einladungen einbauen. An den »sehr geehrten, lieben Herrn Dr. Ackermann«, den Vorstandsvorsitzenden der Deutschen Bank, schrieb Carsten Maschmeyer: »Die Krönung des Abends wäre, wenn Sie persönlich unser Ehrengast sein würden. Wenn Sie das ermöglichen könnten, würde ich Ihnen das nie vergessen!« Maschmeyer nannte in dem Brief Christian Wulff, der die Eröffnungsrede halte, und den Friedensnobelpreisträger Kofi Annan als »Dinner-Speakers«. Dann zählte er die Sänger auf, die er hatte buchen lassen.

Am 5. Juli 2008 kam bei bestem Sommerwetter tatsächlich nationale und internationale Prominenz nach Hannover. Eine handverlesene Runde beehrte den Gastgeber schon zum Mittagessen in seiner Villa. Am Tisch nahmen Kofi Annan und Frau, Gerhard Schröder und Frau, der österreichische Ex-Bundeskanzler Franz Vranitzy und Bert Rürup Platz, außerdem Swiss-Life-Chef Bruno Pfister, der Chef des deutschen Bankenverbandes und des Verbandes der privaten Krankenversicherung. Als »Gastgeschenk« habe es für alle eine Flasche 82er Chateau Petrus, »Preis: ca. 4000 Euro«, gegeben, schrieb die »Bunte« und berichtete, dass es bei Harfenklängen »ganz entspannt und fast familiär« zugegangen sei.

Entspannt war der Gastgeber unterdessen nicht immer an diesem langen Tag. Das berichten Leute, die ihn in Momenten erlebten, in denen er keine Rede hielt und keine Gäste begrüßte.«Carsten Maschmeyer grämte sich, als er plötzlich bemerkte, dass Kofi Annan nicht mehr da war«, erinnert sich ein ranghoher AWD-Mitarbeiter.»Er stellte fest, dass Annan gerade noch wie ein Freund aufgetreten sei, sich jetzt aber nicht mal verabschiedet habe.« Vielleicht hatte Maschmeyer gedacht, dass der ehemalige Generalsekretär der Vereinten Nationen aus diplomatischen Gründen nach Hannover reiste, eine Rede bei einem Finanzvertrieb hielt und den Rest des Tages auch noch dort genießen würde.

Auch der Auftritt Götz Wenkers sorgte kurzzeitig für Verstimmung. Wenker hatte als Vertriebschef von AWD Deutschland viele Berater hinter sich. Seine Rede kam bestens an, uferte jedoch etwas aus. Der AWD-Kommunikationschef Bela Anda musste Wenker daher von der Bühne bitten.

Aber solche Problemchen waren wohl normal bei einer Party dieser Dimension. Und am Donnerstag darauf konnte Maschmeyer sich freuen, dass die Feier, die er selbst bezahlt hatte, in der »Bunten« beste Noten erhielt. Die Überschrift lautete: »VIP-Gedränge in Hannover«. Der Beitrag war mit einem doppelseitigen Foto der Tischgesellschaft in der Villa Maschmeyer aufgemacht und stellte dem AWD-Fest ein gutes Zeugnis aus. Die fünfstündige Show sei so brillant gewesen, dass man sie eins zu eins im Fernsehen hätte übertragen können. Gerhard Schröder wurde in der »Bunten« mit dem Lob »Mein Highlight war Kofi Annan, weil er in der Welt ein ganz Großer ist« zitiert. Von Christian Wulff war der Satz zu lesen: »Es kann nur einer rocken.« Der bezog sich auf ihn selbst und seine Frau, mit der er die Verwahrung seines sieben Wochen alten Sohnes Linus übernahm. Der Säugling war vor Ort, laut »Bunte« allerdings in einer schallgeschützten Extra-Loge untergebracht. Dort wechselten sich der Ministerpräsident und Linus' Mutter Bettina Körner beim Babysitting ab.

Auch die Schauspielerin Veronica Ferres kam in der Berichterstattung der »Bunten« vor. Im Foto war sie großflächig neben Bettina Körner zu sehen – »First Lady und Filmdiva im Partyfieber«, lautete die Bildunterschrift. Im Text war beschrieben, wie Veronica Ferres an der Ehrung von 50 besonders erfolgreichen AWD-Verkäufern mitgewirkt hatte: »Die verdienten Mitarbeiter bekamen auf der Bühne einen Blumenstrauß von Frau Ferres und durften den Star einmal rechts und einmal links küssen. Die Ferres danach: ›AWD-Jungs schmecken und riechen gut!‹«

Carsten Maschmeyer hatte die Schauspielerin im Januar 2007 bei einem Empfang in der Berliner Vertretung des Landes Niedersachsen kennengelernt. Dort war der Film »Mein alter Freund Fritz« vorgestellt worden, ein Werk des Regisseurs Dieter Wedel. Christian Wulff spielte darin sich selbst, Veronica Ferres übernahm die Rolle einer Arzt-Gattin. Wulff hatte die beiden miteinander bekannt gemacht. Veronica Ferres habe ihn nach seinem Beruf gefragt und er geantwortet mit: »Finanzen und Versicherungen«. Darauf habe sie gesagt: »Oh, da könnte ich auch mal einen Ratschlag gebrauchen.«
Schon im Februar 2007 bekam Carsten Maschmeyer die Gelegenheit, den Kontakt mit der Schauspielerin zu festigen. Ihr Ehemann meldete sich, Martin Krug, ein Werber aus München. Es ging um den Altkanzler Gerhard Schröder. Der Maler Jörg Immendorff hatte das offizielle Kanzlerporträt, das Schröder in Gold und umringt von kleinen Affen zeigte, kurz vor seinem Tod fertiggestellt. Bei einer Veranstaltung sollte es Schröder offiziell übergeben werden, bevor dieser es dem Kanzleramt zur Verfügung stellte. Dort hängen nebeneinander Gemälde aller Kanzler der Bundesrepublik Deutschland.
Veronica Ferres' Ehemann Martin Krug war offenbar mit

der Organisation der offiziellen Bildübergabe betraut. Und
Krug zögerte nicht, Carsten Maschmeyer um finanzielle Unterstützung der Veranstaltung zu bitten.

Maschmeyer sagte zu und gab sich Krug gegenüber begeistert. Er sei sehr erfreut gewesen, ihn in der letzten Woche
kennengelernt zu haben, schrieb der Finanzunternehmer
dem Werber Krug im Februar 2007. »Schon die wenigen kurzen Gespräche haben mir sehr gefallen, und ich hoffe auf
mehr. Warum haben wir uns nicht eigentlich schon früher
kennengelernt??!!«

Das Schreiben liest sich durchweg so, als ob Maschmeyer
Krug sympathisch fand. Und an dem Schlussabsatz konnte
der Münchner sicherlich nichts Verfängliches finden. »Liebe
Grüße auch an Veronica« richtete Maschmeyer da aus. »Ich
nehme ihren Wunsch, dass wir uns einmal um die Finanzen
und den Versicherungsordner kümmern, gerne ernst«, schrieb
Maschmeyer und fragte nach einer »E-Mail-Adresse oder
Handynummer« der Schauspielerin.

Maschmeyer wollte sich unbedingt um die Finanzen von
Veronica Ferres kümmern. »Ich richte mich hier bezüglich
der Kontaktaufnahme ganz nach Euch«, endete sein Brief an
Ferres' Mann. »Ansonsten lass uns doch festhalten, dass ich
mich, wenn ich wieder einmal in München bin, mit Vorwar-
nung ansage und dies für Euch dann auch umgekehrt für
Norddeutschland gilt.«

Martin Krug antwortete Carsten Maschmeyer wenige Tage
nach diesem Brief mit einer E-Mail. Im April meldete sich
Maschmeyer dann wieder bei Krug. Er freute sich über die
Zusammenarbeit bei der Übergabe des Schröder-Gemäldes
und schrieb, es sei »für uns eine Freude und Ehre, dass wir
die Immendorff/Schröder-Bildübergabe begleiten durften«.
Maschmeyer verstand die Kooperation mit Veronica Ferres'
Ehemann offenbar nicht als einmalig. »Ich bin jetzt schon ge-

spannt, welche zukünftigen eventuellen Synergien wir eruieren könnten.«

Dann überlegte der AWD-Chef, wo das erste Treffen stattfinden könne. »Dass ihr eigentlich nie in Hannover seid, ist schon logisch. (Ich bin ja privat auch nach Südfrankreich geflüchtet)«, schrieb er und schlug Berlin, Hamburg oder München vor, um sich zu sehen. Maschmeyer hatte sich immer wieder zu seinem Wohnort und seinem Bundesland Niedersachsen bekannt. Nun ging er wohl davon aus, dass Krug das nicht wusste.

Ob Maschmeyer inzwischen die Handynummer oder E-Mail-Adresse von Veronica Ferres bekommen hatte, geht aus dem Brief nicht hervor. An das angedachte »Finanzoptimierungsgespräch« mit der Schauspielerin allerdings erinnerte er erneut. Die Bereitschaft dazu bleibe bestehen.

Einige Wochen vor der AWD-Feier im Sommer 2008 kam Maschmeyer in privatem Rahmen mit Martin Krug und Veronica Ferres zusammen. Maschmeyer dankte dem Gastgeber anschließend in höchsten Tönen für das Treffen. Es sei »ein Sonntag wie aus 1000 und 1 Nacht« gewesen, schwärmte er in einem Brief an Krug.

Martin Krug war es bei dem Treffen mit dem Multimillionär offenbar auch ums Geschäftliche gegangen, er plante gerade eine Wohltätigkeitsveranstaltung. Maschmeyer teilte ihm nun mit: »Gerne werde ich mit Herrn Anda die Unterstützung für Eure United People Charity Night 2008 erörtern.«

Die Synergien, das deutete Maschmeyer in dem Schreiben an anderer Stelle an, konnten sogar dem früheren Bundeskanzler nutzen. Der vermisste nämlich offenbar inzwischen das Porträt seiner selbst, das im Kanzleramt hing. »Deine spontane Hoffnung, dass Du eventuell das Bild von Immendorff für Gerd noch einmal produzieren lassen könntest –

natürlich auf meine Kosten – ist weltklasse«, schrieb Maschmeyer Martin Krug. »Ich weiß, wie gut er dieses Bild findet.«

Maschmeyer nannte Krug noch einen »erfolgreichen, interessanten und lieben Menschen« und richtete »allerbeste Grüße auch an Deine Veronica« aus. Der, so Maschmeyer, habe er »hoffentlich erlaubterweise eine Rose hinzugefügt«. Im Monat darauf, Juli 2008, küsste Veronica dann schon auf der Bühne »AWD-Jungs« und schmückte aus Maschmeyers Sicht die Jubiläumsfeier.

Danach ging alles ziemlich schnell. Das Ehepaar Ferres/ Krug trennte sich. Carsten und Bettina Maschmeyer ließen sich scheiden. Carsten Maschmeyer verliebte sich. Veronica Ferres verliebte sich. Im Februar 2009 trat das neue prominente Paar bei einer Ausstellung des Fotokünstlers Andreas Gursky in Wolfsburg gemeinsam auf.

»Mein Herz pochte wie wild, und am liebsten wäre ich im Hotelzimmer geblieben«, beschrieb Carsten Maschmeyer den Tag später in seinem Buch »Selfmade«. »Auf der Fahrt zum Pressezentrum wurden meine Hände feucht, und es erforderte unheimlich viel Mut, dann aus dem Auto zu steigen und sich dem Blitzlichtgewitter zu stellen. Aber ich wusste, jetzt müssen wir es tun! Gleichzeitig war mir auch klar, dass ich von nun an viel weniger Privatsphäre haben würde, aber die Liebe zu ihr hat die Angst davor besiegt.«

So extrovertiert war der Finanzvermittler in Sachen Liebe selten aufgetreten. Vielleicht war es ein Eingeständnis an seine neue Freundin. Veronica Ferres teilte Gefühle und intime Erlebnisse schon lange mit der Öffentlichkeit. »Auf Mallorca besorgten wir uns in einer Dorfapotheke einen Schwangerschaftstest«, hatte sie die Deutschen einst wissen lassen.

Im August 2009 aber zeigte auch Maschmeyer öffentlich seine Gefühle. Er besuchte mit Veronica Ferres eine Feier des Schlachtunternehmers und Schalke-Aufsichtsratsvorsitzenden Clemens Tönnies in Rheda-Wiedenbrück. Bei einer Verlosung für einen guten Zweck kaufte Maschmeyer 70 Lose für je 25 Euro. Aus 35 dieser Lose bastelte er seiner Freundin die Worte »Ich liebe Dich« und sagte ihr: »Ich mache dir eine lose Liebeserklärung, daraus wird eine feste werden.« Diese Inszenierung seiner Liebe vor vielen anderen Prominenten war auffällig genug, um es in die nächste Ausgabe der »Bunten« zu schaffen.

Carsten Maschmeyer und Veronica Ferres hielten die Öffentlichkeit auch in Zukunft über den Stand ihrer Beziehung auf dem Laufenden. In Interviews oder vor Fernsehkameras kündigte allein die Schauspielerin etliche Male die Hochzeit an, die Ende September 2014 in Südfrankreich stattfand.

Carsten Maschmeyers Leben änderte sich, auch beruflich. Das lag nicht zuletzt an der Führungsetage der Swiss Life. In den ersten Monaten nach dem Aktienverkauf hatte der Finanzunternehmer aus Hannover sich gut mit Rolf Dörig, Bruno Gehrig, Bruno Pfister und Manfred Behrens verstanden. Die Schweizer hatten ihm nicht in die Geburtstagszeremonie hineingepfuscht. Und sie hatten ihm erlaubt, die Mehrheit an der Finanzberatung Proventus zu kaufen. Um das Bremer Unternehmen hatte Maschmeyer schon lange geworben.

Im Spätsommer 2008 allerdings erinnerte die Swiss Life dann doch daran, dass nicht der AWD die Swiss Life, sondern die Versicherung den Finanzvertrieb gekauft hatte. Der Wein mochte Rolf Dörig gemundet, die Etiketten von Keith Haring und Prinz Charles mochten ihn beeindruckt haben, doch nun zeigte der Banker Carsten Maschmeyer die Grenzen auf.

Was ihm widerfuhr, konnte der AWD-Chef als Demütigung empfinden. Die Swiss Life verwunderte, dass er ein großes Ziel erreichen konnte: Die Konzernspitze lehnte es ab,

dass der AWD den ebenfalls großen deutschen Finanzdienstleister MLP übernahm und damit zum größten Finanzvertrieb Europas aufstieg.

Über Jahre hatte Maschmeyer im kleinen Kreis von seiner
Vision erzählt und immer wieder auf das Unternehmen aus
Wiesloch bei Heidelberg geschielt. Im Frühjahr 2008 hatte er
dann mit der MLP-Führung verhandelt, erfolglos. Für Maschmeyer griff damit Plan B: Im großen Stil erwarb er persönlich
und mit Hilfe zweier Privatbanken MLP-Aktien. Davon bemerkte aber erst einmal niemand etwas.

Carsten Maschmeyer war im Sommer 2008 zuversichtlich.
Er ließ in der Zentrale in Hannover eine Kurzpräsentation
bauen, mit der er die Swiss Life überzeugen wollte, MLP zu
schlucken. Das Chart trug den Namen »Bewegung der Unabhängigen« und zeigte einen breiten weißen Pfeil, der vor mint-
grünem Hintergrund dynamisch von links unten nach rechts
oben strebte. In dem Pfeil waren Logos jener Firmen angeord-
net, die der Finanzvertrieb aus Hannover übernommen hatte,
Horbach und tecis aus Deutschland etwa, die britische Thom-
son's Group und das tschechische Unternehmen Finance.EU.
Ganz oben, in der Pfeilspitze, stand das MLP-Logo.

Es erschien nicht größer als die anderen, doch die Übernahme des Konkurrenten aus Baden würde jede vorherige
Akquisition in den Schatten stellen. Klickte man die Präsentation ein Chart weiter, wurde das deutlich. Dort war ein
Diagramm mit zwei Umsatztürmen zu sehen. Der linke
Turm stellte die DVAG dar, mit einem Umsatz von 1,04 Milliarden Euro. Der rechte Turm setzte sich aus dem AWD-Jah-
resumsatz von 762,4 Millionen Euro und aus dem MLP-Um-
satz von 476,3 Millionen Euro zusammen. Mit zusammen
1,24 Milliarden Euro überragte dieser Turm den DVAG-
Turm. Auch beim Gewinn übertraf der AWD-MLP-Turm
den Sockel der DVAG – um stattliche 106,6 Millionen Euro.

Das waren verheißungsvolle Zahlen, und Carsten Maschmeyer konnte auch noch stolze 26,76 Prozent aller MLP-Aktien vorweisen, die alsbald der Swiss Life übertragen wurden.
Der Schweizer Konzern hatte damit beste Chancen, MLP
auch gegen den Willen des Unternehmens zu schlucken. Die
Swiss Life musste jetzt nur noch zugreifen.

Rolf Dörig aber ließ Carsten Maschmeyer auflaufen. Am
14. August 2008 sagte er Journalisten: »Wir bedauern sehr,
dass der Eindruck entstanden ist, dass wir MLP feindlich
übernehmen wollen. Davon kann keine Rede sein. Wir werden unseren Anteil nur im Einvernehmen mit MLP weiter
ausbauen.«

Mit einer Kapitalerhöhung um zehn Prozent sicherte MLP
sich wenige Tage später seine Eigenständigkeit. Axa und Allianz stiegen bei MLP ein und senkten den Aktienanteil der
Swiss Life dadurch auf unter 25 Prozent. Die, wie das »Handelsblatt« schrieb, »halbherzige Übernahme« war damit gescheitert. Die Swiss Life verkaufte anschließend sogar Teile
ihrer MLP-Aktien. Sein Chart von der »Bewegung der Unabhängigen« brauchte Carsten Maschmeyer nicht noch einmal
an die Wand zu werfen.

Im Mai 2009 zog er als abgetretener AWD-Chef immerhin
noch für eineinhalb Jahre in den Verwaltungsrat der Swiss
Life ein. Nach außen hin war das ein wichtiges Signal. Der
Kapitän hatte ja im Dezember 2007 seinen AWD-Beratern
versprochen, an Bord zu bleiben, und mit einem Sitz in dem
Gremium in Zürich blieb Maschmeyer irgendwie an Bord.
Dass die Schweizer sich nun von Manfred Behrens die harten
AWD-Zahlen zeigen ließen, konnte er auf dieser Position
aber nicht verhindern. Und auch den schlechten Nachrichten
aus Österreich war Maschmeyer ausgeliefert: In Wien erklärte im November 2009 das Handelsgericht eine Sammelklage
gegen den AWD für zulässig. Dass sich Hunderte oder gar

Tausende gegen den AWD zusammenschlossen, war dem Finanzvertrieb in Deutschland nie passiert. Anders als in den USA und eben auch in Österreich lässt die deutsche Rechtsordnung keine Sammelklagen zu. In Wien meldeten sich nach einem Aufruf im Fernsehen jedoch 7243 Österreicher, die auf Grund der Beratung durch den AWD viel Geld verloren hatten. Der halbstaatliche »Verein für Konsumenteninformation« (VKI) prüfte die Fälle und beabsichtigte, für 2500 frühere AWD-Kunden gegen das Finanzunternehmen wegen »systematischer Falschberatung« vor Gericht zu ziehen. Der Streitwert betrug 40 Millionen Euro.

2008 und auch 2009 machte der AWD Verluste. 2010 brachte ein scharfer Sparkurs einen bescheidenen Gewinn. Nach und nach stellte sich heraus, dass der Finanzvertrieb aus Hannover, für den die Swiss Life insgesamt rund 1,2 Milliarden Euro gezahlt hatte, keine wirklich gute Investition gewesen war. Carsten Maschmeyer aber hatte der Deal noch einmal weitaus vermögender gemacht. 2011 kletterte er in der Rangliste der reichsten Deutschen auf Rang 113. Laut »manager magazin« besaß er 1,05 Milliarden Euro.

10.

Fußball

Maschmeyers Einfluss auf Hannover 96

Wie gekonnt man als umstrittener Unternehmer den Fußball für sein persönliches Image nutzen kann, das zeigt seit Jahren Carsten Maschmeyers Freund Clemens Tönnies. Der Ostwestfale und Multimillionär aus Rheda-Wiedenbrück führt Deutschlands größten Schlachtbetrieb. Seine Branche hat keinen allzu guten Ruf, und auch Tönnies selbst lieferte immer wieder Gründe, um sich kritisch mit ihm und seinem Wirken auseinanderzusetzen. Mal musste er sich vorwerfen lassen, dass in seinen Werken Tausende Leiharbeiter Schweine zu Minimallöhnen zerteilen. Mal durchsuchten Polizeibeamte wegen Verdachts auf Steuerhinterziehung seine Büroräume. Mal ermittelten Staatsanwälte, weil der Rindfleischanteil im »Gehackten halb und halb« deutlich geringer war als angegeben. Aus dem Fleischwerk Tönnies drangen längst nicht nur gute Nachrichten nach außen, auch wenn die genannten Ermittlungen später zu keiner Verurteilung führten.

Bundesweite Bekanntheit brachte Clemens Tönnies jedoch sein Engagement beim FC Schalke 04. Er sitzt dem Aufsichtsrat des Fußballvereins vor und gilt als volksnaher Chef, dem das Wohl der Schalker über alles geht. In den Medien ist Tönnies als Schalke-Boss stets präsent. Er singt im Fernsehstudio vor laufender Kamera das Vereinslied »Blau und Weiß«, hebt und senkt den Daumen zu Trainerwechseln und Spielertransfers, gibt regelmäßig Interviews. In der Nacht nach dem WM-Triumph von Rio im Juli 2014 mischte sich

Tönnies unter die deutsche Nationalelf, feierte ausgelassen mit Spielern, Trainern und ihren Frauen. Ein Foto des singenden Tönnies mit dem WM-Helden Manuel Neuer wurde danach in Millionenauflage gedruckt.

Fußball, diese Sportart ist mehr denn je der emotionale Kitt der Gesellschaft, und Clemens Tönnies hat früh begriffen, dass man hier nicht nur Aufmerksamkeit, sondern auch Anerkennung bekommen kann. Die VIP-Logen der Stadien, in denen der Volkssport zum elitären Vergnügen wird, dienen zwar auch als Kontakthof, wo Visitenkarten ausgetauscht, Netze erweitert und Geschäfte angebahnt werden. Doch vor allem verströmt es Bodenständigkeit, wenn einer vor Freude schreit und vor Kummer weint und seinem Verein in guten wie in schlechten Tagen die Treue hält. Ein Fußballfan bekennt sich, hat ein Herz und große Gefühle.

Im November 2013 sinnierte auch Carsten Maschmeyer darüber nach, wie schön es wäre, einen Fußballklub zu führen: »Etwas zu kaufen ist etwas ganz anderes, als etwas zu managen und erfolgreich weiterzuentwickeln. Ich hätte bei einem Fußballklub am Machen Spaß«, sagte er in einem Interview. »Jemand müsste kommen und fragen, ob ich Lust hätte. Das wird aber ein unerfüllter Traum bleiben.«

Für einen wie Maschmeyer, der es als fundamental ansieht, positiv zu denken, klang das ungewöhnlich verdrossen. Das lag vielleicht auch daran, dass der Unternehmer bereits versucht hat, sich seinen Traum zu erfüllen. Er war bereits ein Jahrzehnt zuvor beim Fußball-Bundesligisten Hannover 96 eingestiegen, mit Geld, mit Engagement und möglicherweise auch mit Herz.

Es war im Sommer 2002. Hannover 96 war in die höchste deutsche Spielklasse aufgestiegen und feierte diesen Erfolg mit einer Party. Carsten Maschmeyer jedoch befand sich auf

Geschäftsreise. Das Fest, auf dem sich auch allerlei Prominenz blicken ließ, verpasste er.

Das sollte ihm nicht noch einmal passieren, denn zum
Zeitpunkt der Feier hatte der Unternehmer bereits vereinbart, dass der AWD im großen Stil als Sponsor bei Hannover
96 einstieg und das Niedersachsenstadion in AWD-Arena
umbenannt würde. Maschmeyer hatte auch zehn VIP-Plätze
für die nächste Saison bestellt und Hannovers Vorstandsvorsitzenden Martin Kind gebeten, »nach dem Umbau eine sehr
gute Loge für AWD zu erhalten«.

Maschmeyer schaute optimistisch in die Zukunft als Player im Profifußball. »Es macht Spaß, mit einem so kompetenten Unternehmer und Profi Geschäfte zu machen«, frohlock-
te er in einem Brief an den Vereinsboss und Hörgeräteher-
steller Kind. Im Sommer, als das »Geschäft« beschlossen war
und Deutschland bei der Weltmeisterschaft in Japan und
Südkorea im Endspiel stand, klang Maschmeyer ähnlich euphorisch. Auf Kind, vielleicht aber auch auf ein eigenes künf-
tiges Investment bezogen, schrieb er: »Es freut mich ganz
besonders, dass Sie nach so viel Engagement nun einfach das
Glück haben, dass Deutschland im WM-Finale, 96 Erstligist
ist und in Deutschland die Fußballeuphorie ausgebrochen
ist.«

Maschmeyer nämlich erwarb später auch Anteile an der
»Sales and Service-GmbH & Co. KG«, einer Gesellschaft,
die das Kerngeschäft von Hannover 96 betrieb: die Bundesligamannschaft. Neben Martin Kind wurde er der zweite
Hauptgesellschafter der »Sales and Service«.

Der Umbenennung des Niedersachsenstadions, in dem
2006 auch Spiele der Fußballweltmeisterschaft stattfinden
sollten, stand in diesem Sommer 2002 nichts mehr im Wege.
Und als die Saison begann, zog Maschmeyer Martin Kind gegenüber bereits ein zufriedenes Fazit: »Die hohe Akzeptanz

und Sympathie, die Sie bei den Sportmedien genießen, hat ganz erheblich dazu beigetragen, dass die Umbenennung in AWD-Arena ohne Zwischentöne und zügig angenommen wurde«, dankte er.

Auch ein halbes Jahr später, Hannover 96 verlor Spiel um Spiel, verströmte Maschmeyer Zuversicht: Hannover 96 spielte weder gut noch erfolgreich, die AWD-Arena aber, fand der Finanzunternehmer, sei im ganzen Land bekannt und habe damit auch den AWD bekannter gemacht. Die Millionen, mit denen er als Gesellschafter und als Sponsor bei Hannover 96 eingestiegen war, schienen ihm richtig und gewinnbringend investiert zu sein.

Am 3. Mai 2003 verlor Hannover 96 sein Heimspiel gegen den VfB Stuttgart mit 1:2. Im VIP-Zelt traf Carsten Maschmeyer auf den Bundeskanzler und versprach eine Nichtabstiegsfeier bei sich zu Hause, sollte der Verein den Klassenerhalt noch schaffen. Die Mannschaft von Ralf Rangnick und seinem Co-Trainer Mirko Slomka holte dann tatsächlich sieben Punkte aus den letzten drei Spielen. Damit hatten die Spieler ihren Fans ein weiteres Jahr erste Liga ermöglicht – und Carsten Maschmeyer eine Feier in seiner Villa.

Er stimmte zuerst mit dem Bundeskanzler einen Termin ab, lud dann »auf meine Kosten« für den 22. Juni 2003 ein und ließ alsbald die Liste der Zusagen dem Kanzleramt zukommen. In Begleitung würden im Hause Maschmeyer erscheinen:

- Michael Frenzel, Vorstandsvorsitzender der Preussag AG, die seit 2002 TUI hieß, und Mitglied des Aufsichtsrates bei Volkswagen
- Martin Kind, seit 1997 Vorstandsvorsitzender von Hannover 96, Meister der Hörgeräteakustik und Inhaber der Kind-Gruppe

- Günter Papenburg, Bauunternehmer und Chef der GP Günter Papenburg AG, zudem Besitzer und Betreiber der TUI-Arena in Hannover
- Hans-Günter Naumann, Aufsichtsrat von Hannover 96
- Götz von Fromberg, Straf- und Wirtschaftsanwalt, der sich mit Schröder einst in gemeinsamen Referendarzeiten angefreundet hatte
- Michael Beck, Vorstand der Gilde-Brauerei
- Harald Wendt, Mercedes-Manager in Hannover und langjähriger Vorsitzender des Aufsichtsrates von Hannover 96
- Klaus Meine, Sänger und Texter der »Scorpions«, der im Ausland erfolgreichsten deutschen Rockband
- Wilhelm Sandmann, Aufsichtsratschef der Verlagsgesellschaft Madsack, die auch die beiden Hannoveraner Zeitungen »Hannoversche Allgemeine Zeitung« und »Neue Presse« herausgab
- Dr. Friedhelm Haak, Vorsitzender der Geschäftsführung der Verlagsgesellschaft Madsack
- Wolfgang Besemer, Chef einer Konzertagentur, zu der die Veranstaltungsstätten Theater am Aegi, Capitol, AWD-Hall und Parkbühne Hannover gehörten
- Herbert Schmalstieg, Oberbürgermeister von Hannover und bei Amtsantritt jüngstes und zudem am längsten amtierendes Oberhaupt einer deutschen Großstadt.

Dazu kamen der Kanzler und ein paar weitere Gäste, etwa der bekannte Hamburger Medienanwalt Matthias Prinz. Sie alle verlebten mit dem Sponsor Carsten Maschmeyer einen schönen Abend, an dem Fußball und Geschäftliches sich harmonisch und gänzlich unverdächtig mischten.

Am Tag danach lobte Maschmeyer in seinem Brief an Martin Kind nicht nur die Party: Auch sportlich liefen die Dinge zu seiner absoluten Zufriedenheit. Maschmeyer hatte dem

Vorstandsvorsitzenden einige Wochen zuvor seine Vorstellungen für die neue Saison mitgeteilt: »Es wäre sicher für den Verein sehr gut, wenn zwar nur wenige, dafür aber erstklassige Spieler verpflichtet werden. Außerdem sollten sie vom Alter her noch einige Jahre für Hannover 96 erfolgreich wirken können.« Nun bilanzierte er: Es sei »phantastisch, dass Hannover 96 – von Ihnen gesteuert – jetzt wirklich nur wenige, aber gute Spieler dazu verpflichtet hat«.

Mit Carsten Maschmeyer als Geldgeber wusste der Klubchef Martin Kind nun jemanden an seiner Seite, der das Geschäft aufmerksam und kritisch mitverfolgte. Die Offensive sei sinnvoll verstärkt worden, lobte Maschmeyer Ende Juli 2003. Für die Verstärkung der Defensive stellte er dem Vorstandsvorsitzenden Geld in Aussicht. Seine Bedingung: »Aber bitte nicht noch einmal Durchschnitt, Hoffnungskandidaten oder eine Verstärkung der Ersatzbank, sondern wirklich einen Spitzenabwehrspieler.«

Jahre später sollten sich 150 Kilometer nördlich beim Hamburger SV Fans und Funktionäre empören, dass der Milliardär Klaus-Michael Kühne dem klammen Klub Millionen zur Verfügung stellte, dafür aber beanspruchte, die Personalpolitik mitzubestimmen. Kühne verhehlte auch nicht, dass er sich mit Geld Einfluss sichern wollte. Im Verein empfanden viele dieses Gebaren als unmoralisches Angebot und manche gar als Erpressung des in Not geratenen Bundesligaklubs.

Kühne stellte seine Bedingungen nicht nur intern, sondern auch über Interviews. So plump und hölzern ging Carsten Maschmeyer nicht vor: Er vermied die Öffentlichkeit, als er Hannover 96 die Finanzierung eines Abwehrspielers anbot. Der Finanzunternehmer agierte hinter den Kulissen. Dort erwies er sich aber als zäher Verhandlungspartner, wie sich

auch Ende 2003 zeigte, als der Verein versuchte, Maschmeyer
als Gesellschafter für die »Sales and Service« zu gewinnen.

Diese GmbH trug Hannover 96, und der Unternehmer
war durchaus willig, hier einzusteigen. Doch er wollte auch
Macht dafür haben. Den ersten Entwurf des Gesellschafter-
vertrages, den der Vorstandsboss Martin Kind ihm im November schickte, las Maschmeyer und meldete dann umgehend Änderungswünsche an. Neben kleineren Korrekturen
gab er zu bedenken, »dass die derzeitige Fassung nicht die
individuellen Beiträge der einzelnen Gesellschafter würdigt«.
Der Klubchef musste das Vertragswerk nachbessern.

Einen knappen Monat später waren ein paar Paragrafen
geändert, doch das reichte Maschmeyer noch immer nicht. Er
wurde deutlich: Der Paragraf 8 sei sinngemäß unverändert
geblieben, monierte er und stellte klar: »Eine Stimmrechtsre-
gelung, die von der Höhe der Kommanditeinlage abgekoppelt ist, ist für mich nicht akzeptabel.«

Die Höhe der Einlage und der Grad der unternehme-
rischen Mitbestimmung sollte auch deshalb voneinander ab-
hängen, »weil es sich formell nicht um die Reglementierung
von privaten, sondern von wirtschaftlichen Interessen handelt«.

Bei gleichem Stimmrecht müssten auch gleich hohe Anteile
eingezahlt werden. »Das könnte allerdings«, gab Maschmeyer
zu bedenken, »auch zu einer Verringerung der Gesamteinlage
führen, wenn die Obergrenze im sechsstelligen Bereich ange-
siedelt würde.«

Der potente Geldgeber blieb ein aufmerksamer und wohl
nicht ganz unanstrengender Gesellschafter. Im März 2005
lobte er Martin Kind gegenüber einen Kompromiss zwischen
dem Verein und der »Sales and Service-GmbH«. Die Gesellschafter waren fortan auch im Aufsichtsrat vertreten. »Die
mehrheitliche Einbindung des Kapitals im Aufsichtsrat halte

ich für einen wichtigen Schritt, um eine tragfähige und er-
folgsweisende Grundlage für die Etablierung von Hannover 96 in der Bundesliga zu gewährleisten«, kommentierte
Maschmeyer und machte klar, dass sein Geld eben nicht ohne
weiteres zu haben war: Wenn die Kapitalseite langfristig nicht
mitentscheiden dürfe, sei das »auch für mich persönlich nicht
hinnehmbar«.

2,5 Millionen Euro hatte der AWD-Chef gegeben. Was
konnte er dafür erwarten jenseits von Stimmrechten in der
Gesellschafterversammlung und im Aufsichtsrat? Am 17.
Mai 2004, der Klub war erneut nicht abgestiegen, die Party
bei Maschmeyer bereits in Planung, ließ Maschmeyer erkennen, worum es ihm auch ging. »Meine Bereitschaft zum Spit-
zengespräch besteht nach wie vor«, schrieb er Martin Kind.
»Es wäre schön, wenn ich baldmöglichst einen der Ihnen zur
Verfügung gestellten Termine bestätigt bekommen könnte,
weil ich die anderen Alternativtermine nicht allzu lange blo-
cken kann. Da Ihr Fazit nach zwei Jahren Bundesliga lautet:
›Das A und O ist der Spielereinkauf‹, möchte ich hier aus
Fürsorgepflicht sehr gerne mitdenken oder auch nur verstehen lernen.«

Damit hatte sich Maschmeyer zum Kern des Fußball-Bu-
siness vorgearbeitet: Er wollte »mitdenken« bei der Zusam-
menstellung des Spielerkaders.

Dass es extremen Sachverstand braucht, um einen Kader
aus jungen Talenten, etablierten Kickern und Spielern mit
großer Erfahrung zu mischen, dabei auf die Wünsche des
Trainers einzugehen, gleichzeitig unabhängig von ihm zu
agieren und schließlich auch noch die Spieler und ihre Berater zu überzeugen, ohne zu viel Geld zu investieren – all das
schreckte Maschmeyer nicht ab.

Man darf sich das Verhältnis zwischen den beiden Großge-
sellschaftern in diesem Sommer 2004 nicht völlig angespannt

vorstellen. Die zweite Nichtabstiegsfeier im Hause Maschmeyer brachte wieder einer illustren Herrenrunde einen
herrlichen Abend. Der Ministerpräsident Christian Wulff
und auch der aktuelle Hannover-96-Trainer Ewald Lienen
beehrten die Party, ebenfalls der neue Manager Ilja Kaenzig,
ein gerade 31-jähriger Schweizer, der bei Bayer Leverkusen
unter Rainer Calmund gearbeitet hatte und als Mann mit
großer Managerzukunft galt.

Aber bei allen schönen Festen, bei allen spannenden Heimspielen in seiner AWD-Loge, bei allen guten Gesprächen im
VIP-Zelt und bei aller Vorfreude auf den Konföderationen-
pokal, der ein Jahr vor der Weltmeisterschaft 2006 auch drei
Länderspiele nach Hannover und die umgebaute AWD-Arena damit ins Fernsehen bringen würde – Carsten Maschmeyer
war es bitterernst mit seinem Ansinnen, auch Einblick ins
Transfergeschäft zu haben. Und, so konnte er im Mai 2005
mit Zufriedenheit feststellen: Es ging doch.

»Ich fühle mich geehrt, dass Sie mir vertraulich die möglichen Spielerzukäufe und mögliche Kandidaten haben zukommen lassen«, schrieb der Sponsor und Gesellschafter dem
Vorstandsvorsitzenden Martin Kind. »Ihre eindeutige Aussage, dass die Vereinsstrategie über der persönlichen Ge-
schmackseinschätzung eines Trainers stehen muss, kann ich
ausdrücklich gutheißen.«

Bereits dieser Vorgang war bemerkenswert – ein Vorstandsvorsitzender gab einem Geldgeber Auskunft darüber, welche
Spieler der Verein für die neue Saison auf dem Zettel hatte.
Maschmeyer allerdings verlangte mehr: Er pochte in dem
Brief darauf, dass die Vereinsführung strategische Ansagen
von ihm und den anderen Gesellschaftern befolgte, und wollte
konkrete Richtlinien festlegen wie das »Maximalalter von
Spielern«, die »Leistungsentwicklung« oder die »Mindest-
spieleinsätze in der 1. Saison«. Maschmeyer plädierte dafür,

»ggf. lieber nur zwei oder drei teure, aber gute Spieler zu verpflichten, die voll einschlagen, als sechs bis sieben Ersatzbank-Kandidaten. Ziel sollte es sein, dass die Qualität der spielenden Mannschaft sich deutlich verbessert.«

Dem letzten Satz dürfte niemand bei Hannover 96 widersprochen haben. Dass aber ein kleines Grüppchen Gesellschafter dem Management strategische Vorgaben machte und gar über das Alter der Neuzugänge befinden wollte, konnte ein Vorstandsboss schon als aberwitzig empfinden, vor allem als nicht akzeptabel.

Dass derjenige, der sich Einfluss sichern wollte, im Satz darauf an die von ihm eingesetzten Millionen erinnerte, machte die Sache nicht weniger anmaßend: »Gern bestätige ich Ihnen auch«, schob Maschmeyer nämlich nach, »dass das Darlehen von mir persönlich in Höhe von 1,5 Millionen Euro in Gesellschafteranteile umgewandelt werden kann.«

Maschmeyer machte immer deutlicher, dass er sich bei Hannover 96 als Machtpfeiler sah. Auch für Martin Kind war das nicht länger zu übersehen. Im folgenden Monat sprachen die Gesellschafter sich dafür aus, den Vertrag mit dem jungen Manager Ilja Kaenzig zu verlängern. Der Vorstandsvorsitzende Kind aber wollte Carsten Maschmeyer offenbar vertrauensvoll für ein Gespräch mit dem Fußballmanager René C. Jäggi gewinnen. Jäggi, ebenfalls ein Schweizer, amtierte zu diesem Zeitpunkt noch als Präsident des 1. FC Kaiserslautern.

»Ein Gespräch mit Herrn Jäggi macht aus meiner Sicht nur dann einen Sinn, wenn Sie zwischenzeitlich von Herrn Kaenzig das Signal erhalten haben, dass er seinen im nächsten Jahr auslaufenden Vertrag nicht verlängern wird«, beschied Maschmeyer am 28. Mai 2005 Martin Kind. »Andernfalls würden wir mit einem solchen Sechsaugengespräch das eindeutige und unmissverständliche Votum ›Pro Kaenzig‹ der Gesellschafter unterlaufen.«

Anstatt das Votum der Gesellschafter zu unterlaufen, war Martin Kind nun bei Maschmeyer aufgelaufen. Und nicht nur in der Managerfrage musste sich der Vereinsboss belehren lassen. Nach Gesprächen mit »langjährigen Profis der Vermarktungsszene« stellte Maschmeyer einige Punkte zur Diskussion, die den Eindruck erweckten, als habe Kind in der Sportvermarktung Nachhilfe nötig: Es scheine sich, erklärte Maschmeyer, »zu lohnen, immer ein zweites Angebot von weiteren Vermarktern einzuholen wie zum Beispiel Global Sportnet, IMG oder Kentaro (unsere eigene Erfahrung – auch bei Werbepartnern – zeigt, wenn diese in einem ›Beautykontest‹ sind, lassen sich Bedingungen und Konditionen doch oftmals noch optimieren)«. Der AWD-Chef gab auch seine Einschätzung über die Vermarktung in der Fußball-Bundesliga weiter. Die Agentur Sportfive, hatte Maschmeyer festgestellt, betreue »momentan oft nicht die Top-Vereine«, sondern Teams wie Nürnberg, Bielefeld, Kaiserslautern oder Dortmund, das zu jener Zeit allenfalls zum Mittelmaß der Bundesliga zählte. »Außerdem gibt es Gerüchte, dass Hamburg, Lautern und der BVB mit aller Macht den Vertrag lösen wollen, weil sie die Wertschöpfungskette durch die Agentur verlängert sehen und viele regionale Sponsoren den Clubs verärgert den Rücken kehren möchten.«

Maschmeyer war wohl bewusst, einem Großunternehmer wie Martin Kind, der Hunderte Filialen und Tausende Mitarbeiter führte, mit derlei Ratschlägen ziemlich nahezutreten. Er tat es trotzdem und schrieb: »Hoffentlich empfinden Sie diese Weiterleitung an Infos nicht als anmaßend.«

Martin Kind hat nie umfassend erklärt, aus welchen Gründen er seine Entscheidung traf. Jedenfalls zog er sich kurz darauf von der Spitze des Vereins zurück. Kind hatte Hannover 96 im Jahr 1997 übernommen und aus der dritten in die erste Liga geführt. Seine Demission als Klubchef überraschte.

Kind blieb zwar Gesellschafter, aber lenken mussten den
Verein nun eben andere. Urplötzlich war eine Lücke entstanden.

Man täte Götz von Fromberg unrecht mit der Behauptung,
ihm liege nichts an Hannover 96. Der bekannteste Rechtsanwalt der Stadt, ein Freund nicht nur Gerhard Schröders,
hatte beim Pokalsieg seines Vereins 1992 gegen Borussia
Mönchengladbach sogar vor Freude geweint. Dem Fußball-
fachblatt »Kicker« erzählte Götz von Fromberg Anfang September 2006 noch mehr über sich selbst. »Ich bin hobbymä-
ßig auch Boxer, kann austeilen und einstecken«, sagte er und:
»Ich bin auf jeden Fall völlig anders als Kind. Ich bin ein Paradiesvogel, liebe das Leben.«

Der Paradiesvogel von Fromberg war voller Tatendrang:
Er war gerade zum neuen Präsidenten von Hannover 96 gewählt worden.

Das war schön für ihn, allerdings nicht besonders gut
durchdacht. Götz von Fromberg war nämlich auch als Notar
tätig. Bevor er sich nun daranmachte, die Geschäfte des Bundesligisten zu führen, hätte das Oberlandesgericht Celle ihm
das erst mal genehmigen müssen. Das taten die Richter aber
nicht, offenbar weil sie einen Vorstandsvorsitz im Profifußball nicht als Nebentätigkeit einschätzten. Von Fromberg
blieb damit nur das Ehrenamt, die Geschäftsführung übernahm Karl-Heinz Vehling, ein eher nüchterner Wirtschaftsanwalt, der zuvor an der Seite von Martin Kind in den Verein
hineingewirkt hatte.

Der Journalist Olaf Kupfer zitierte Götz von Fromberg
später mit Blick auf das neue Führungsduo so: »Wir kannten
uns nicht persönlich und waren unterschiedliche Typen.
Aber wir wollten Erfolg haben für den Verein. Nach meiner
Sicht der Dinge ist uns das auch gelungen.« Das sei wohl

»eine exklusive Sicht der Dinge«, merkte der Journalist Kupfer an und bezeichnete Götz von Fromberg als Protegé Maschmeyers.

Tatsächlich stand der Finanzunternehmer hinter von Fromberg. Die beiden hatten sich im Sommer 2005 längst angefreundet, sich zu Herrenabenden getroffen und in Maschmeyers Loge im Stadion zusammen Spiele verfolgt. Sportlich lief die Saison 2005/06 nicht so gut an, aber ansonsten, so schrieb es zumindest Maschmeyer an den neuen Präsidenten, gebe es Grund zur Gratulation: »Lieber Götz, von allen Seiten werde ich im Zusammenhang mit Hannover 96 sehr positiv darauf angesprochen, wie wohltuend und imagefördernd Du für die Marke bist. Schon in so kurzer Zeit Deines Wirkens haben unsere Roten im Backoffice an Professionalität und Sympathie enorm gewonnen. Dazu möchte ich Dir und natürlich auch den Herren Vehling und Kaenzig herzlich gratulieren.«

Aus Maschmeyers Sicht war also alles besser geworden nach Martin Kinds Rückzug. Weil sein Kumpel nun wegen seines Notariats kein gut bezahlter Vorstandsvorsitzender werden konnte, fand Maschmeyer es auch richtig, dass dieser Job an den Wirtschaftsjuristen Karl-Heinz Vehling gegangen war.

Maschmeyer allerdings dachte auch darüber nach, wie sein Freund Götz als ehrenamtlicher Präsident trotzdem zu Macht kommen könne. »Die juristische Einordnung sollte nach Lage der Dinge dann eben ganz klar von dem, was gewollt und für Hannover 96 gut ist, abgekoppelt sein«, empfahl er von Fromberg. »Vielleicht können wir über Beraterverträge und interne Vereinbarungen zur Aufgabenteilung zum Ziel kommen.« Der gewählte Präsident berät auf Vertragsbasis innerhalb seines Vereins und dessen Gesellschaften – auf solch eine Lösung musste man erst einmal kommen.

Aber in einem Beratervertrag konnte eben auch ein Honorar festgehalten sein. Götz von Fromberg, Präsident im Ehrenamt, hätte auf diese Weise doch noch kassieren können.

Maschmeyer selbst durfte während von Frombergs Präsidentschaft munter hinter den Kulissen mitwerkeln. Kurz vor Weihnachten 2005 meldete er dem Aufsichtsrat Harald Wendt, er habe mit dem Manager Ilja Kaenzig über die Verlängerung seines Vertrages verhandelt und diesen »inhaltlich kaufmännisch« gefüllt. »Die Details wie Festgehalt, Nichtabstiegsprämie, einstelliger Tabellenplatz, UI-Cup, UEFA-Cup bzw. Weiterkommen im DFB-Pokal sind so wie abgesprochen.«

Ein Mitgesellschafter und Sponsor verhandelt mit dem Manager dessen neuen Vertrag: Diese Vorgehensweise war ungewöhnlich und von keiner Satzung vorgesehen. Wie die Operation konkret verlief, zeigt ein Brief, den Maschmeyer im Februar 2006 an den Aufsichtsrat Klaus Goehrmann schrieb. Im Ton eher kleinlaut, dankte Maschmeyer Goehrmann, dass dieser ihm am Abend zuvor im Stadion die Problematik erklärt hatte. »Mir, der ich mich immer aus Vereinspersonalien heraushalten wollte, ist es sehr unangenehm, dass ausgerechnet ich jetzt wohl auch noch für technische Verwirrung gesorgt habe«, bekannte Maschmeyer. Er besaß, schrieb er Goehrmann, damals das Mandat der Gesellschafterversammlung, um mit Ilja Kaenzig zu verhandeln. Und er tat das in dem Bewusstsein, dass er in dieser Sache nicht unterschriftsberechtigt war.

Maschmeyer entschuldigte sich für die formalen Fehler, rechtfertigte aber den Inhalt der Vertragsverhandlungen. Eine billige Lösung sei leider nicht mehr möglich gewesen, weil Kaenzig das Einkommen seines Vorgängers kenne und im Übrigen ganz genau wisse, »wo die Gehalts-Benchmark für Manager in der Bundesliga liegt«.

Maschmeyer schrieb dem Aufsichtsrat Goehrmann dann noch, dass alles glücklich gelaufen sei, »denn mehrere Bundesligavereine, wie Köln und Wolfsburg, hätten ihre entlassenen Manager gerne direkt zu Beginn der Rückrunde durch Herrn Kaenzig ersetzt«. Woher wollte Maschmeyer das wissen? Es war kaum vorstellbar, dass Vertreter des 1. FC Köln oder des VfL Wolfsburg ihm mitgeteilt hatten, dass sie gerne den Manager von Hannover 96 verpflichten würden. Vielleicht hatte das Kaenzig selbst Maschmeyer gegenüber behauptet.

Ilja Kaenzig jedenfalls konnte seinen Vertrag zwar verlängern, wurde aber noch im selben Jahr entlassen und mit einer Summe im mittleren sechsstelligen Bereich großzügig abgefunden. Der Manager, der laut Maschmeyer so begehrt war, erhielt danach weder in der Bundesliga noch in vergleichbar großen Ligen Europas einen Job.

Auch die Ära Götz von Fromberg mit freundlicher Unterstützung von Carsten Maschmeyer endete jäh. Während der Weltmeisterschaft 2006 hatte der Anwalt den Verein, in dessen Stadion auch gespielt wurde, noch präsidieren dürfen, danach gab er auf. Von Fromberg spürte nicht mehr genug Rückhalt, denn im Juni hatte Carsten Maschmeyer seine Anteile der »Sales and Service-GmbH« verkauft. Martin Kind stieg zum einzigen Großgesellschafter auf und übernahm im Juli 2006 auch wieder den Vorstandsvorsitz. Damit hatte er mehr Macht als zuvor.

Maschmeyer erhielt jetzt keine Einblicke in Transferplanungen mehr, durfte auch nicht mehr mit dem Manager verhandeln. Umgekehrt ließ er Martin Kind wissen, dass er sich »an der Vertragsverlängerung Enke bzw. einem finanziellen Engagement« nicht persönlich beteiligen könne, »da ja gerade die Übertragung der Anteile an Sie eine klare Regelung darstellt. Ein Wiedereintritt wenige Wochen später durch die Hintertür würde mich sehr unglaubwürdig machen.« Der Torwart Robert Enke war der beste Spieler der Mannschaft. Der Klub wollte ihn länger binden, musste dafür aber Enkes Gehalt deutlich erhöhen. Die Mehrausgaben, so berichteten Medien, hatte ursprünglich Maschmeyer übernehmen wollen. Kind hatte in dieser Sache offenbar noch mal bei dem Finanzunternehmer angefragt.

Carsten Maschmeyer blieb dem Verein jetzt nur noch als Chef des Großsponsors AWD erhalten. Gegenüber Martin Kind gab er sich zuversichtlich, dass der Klub bald wieder »in ruhiges Fahrwasser« gerate.

Schuld an der mangelnden Ruhe hatten aus Maschmeyers Sicht weder er selbst noch sein Freund Götz von Fromberg, dem er in einem Brief für seine »große Loyalität, engagierte Arbeit und tiefe Verbundenheit« dankte. Das Schreiben bringt Maschmeyers Ambitionen noch einmal auf den Punkt: »Gern hätte ich an Deiner durchsetzungsstarken Seite meine Strategie umgesetzt, Hannover 96 in eine sportlich erfolgreichere Zeit zu führen. Doch leider verfügen im Umfeld der Gesellschaften zu wenige Protagonisten über Deinen Mut, Deine Überzeugungskraft und Deinen Weitblick.«

Auch Maschmeyer gefiel es ganz und gar nicht, den Verein »unseren Nachfolgern« zu überlassen. Er ging nicht davon aus, dass der Verein in Zukunft besser geführt würde. Maschmeyer gab seinem Freund Götz von Fromberg jedoch recht: Mit der nun amtierenden Führung sei es »unmöglich, als Präsident oder Mehrheits-Gesellschafter zusammenzuarbeiten«.

Maschmeyer, nicht weniger, aber auch nicht mehr als einer der zwei Hauptgesellschafter, verglich sich kurzerhand mit dem Bundeskanzler Schröder, der einige Wochen zuvor Neuwahlen herbeigeführt hatte, um seine Machtbasis zu verbreitern. »Auch Gerd hat mir am Wochenende zu unserem Schritt gratuliert. Schließlich hat er es gleichermaßen gemacht. Entweder ist man der Macher und darf handeln, oder man räumt freiwillig das Feld und gibt der ›Nachfolgeregierung‹ die Chance.«

Der Vergleich der Vereinspolitik bei Hannover 96 mit der aktuellen Entwicklung in Berlin gefiel Maschmeyer so sehr, dass er ihn – nicht ohne grundsätzliche Kritik an der künftigen Kanzlerin zu üben – fortsetzte. »So wie in der ganzen Bundesrepublik Deutschland mittlerweile immer deutlicher wird, dass Frau Merkel keine Führungspersönlichkeit ist, wird dieses sicher – leider, weil wir den Verein ja eigentlich mögen – auch bei 96 passieren.« Die Prophezeiung traf so nicht ein. Angela Merkel bewies Führungsqualitäten und wurde nach der Wahl im September 2005 noch zweimal im Amt bestätigt. Auch Martin Kind steht bis heute an der Spitze von Hannover 96.

Maschmeyer indes, stets bemüht, aus Niederlagen gestärkt hervorzugehen, wirkt am Ende seines Briefes an Götz von Fromberg fast schon wieder euphorisch. »Du warst immer ein Präsident zum Anfassen, einer mit Herz, den die Fans lieben«, attestierte er und schenkte dem Freund elf Weine, »die besten der Welt. Sie haben alle fast 100 oder sogar 100 Parker-Punkte. Für Deine Weltklasse-Arbeit hast Du auch eine Weltklasse-Belohnung verdient.«

Maschmeyer selbst musste sich fortan bei Hannover 96 mit der Rolle eines gewöhnlichen Sponsors zufriedengeben. Der AWD stieg als Werbepartner auch bei Bayer Leverkusen und im Februar 2008 bei Borussia Dortmund ein. Ein paar Wochen später interessierte Maschmeyer sich plötzlich auch für Schalke 04. Trainer bei dem Verein aus Gelsenkirchen war zu dieser Zeit Maschmeyers Freund Mirko Slomka. Die beiden

kannten sich schon länger und hatten zusammen Familienur-
laub gemacht.

Im März 2008 schrieb Maschmeyer »persönlich/vertrau-
lich« an Schalkes Sportvorstand Andreas Müller. Er habe
Slomka am Rande des Spiels Hannover 96 gegen Bayer Leverkusen gesprochen und ihn »so verstanden, dass Sie an möglichen weiteren Werbepartnern interessiert wären«. Für den
Vorstand eines hochverschuldeten Vereins war der Brief des
AWD-Chefs eine gute Nachricht.

Was Maschmeyer dann tat, hatte Andreas Müller im zuweilen hemdsärmeligen Profifußball so allerdings noch nicht
erlebt.

»Als vertrauensvollen Beginn einer möglicherweise auch
langfristigen, sogar intensiveren Kooperation füge ich einen
Blankoscheck bei«, steht in dem Brief an den Schalke-
Vorstand. Müller möge nach Rücksprache mit dem AWD-
Sponsoring-Experten jene Summe eintragen, die für den Rest
der Saison und ggf. für die nächste Saison benötigt werde.
»Ich gehe davon aus, dass Sie verantwortungsvoll mit dieser
›Carte Blanche‹ umgehen und wir schon sehr kurzfristig bei
den Heimspielen zu sehen sein werden«, merkte Maschmeyer
noch an.

Bald nach dieser auf bemerkenswerte Art bekundeten
Sponsoring-Bereitschaft wurde Carsten Maschmeyer vom
mächtigen Schalker Aufsichtsratsvorsitzenden Clemens
Tönnies in die Schalke-Arena eingeladen und erlebte dort,
wie er Tönnies anschließend mitteilte, einen »wunderschö-
nen Abend«.

Zu einer Sponsoring-Partnerschaft zwischen dem AWD
und dem Schalke 04 kam es nach Angaben des Vereins nie.
Aber immerhin hatte Maschmeyer nun Clemens Tönnies
kennengelernt. Auf dessen Gala sollte er ein Jahr später seine
Liebe zu Veronica Ferres wirkungsvoll in Szene setzen. Und

Tönnies sollte wie auch Maschmeyer in der Schweiz dubiose Geschäfte zu Lasten deutscher Steuerzahler betreiben.

In den Logen großer Stadien verbrachte Maschmeyer unterdessen noch zahlreiche wunderschöne Abende. Immer wieder scharte er dabei Freunde und Bekannte um sich, Gesichter der deutschen Wirtschaft, aber auch des Fußballs. Im Mai 2008 machte er sich mit einem Tross nach Moskau auf, zum Champions-League-Finale zwischen Manchester United und Chelsea FC. Deutschland war auf dem Rasen durch Michael Ballack vertreten, den Kapitän der Nationalmannschaft. Ballack spielte für Chelsea.

Ein Fax an den früheren HSV-Trainer Frank Pagelsdorf zeigt, wie angenehm eine solche Reise für einen Gast Maschmeyers verlaufen konnte. »Wie telefonisch besprochen, haben wir entsprechende Karten, und das Flugzeug steht ebenfalls bereit«, schrieb ihm Maschmeyer, schickte ein Visum-Formular und bat Pagelsdorf um ein Passfoto. Für Pagelsdorf selbst, das bekam der Trainer schriftlich, würden die Reisestrapazen so minimal wie möglich gehalten. »Die Rückkehr nach Hannover ist für den nächsten Tag nachmittags geplant. Je nachdem, wo Du vorher bist bzw. im Anschluss sein musst, fliegt Dich die Maschine auch gerne weiter, oder unsere Fahrer stehen bereit.«

Auch das Champions-League-Finale 2014 zwischen Atletico Madrid und Real Madrid schaute der Unternehmer sich vor Ort im Stadion in Lissabon an, gemeinsam mit einer kleinen Reisegruppe. Einen Verein zu managen mag für Carsten Maschmeyer ein Traum bleiben. Aber Leute, die ihn zu bedeutenden Spielen begleiten, findet er bis heute.

11.
Der AWD in Österreich
Die Opfer schlagen zurück

Am 7. November 2011 gab die Swiss Life bekannt, dass Carsten Maschmeyer aus dem Verwaltungsrat der Versicherung zurückgetreten sei. Maschmeyer reduziere auch sein Aktienpaket bei der Swiss Life von über fünf auf unter drei Prozent. Rolf Dörig, der Präsident des Verwaltungsrates, sagte, was in solchen Situationen zu sagen ist: Er nehme Maschmeyers Entscheidung »mit großem Respekt« zur Kenntnis und danke ihm für »seinen wertvollen Beitrag«, den er im Verwaltungsrat geleistet habe. Ein paar höfliche Worthülsen zum Abschied, dann war diese Geschäftsbeziehung der Schweizer mit dem Deutschen beendet.

Der Mann, der den AWD groß gemacht, dann seine Aktien für Hunderte Millionen Euro verkauft hatte, besaß nun keinen Einfluss mehr auf die Geschicke des AWD. Nach dem Großeinstieg der Versicherung im Dezember 2007 hatte Maschmeyer noch ein paar Jahre mitmachen dürfen. Am Ende war er nicht mal mehr im Verwaltungsrat der Swiss Life tragbar.

Carsten Maschmeyer mochte den Managern der Swiss Life Anfang 2008 Wein von bester Qualität geschenkt haben – der Finanzbetrieb AWD stellte sich für die Schweizer als schwer verdaulich heraus: Der Kauf erwies sich für den Versicherungskonzern als finanziell und juristisch verheerend. 2008 hatte der AWD Verluste von 33 Millionen Euro gemacht, 2009 gar ein Minus von 75 Millionen Euro erwirtschaftet. Der Swiss-Life-Chef Bruno Pfister deutete damals vor Analysten atmosphärische Schwierigkeiten mit Maschmeyer an: Es sei schon »faszinierend, einen Milliardär als Angestellten zu haben«. Noch als AWD-Chef hatte Maschmeyer 2008 insgesamt 27 Prozent der Aktien des Heidelberger Konkurrenten MLP gekauft und die Swiss Life dazu gebracht, ihm das Paket für rund 400 Millionen Euro abzukaufen. Die Schweizer mussten die MLP-Aktien wenige Monate später um gut 100 Millionen Euro wertberichtigen.

Im Jahr 2010 hatte der AWD 35 Millionen Euro Gewinn gemacht, aber für 2011 zeichneten sich bereits bei Maschmeyers Ausscheiden im November weitere Einbußen ab. Zudem drückten die Swiss Life noch Altlasten der deutschen Tochter AWD. Die Versicherung musste Rückstellungen bilden, um für drohende Millionenzahlungen nach verlorenen Prozessen oder Vergleichen gewappnet zu sein. Die Vergangenheit des AWD, sie wollte nicht vergehen. Und auch Carsten Maschmeyer persönlich entkam ihr nicht.

In Wien ging der halbstaatliche »Verein für Konsumenteninformation« (VKI) nach einer ersten Sammelklage gegen den AWD im Mai 2009 nun auch gegen Maschmeyer selbst vor: Die Verbraucherschutzorganisation stellte am 11. April 2011 Strafanzeige wegen »Verdachts des Verbrechens des schweren gewerbsmäßigen Betrugs«.

Es war keine verrückte Einzelperson, die sich den AWD und dessen langjährigen Chef nun juristisch vornahm. Der VKI agierte für 2500 frühere AWD-Kunden und hatte fünf renommierte Anwälte engagiert. Seine Strafanzeige gegen Maschmeyer und 19 weitere AWD-Manager umfasste 83 Seiten und zahlreiche Anlagen. Hinzu kamen schließlich noch fünf Sammelklagen gegen den AWD mit einem Streitwert von 40 Millionen Euro. Österreich war für die Zentrale in Hannover jahrelang das AWD-Musterland. Nun drohte dem AWD und seinem früheren Chef ernstzunehmende Gegenwehr.

In der Anzeige konnte Maschmeyer lesen, die Kunden seien »systematisch fehlberaten« und »betrügerisch getäuscht« worden. »Hochspekulative Immobilienaktien« hätten AWD-Berater mit einem »Sparbuch« verglichen und es »regelmäßig unterlassen, die Anleger über die Risikoträchtigkeit einer Veranlagung in Aktien aufzuklären«.

Maschmeyer wurde als »der Mastermind« hinter dem Konzept des Strukturvertriebs bezeichnet, das ausgerichtet sei »auf vorsätzliche Täuschung der Kunden«. Er habe in Österreich das Ziel vorgegeben, möglichst viel zu verkaufen. Schulungsinhalte für das Verkaufstraining der Mitarbeiter gingen auf ihn zurück. Er habe die PR-Darstellung des AWD als »unabhängiger Finanzoptimierer« zu verantworten, während es in Wahrheit auf den Verkauf von Produkten mit hohen Provisionen angekommen sei. Die Staatsanwaltschaft in Wien nahm die Anzeige an. Die Ermittlungen laufen, die Akte Maschmeyer ist bis heute nicht geschlossen. Maschmeyer wies die Vorwürfe zurück.

Einzelne Fälle zeigen, wie weit Finanzberater des AWD in Österreich gingen, um Provisionen für ihr Unternehmen zu erzielen: Sie gaben Immobilienaktien als sichere Geldanlage aus und verschwiegen ihren Kunden das Risiko dieser Investition:

- Ein AWD-Berater stellt dem Kunden Dr. Ramstetter (alle Namen ehemaliger Kunden geändert) Immofinanzaktien ausdrücklich als absolut sicheren inländischen Fonds dar. Dr. Ramstetter investiert von 1997 bis 2006 insgesamt rund 100 000 Euro. Im Jahr 2011 hat er davon rund 40 000 Euro verloren.

- Das Ehepaar Huber zahlt nach AWD-Beratung bis Juli 2008 jeden Monat 290 Euro an die Constantia Privatbank für Aktien der Immofinanz AG zum aktuellen Kurs. Während der Wirtschaftskrise 2007 rät der Berater zum Halten.

Erst im Februar 2009 verkauft die Familie deshalb und er-
leidet einen Verlust von 72 000 Euro.

- Ein AWD-Berater rät seiner Kundin Friede Förster 2003,
  ihre Ersparnisse aus 20 Jahren in absolut sicheren Immo-
  finanz-Aktien anzulegen. Er vermeidet das Wort Aktie
  und redet von Wertpapier, bezeichnet das Papier als mündelsicher, schließt also einen Wertverlust praktisch aus und
  rät nicht zur Streuung. 2003 kauft Friede Förster für gut
  8000 Euro die Aktien, zusätzlich zahlt sie bis 2008 monatlich 80 Euro für einen Ansparvertrag. Im April verkauft sie
  und hat insgesamt 4500 Euro verloren.

- Ein AWD-Mitarbeiter verspricht Verwandten in den Jahren 2006 und 2007, die von ihm empfohlenen Geldanlagen
  brächten Renditen zwischen sieben und 13 Prozent. Es
  handelt sich um Immobilienaktien. Ein Onkel des Beraters
  macht ein Minus von 13 800 Euro, dessen Gattin verliert
  35 000 Euro. Die betagten Eltern des Onkels bringt die Beratung um 40 000 Euro.

- Im AWD-Büro in Wien wird dem Ehepaar Dorfer zum
  Kauf von Immobilienaktien geraten – die seien mündelsicher und risikofrei. Der Berater empfiehlt damit die Aktien, die ihm die höchste Provision bringen. Als die Ak-
  tienkurse im Sommer 2007 fallen, rät der AWD-Berater
  dem Ehepaar mehrfach, die Aktien zu halten. Das Ehepaar
  verkauft die Aktien 2009 mit rund 92 700 Euro Verlust.

- Nach Beratung durch den AWD wird zwischen 2002 und
  2010 mehr als die Hälfte des Vermögens zweier minderjäh-
  riger Mädchen – jeweils rund 78 000 Euro – in angeblich
  mündelsichere Immofinanzaktien investiert. Der AWD rät
  danach mehrfach, die Aktien zu halten. 2011 liegt der Wert
  der Aktien bei jeweils 46 500 Euro.

- 2005 verspricht eine AWD-Mitarbeiterin einer Frau, die
  ihre Ersparnisse zur Rentenabsicherung absolut sicher an-

legen will, schriftlich eine Rendite von sieben bis acht Prozent und bezeichnet Immofinanzaktien als mündelsicher.
Die Kundin kauft für insgesamt 9000 Euro. Vier Jahre später sind die Aktien nur noch 5000 Euro wert.
- 2007 will ein Ehepaar 15 000 Euro für zwei Jahre festlegen,
  um danach eine Restsumme für ihr Auto zu zahlen. Der
  AWD empfiehlt, in Immofinanz- und Immoeastaktien zu
  investieren. Im Jahr darauf hat das Ehepaar 6500 Euro verloren.

Nachdem sie beim AWD ausgestiegen waren, gaben manche
Berater eidesstattliche Versicherungen ab. In dem Bewusstsein, für eine Falschaussage bestraft zu werden, schilderten
die Ex-Mitarbeiter, dass sie für die Vermittlung der Immobilienaktien eigens geschult worden seien. »In der Schulung
wurde uns die Immofinanzaktie als jenes Produkt vorgestellt,
das man jedermann, insbesondere auch sicherheitsbewussten
Sparbuch- oder Bausparern verkaufen könne. Es sei zwar
eine Aktie, diese funktioniere aber wie ein Fonds«, erklärte
ein früherer AWD-Berater. »Es wurde hervorgehoben, dass
diese Aktie sogar ›mündelsicher‹ sei; ich glaube mich sogar an
ein Werbe-Video zu erinnern, in dem davon die Rede war. In
der Schulung wurden wir nicht darauf hingewiesen, dass man
bei der Veranlagung in Immofinanzaktien auf eine breite
Streuung des Portfolios achten solle. Die Aktie wurde als so
sicher wie ein Bausparvertrag dargestellt.«
    Der Berater wies in seiner eidesstattlichen Versicherung
auch darauf hin, dass er Provisionen nur dann bekommen
habe, wenn er nach dem Kundentermin auch ein Ge-
sprächsprotokoll mit Unterschrift des Kunden beibrachte.
Allerdings »wurden wir nicht dazu angehalten, alle Punkte
des Gesprächsprotokolls auch ausführlich im Gespräch mit
den Kunden zu erörtern«.

Mit vorgegaukelter Sicherheit gelang es dem AWD über die Jahre, immer neue Kunden von den hochriskanten Immobilienaktien zu überzeugen. Das österreichische Sozialforschungsinstitut SORA wertete im Auftrag des VKI insgesamt 7243 Beschwerden von AWD-Kunden aus, die von 1999 bis 2007 beim Kauf von Immobilienaktien von AWD-Vertretern vermutlich falsch beraten wurden. Dabei kam heraus, dass AWD-Berater in einem Drittel der Fälle die Aktien fälschlicherweise als Anlage in einen »Immobilienfonds« angepriesen hatten. 63 Prozent aller Kunden hatten vorher nur »Erfahrungen mit relativ risikoarmen Anlageverfahren wie Sparbüchern, Bausparverträgen oder Lebensversicherungen« gesammelt.

Diesen vorsichtigen Anlegern vermittelten AWD-Berater nun hochriskante Immobilienaktien. In 99 Prozent aller Fälle stellte der AWD-Berater das Wertpapier als »besonders sicher« dar, und in drei von vier Fällen stützte er sich auf ein vom AWD bezahltes Sachverständigengutachten. Die Berater wendeten dabei den alten Trick an, mit dem der AWD auch in Deutschland erfolgreich geschlossene Immobilienfonds vermittelt hatte: Das Geld fließe in handfeste Immobilien, der Kunde habe also einen Gegenwert und durch langfristige Mietverträge garantiere gute Renditen. Die Anlage in Häuser und Wohnungen sei krisensicher und allenfalls bei Krieg oder Erdbeben gefährdet. Dass sie selbst für die Vermittlung von Immobilienaktien eine Provision bekamen, die rund zehnmal höher war als etwa bei einem Bausparvertrag, erwähnten die Berater den Kunden gegenüber nicht.

Die Anleger folgten ihren AWD-Beratern auch, weil es sich oft um Bekannte oder gar Verwandte handelte. Das war kein Zufall, sondern AWD-Strategie: Jeder Berater sollte ja versuchen, in seinem eigenen sozialen Umfeld Umsatz zu machen, dort eben, wo man ihm vertraue. Von den 7243 befragten

AWD-Kunden gaben fast 5000 an, dass sie ihren AWD-Berater schon vorher gekannt hatten.

Eine besonders erfolgreiche Führungskraft beim AWD Österreich war Richard Gruber (Name geändert). Er verstand es wie wenige, neue Mitarbeiter zu werben, auf Linie zu bringen und ihnen dauerhaft hohe Leistungen abzuverlangen. Der heute 56-Jährige sprach seine Mitarbeiter im Jahr 2004 unzweideutig mit »Liebe Freunde der Geldvermehrung!« an und lieferte ihnen einen genauen Regieplan, wie sie Kunden im Kontaktgespräch von Immobilienaktien überzeugen sollten:

> »Lieber Herr / Frau …, angenommen, es gibt eine sichere Anlage, die doppelt so viel bringt wie ein Bausparer und noch dazu steuerfrei ist, wäre das interessant für Sie? Dann sollten wir uns schnell treffen, denn jetzt gibt es sogar noch ein Extrazuckerl dazu.«

Gruber machte seine Mitarbeiter glauben, dass sie nicht für ihn und den AWD, sondern für die Kunden handelten. Mit Blick auf die riskanten Immofinanzaktien schrieb er: »Bitte benützen Sie ALLE Möglichkeiten, die Menschen darüber zu informieren. Sie werden Ihnen ewig dankbar sein!«

Richard Gruber hatte Erfolg. Im Mai 2005 ließ er seine Mitarbeiter wissen: »Wir liegen heuer bereits 72 Prozent über dem Vorjahr! Und im Mai läuft es bisher super, bester Start unserer Geschichte!«

Am 9. Mai 2006 mailte er aus Mallorca, wo er sich einige Tage in Carsten Maschmeyers Villa »Paradise Castle« erholte, dem Ort, den später der deutsche Bundespräsident Christian Wulff durch seinen Besuch bekannt machte. Maschmeyer hatte die »Traum-Incentivevilla« gerade eröffnet, Mitarbeiter konnten sie für drei oder sechs Tage buchen und mit bis zu zwölf Personen nutzen. In der Hauptsaison nahm Maschmeyer dafür laut AWD-Formular pro Tag 2250 Euro, Personal, Reinigung und die Nutzung dreier Mietcabriolets inklusive.

Richard Gruber motivierte seine Leute unter der Betreffzeile »Schöne Grüße aus Mallorca«: »Haben Sie ALLE bereits die 20 Immofinanzkunden? Ja, dann können Sie sich ja eine Runde Ausspannen im ›Paradise Castle‹ gönnen, um fit für die Immoeast zu sein.« Die »Immoeast« war eine Aktie von ebenfalls hohem Risiko für Anleger. Der AWD vertrieb sie mit Eifer und Erfolg.

In »Moneyscout. Das Magazin für Mandanten und Freunde von AWD« diente Richard Gruber 2008 allen Kollegen als Vorbild. Hervorgehoben wurden allerdings nicht die markigen Sprüche, mit denen er Mitarbeiter antrieb. Die Redaktion beschrieb Gruber als Altruisten, der sich darüber freue, dass er und seine 90 Mitarbeiter den Kunden »gute Tipps« geben konnten. Gruber leite morgens ab 8.30 Uhr den ganzen Tag über Seminare für Mitarbeiter, führe Coaching-Gespräche und studiere Finanzunterlagen. »Rund zwölf Stunden verbringt er täglich im Büro, dann geht es nach Haus, wo der administrative Teil seiner Tätigkeit wartet. Kunden kann er bei dem Arbeitsaufwand nur mehr vereinzelt betreuen.« Gruber ernähre sich »vernünftig« und fahre auch »vernünftig« Auto, erfuhren die Leser.

Auch Carsten Maschmeyer blieb nicht verborgen, dass Richard Gruber emsig zum Umsatz des Unternehmens beitrug. Im Januar 2006 beförderte er ihn zum AWD-Direktor. Die Ernennung zeige, schrieb Maschmeyer, »dass Sie mit dem richtigen Engagement, positivem Denken, Mut und Durchhaltevermögen eine große Organisation aufbauen und erfolgreich führen können. Der damit verbundene hohe Status und das Mehreinkommen stehen Ihnen wahrlich zu.«

Der AWD-Chef dankte dem neuen Direktor »aufrichtig« dafür, »auch in schwierigen Zeiten immer zu AWD und zu mir gestanden zu haben«. Der Aufstieg sei für ihn »ein großer weiterer Schritt in die finanzielle Unabhängigkeit«.

Der Fall des AWD-Direktors Richard Gruber zeigt, wie die Lob- und Motivationsrhetorik von oben in die AWD-Pyramide einsickerte. Bei Fortbildungen trieb der Vorgesetzte seine Leute mit blumigen, teilweise esoterisch anmutenden Gedanken an und versuchte, ihrer Tätigkeit einen höheren Sinn zu geben.

Bei Richard Gruber las sich das in einer E-Mail an seine 90 Mitarbeiter vom Mai 2006 so:

»Liebe Kolleg(inn)en,
wir haben uns in den beiden letzten Hauptseminaren damit beschäftigt:
Wir stehen für und leben sie aus:

PERSÖNLICHE FREIHEIT
– unbändig, grenzenlos
– egoistisch, nur mir verpflichtet
– meinen eigenen Werten und Zielen treu
– mutig bis zur letzten Konsequenz
Wir haben und führen in die Realität:

VISIONEN
– grenzenloses Denken
– geistige Freiheit für alle Menschen vermitteln
– eigene Visionen anderen sichtbar machen
– den Menschen ein besseres materielles Leben ermöglichen.
Bitte reflektieren Sie auch diesen Gedanken!
Im Kopf fängt alles an.
Die Materie folgt dem Geist!!!!!

Wir alle haben die Chance, unser Dasein so zu gestalten,
wie WIR das wollen. Und ALLES IST MÖGLICH!
Machen Sie IHR Maximum aus Ihrem Leben!
Viel Freude dabei!
Ihr
Richard Gruber«

Grubers Botschaft lautete, dass mit der richtigen Einstellung
alles zu schaffen sei und dass seine Mitarbeiter sogar »geistige
Freiheit für alle Menschen« vermitteln könnten. Er vergaß
bei allen Reflexionen aber nicht, ans konkrete Geschäft mit
Immobilienaktien zu erinnern. Unter »PS« schrieb er: »Immoeast hilft Ihnen bei der Erreichung Ihrer Ziele!«, und
fragte seine Mitarbeiter: »Wie viel machen Sie?«

Richard Gruber machte noch einige Jahre gute Geschäfte
für den AWD. Im September 2009 schied er aus. Der Direktor
hinterließ eine große Anzahl von Mitarbeitern und rund
10 000 Kunden. Weil Gruber weiterhin im Finanzgewerbe arbeiten wollte, gab es zwischenzeitlich Unstimmigkeiten, ob
er nicht manche Kunden mit zu seiner neuen Firma nehmen
könne.

Es habe »wohl einige Kommunikationsfehler über die Betreuung gegeben«, schrieb Gruber in einer E-Mail vom 7. Mai
2010. »Grundsätzlich besteht ein Kundenverhältnis nur zum
AWD, ihm ›gehören‹ alle Kunden. Das stand auch in meinem
Vertrag so, ebenfalls eine Pönalzahlung, sollte ich nach meinem Ausscheiden ›Kunden abwerben‹.« Gruber schreibt
weiter, dass dem AWD die vertragliche Androhung einer
Strafe offenbar nicht ausreichte: »Da mir der AWD-Chef im
Zuge meiner Kündigung letzten September sehr schwerwie-
gende Drohungen ausgesprochen hat, habe ich mich dement-
sprechend sehr defensiv verhalten.«

Das Verhältnis von Richard Gruber und dem AWD endete

demnach unharmonisch und mit einer Bedrohung. Gruber
wechselte zum AWD-Konkurrenten DVAG.

Der österreichische Ableger des Finanzvertriebs AWD galt
als sehr erfolgreich, zumindest stellte die AWD-Spitze das
öffentlich so dar. Entsprechend engagiert war Maschmeyer
in Österreich. Im März 2004 etwa bekundete er seine Zufriedenheit mit der Arbeit in Wien und wünschte viel Glück
dabei, »die größte Direktion in Europa aufzubauen«. Im Januar, noch vor der offiziellen Einweihung, durften AWD-
Vertreter aus Österreich die neue »AWD-Arena« in Hannover besichtigen. Anschließend lud Maschmeyer in seine Villa
ein. Das Candle-Light-Dinner habe die Delegation aus Österreich »hoch begeistert«, schrieb der AWD-Chef anschließend.

Intern blickte der AWD-Vorstand bald jedoch mit weniger
Begeisterung auf die Geschäftsentwicklung in Österreich.
Am 11. November 2005 diskutierte der AWD-Vorstand in
Hannover über Schwierigkeiten in Österreich. »Herr Derndinger informiert über Anzeichen eines generellen, perspek-
tivischen Downsize-Risikos auf dem Markt für Immobilienaktien in Österreich«, heißt es im Protokoll. Maschmeyer
und seine Mitstreiter im höchsten Gremium des AWD waren
sich bewusst, dass die im großen Umfang vermittelten Akti-
en ein Risiko darstellten. »Der Vorstand diskutiert die Son-
derkonjunktur und analysiert einen etwaigen Handlungsbe-
darf für AWD Österreich.« Carsten Maschmeyer, heißt es
weiter in dem Protokoll der Sitzung, wolle das Thema auf der
Büroleiterkonferenz des AWD Österreich am 14. Dezember
2005 ansprechen.

Das Protokoll der Vorstandssitzung ist nicht der einzige
Beleg dafür, dass die AWD-Spitze über die Entwicklung in
Österreich schon sehr früh bestens im Bilde war. Am 11. Mai

2006 stand das Thema »Immobilienaktien Österreich« ganz oben auf der Tagesordnung: Der Vorstand analysierte den Markt und den Kundenbedarf für Immobilienaktien in Österreich. Laut Protokoll kam es auch zu »Einschätzungen zur Risikolage«.

Aus Österreich war der dortige AWD-Geschäftsführer per Video zugeschaltet. Der AWD-Vorstand erfuhr nun aus erster Hand vom Erfolg »in der Performance von Immobilienaktien« im Vergleich zu Fonds. Österreichische Immobilienaktien hatten in den letzten Jahren »ausgezeichnete Renditen«, heißt es im Protokoll. Ein besonderer Vorteil sei, dass »Kursgewinne aus Immobilienaktien« im Gegensatz zu Immobilienfonds »nach einem Jahr und einem Tag steuerfrei« seien.

Anders als mit breit gestreuten Fonds war das Geschäft mit einzelnen Aktienwerten jedoch hochspekulativ und riskant. Der Vorstand entschied deshalb, wie zuvor schon in Deutschland, vorsorglich »eine Taskforce« einzusetzen. Vom AWD-Österreich-Geschäftsführer verlangte er, beim nächsten Quartalsgespräch einen »Fortschrittsbericht zum Thema Immobilienaktien« vorzulegen. Danach vermerkte der Protokollant der Vorstandssitzung: »Mittelfristig soll das Ziel verfolgt werden, die Immobilienaktien-Positionen bei Kunden deutlich abzubauen.«

Gerade der letzte Satz zeigt: Carsten Maschmeyer und seine Vorstandskollegen kannten spätestens im Frühjahr 2006 ziemlich genau die Probleme, die dem AWD Österreich bevorstanden, weil seine Berater in großem Umfang riskante Immobilienaktien vermittelten und den Kunden glauben machten, dass es sich dabei um mündelsichere Immobilienfonds handele. Die AWD-Führung war informiert und involviert. Im Mai 2006 drohten nun sinkende Kurse und Verluste, Vorboten des großen Zusammenbruchs. Der AWD musste sich auf Klagen wegen Falschberatung einstellen, auf Prozesse, Bilanz- und Imageprobleme. Er ließ seine Leute deshalb Altfälle überprüfen und bildete eine »Taskforce«.

Eines aber entschied der AWD-Vorstand nicht: Trotz zunehmend brisanter Lage in Österreich ordneten der Vorstandsvorsitzende und seine Kollegen nicht an, die Vermittlung der hochriskanten Aktien zu stoppen. »Mittelfristig« erst wollte der AWD das lukrative Geschäft »deutlich abbauen«, vorher jedoch noch weiter kassieren.

Seit dem Sommer 2006 sanken in Österreich die Kurse der Immobilienaktien, ein Jahr später brachen sie völlig ein. Noch 2007 aber rieten Berater von AWD Österreich ihren Kunden trotz massiver Verluste, Immobilienaktien zu halten. Da hatte das österreichische Ministerium für Arbeit, Soziales und Konsumentenschutz allerdings längst die Verbraucherschutzorganisation VKI beauftragt zu recherchieren, wie viele Österreicher sich vom AWD falsch beraten fühlten. Dem Aufruf des VKI im Fernsehen waren 7243 ehemalige AWD-Kunden gefolgt. Österreich wehrte sich.

Es folgte ein jahrelanger, zermürbender Kampf. Der AWD spekulierte wohl darauf, dass die drohenden Ansprüche verjährten. Im Herbst 2008 kam es zunächst zu Sondierungsgesprächen über eine außergerichtliche Einigung. Der AWD bot eine Einzelfallprüfung an – der VKI übergab darauf zehn Musterfälle. In zwei Fällen bot der AWD ohne Schuldeingeständnis die Hälfte des geforderten Schadenersatzes an. Die Anleger brauchten das Geld und nahmen an. In weiteren vier Fällen machte der AWD Kulanzangebote. Hier lehnten die Betroffenen ab. In vier Fällen kam es zu einem Musterverfahren vor dem Handelsgericht in Wien. Trotz Tausender Beschwerden wollte der AWD nach wie vor jeden Einzelfall prüfen.

Im Juni 2009 reichte der VKI beim Handelsgericht Wien eine Sammelklage für Hunderte Geschädigte ein. Weitere Sammelklagen folgten. Der AWD hielt dagegen und stellte die Zulässigkeit von Sammelklagen in Österreich grundsätzlich in Frage. So gewann der Finanzvertrieb Zeit. Im Herbst 2010 erklärte das Oberlandesgericht in Wien die Sammelklagen des VKI gegen den AWD für zulässig. Das eigentliche Gerichtsverfahren konnte beginnen, denn die Entscheidung war nicht weiter anfechtbar. Der Verbraucherschutzverband hatte es geschafft, Rechtsgeschichte zu schreiben: Anders als etwa in Deutschland war man in Österreich dem Vorbild aus den USA gefolgt, wo Sammelklagen möglich sind. Betrogene Verbraucher konnten hier daher oft schon millionenschwere Entschädigungen erstreiten.

Neben den Sammelklagen waren rund 600 Einzelklagen in Wien anhängig, meist hatten diese Kläger Rechtsschutzversicherungen. In der Regel verglich sich der AWD in Einzelprozessen, sobald sich eine juristische Niederlage abzeichnete. In diesen Vergleichen vereinbarten die Parteien dann allerdings Stillschweigen. Das Ausmaß der Fehlberatungen sollte dadurch möglichst nicht an die Öffentlichkeit dringen. Nach demselben Muster verfuhr der AWD auch in Deutschland, wo ebenfalls Tausende von Einzelklagen anhängig waren. Aber hier musste jeder Geschädigte seine Ansprüche einzeln geltend machen und individuell begründen, wann und wie er falsch beraten wurde. Insgesamt sah sich der AWD in Deutschland und Österreich zunächst mit Anlegerklagen im Umfang von rund 200 Millionen Euro konfrontiert.

Im Abwehrkampf gegen die Sammelklagen des VKI ließ der AWD kaum etwas unversucht. Der VKI hatte für die Finanzierung der möglicherweise langwierigen Prozesse einen sogenannten Prozessfinanzierer gewonnen. Die Foris AG übernahm das Prozessrisiko, das bei einem Streitwert von 40 Millionen Euro erheblich war. Im Falle einer Niederlage würde die Firma aus Bonn für die Gerichts- und Anwaltskosten des VKI aufkommen. Der AWD argumentierte nun, eine Prozessfinanzierung mit der Vereinbarung einer Erfolgsquote sei nicht zulässig. Dass die Geschädigten ihre Ansprüche für den Prozess an den VKI abgetreten hätten, sei damit unwirksam.

Am 20. Februar 2012 entschied das Handelsgericht Wien, dass Erfolgsbeteiligungen eines Prozessfinanzierers bei Sammelklagen zulässig seien. Der AWD kündigte Berufung gegen das Urteil an.

Im März 2013 stellte der Oberste Gerichtshof in Wien klar: Es sei zulässig, Sammelklagen wie die des VKI gegen den AWD mit Hilfe von Prozessfinanzierern abzusichern. Der Prozess auf Entschädigungszahlungen konnte nun fortgeführt werden. Für 20 frühere AWD-Kunden, die ihr Geld hatten einklagen wollen, kam diese Grundsatzentscheidung zu spät. Sie waren inzwischen verstorben.

Dem AWD gelang es, das Verfahren gegen die Sammelklagen um mehr als drei Jahre herauszuzögern. Diese Zermürbungstaktik führte auch dazu, dass der VKI seine Strategie änderte. Sechs Jahre lang hatte die Verbraucherschutzorganisation eine hartnäckige juristische Auseinandersetzung mit dem Finanzdienstleister geführt. Doch die Gerichtsverhandlungen um Entschädigungszahlungen, die jetzt anstanden, konnten sich weitere Jahre hinziehen. Im August 2013 entschied sich der VKI deshalb zu einem außergerichtlichen Vergleich und erreichte so, dass die Gegenseite wenigstens 11,1 Millionen von den ursprünglich geforderten 40 Millionen Euro zahlen musste.

Da hatte die Swiss Life in Zürich längst Konsequenzen gezogen. Den früheren AWD-Chef Carsten Maschmeyer war der Konzern bereits zwei Jahre zuvor, im November 2011, losgeworden. Nun trennte er sich auch von dem Namen von dessen früherer Firma: Der AWD hieß ab sofort »Swiss Life Select«.

Beobachter werteten den Namenswechsel als Eingeständnis des Scheiterns. »Vertriebspower« und Anteile am osteuropäischen Markt hatte der AWD der Schweizer Versicherung bringen sollen. Bekommen hatte die Swiss Life Prozesse wegen Falschberatung.

»Dörigs Debakel« titelte die »Aargauer Zeitung« pointiert über den Verwaltungsratschef von Swiss Life und berichtete Interna aus dem Versicherungskonzern: »Gegen viel internen Widerstand« sei die Akquisition damals durchgeboxt worden. Auch der spätere Swiss-Life-Chef Bruno Pfister sei »zunächst eher skeptisch« gewesen. Der damalige Verwaltungsratspräsident Bruno Gehrig habe das Projekt AWD »kritisch« gesehen. Die Zeitung analysierte: »AWD-Gründer Carsten Maschmeyer machte schnell klar, dass er sein Lebenswerk nur als Ganzes verkaufen wolle. Geschickt verstand er es, Druck auszuüben. Das Begehren von Swiss Life, eine vertiefte Buchprüfung von AWD einzuleiten, wischte Maschmeyer mit der Drohung vom Tisch, das Unternehmen sonst einem anderen zu verkaufen.«

Rolf Dörig äußerte sich gegenüber der »Aargauer Zeitung« auch selbst. Er bedauerte, nicht früher durchgegriffen zu haben. »Die Integration hätten wir wohl rascher und konsequenter vorantreiben können«, sagte er und ging auch auf den Wert des AWD ein: »Es schmerzt mich, wenn wir ein Drittel des Kaufpreises nach fünf Jahren abschreiben müssen.«

Swiss Life hatte der Kauf des AWD insgesamt 1,2 Milliarden Euro gekostet. Ausgelöst durch das Desaster bei der deutschen Tochtergesellschaft, musste der Schweizer Versicherungskonzern eine Wertberichtigung vornehmen. Vom Bilanzwert von 1,1 Milliarden Franken für den AWD musste man im vierten Quartal 2012 nun 576 Millionen Franken abschreiben. Der erwartete Vorsteuergewinn für das laufende Geschäftsjahr von rund 850 Millionen Franken schrumpfte damit auf einen zweistelligen Millionenbetrag zusammen.

Anlässlich der Umbenennung des AWD gab der Präsident des Verwaltungsrats noch ein weiteres Interview. Die Journalisten der Schweizer »Sonntagszeitung« gingen Dörig dabei ziemlich direkt an:

>»Ließen Sie sich vom schillernden AWD-Gründer Carsten Maschmeyer blenden?‹
>Nein.‹
>Er rühmt sich öffentlich, mit Ihnen befreundet zu sein.‹
>Freundschaften pflege ich in meinem Privatleben. Ich schätze Carsten Maschmeyer nach wie vor und habe Respekt für seine unternehmerischen Leistungen.‹
>Die Reputations- und Prozessrisiken waren bekannt, als Sie beschlossen, AWD zu kaufen.‹
>Da muss ich Ihnen widersprechen. Im heutigen Ausmaß waren die Klagen nicht absehbar.‹«

Carsten Maschmeyer wäre ein schlechter Vorstandsvorsitzender gewesen, hätte er die Zukunftsaussichten seines Unternehmens nicht besser als die Käufer aus der Schweiz einzuschätzen vermocht. Wie schon im Jahr 2005, so hatte er auch Ende 2007 aus seiner Sicht zur richtigen Zeit ein dickes Paket AWD-Aktien veräußert. Maschmeyer kannte ja die toxischen Altlasten seines Unternehmens.

Am Ende des Jahres 2012 besaß der AWD einen geradezu verheerenden Ruf. Der Swiss-Life-Chef Bruno Pfister wies persönlich darauf hin, als er die Umbenennung in Swiss Life Select erklärte. Der AWD habe »ein Problem bei der Rekrutierung von Beratern. Das Image des AWD hat vor allem wegen der Rechtsfälle gelitten, mit denen wir in Deutschland und Österreich konfrontiert sind. Das Wort AWD war für Berufseinsteiger nicht mehr attraktiv.«

Bruno Pfister und dem Verwaltungsratspräsidenten Rolf Dörig blieb nichts anderes übrig, als die letzten Spuren der Maschmeyer-Ära zu tilgen. Der Stadtbezirksrat Bothfeld-Vahrenheide half den Schweizer Managern dabei. Die Ratsherren im Nordosten Hannovers beschlossen am 17. April 2013 ebenfalls eine Umbenennung: Der AWD-Platz solle fortan Swiss-Life-Platz heißen.

Der Verlust des AWD-Platzes mochte Carsten Maschmeyer folgerichtig erscheinen, er kommentierte ihn nicht weiter. Auf die mehr oder weniger verdeckten Schuldzuweisungen aus der Schweiz allerdings reagierte er im »Spiegel«. Dass der Umsatz schon im ersten Jahr nach seinem Ausscheiden so drastisch eingebrochen sei, erklärte Maschmeyer mit dem »anderen Geschäftsverständnis« der Vorstandsmitglieder von Swiss Life. »Zunächst war ja geplant, dass ich den AWD für die Swiss Life weiterführe. Aber wir merkten sehr bald, dass wir unterschiedliche Auffassungen hatten über Entscheidungsgeschwindigkeiten, Zukunftsinvestitionen. Also habe ich mich ganz verabschiedet. Die jetzigen Akteure sind sicher fleißig, führen das Unternehmen aber zu technokratisch und kostenorientiert.«

Seit seinem Ausstieg beim AWD beteiligte sich Carsten Maschmeyer an zahlreichen Firmen. Glücklich und nachhaltig waren seine Investitionen dabei allerdings nicht immer. Das Gesundheitsportal »HausMed«, in das Maschmeyer über seine Investmentgesellschaft Alstin einstieg, ging in die Insolvenz. Der Fahrradhersteller Mifa, bei dem Maschmeyer über seine Firma Paladin 20 Prozent der Aktien hielt, schrieb Millionenverluste und gestand im Frühjahr 2014 Fehler in der

Bilanzführung. Wenige Tage nach Maschmeyers Hochzeit mit Veronica Ferres meldete die Mifa Insolvenz an. »Maschmeyer aus dem Sattel gehoben«, titelte die »Mitteldeutsche Zeitung«.

Weitaus leiser endete die MaschmeyerRürup AG. 2009 hatte sich Carsten Maschmeyer mit dem Wirtschaftsprofessor Bert Rürup zusammengetan, um Versicherungen, Banken und sogar ausländische Regierungen bei dem Thema Reform der sozialen Sicherungssysteme zu beraten. Auch der frühere Arbeitsminister Walter Riester und Klaus-Peter Müller, der ehemalige Chef des Bundesverbandes deutscher Banken, arbeiteten für die Hannoveraner Consultingfirma. Doch im ersten Jahr startete das Unternehmen mit einem Fehlbetrag von 2,2 Millionen Euro. 2013 ging die MaschmeyerRürup AG, deren Gründung den beiden Namensgebern noch zahlreiche Schlagzeilen eingebracht hatte, in Liquidation.

Auch seinen Immobilienbesitz versuchte Carsten Maschmeyer zu reduzieren. Auf Mallorca stand die Villa »Paradise Castle« im Sommer 2014 zum Verkauf. Maschmeyer verlangte für das komplette Anwesen, auf dem sich AWD-Führungskräfte wie der österreichische AWD-Direktor Richard Gruber und politische Führungskräfte wie der Bundespräsident Christian Wulff erholt hatten, 38 Millionen Euro. Manche spekulierten, der Milliardär benötige Geld, doch Maschmeyer ließ die Sache anders begründen. »Saint-Tropez, Starnberger See, Hannover«, erklärte eine Sprecherin, »Herr Maschmeyer hat einfach zu viele Wohnsitze.«

12.
Noch mehr Freunde
Ursula von der Leyen und Stephan Weil

Die Wörter Freund und Freundschaft nimmt Carsten Maschmeyer nicht leichtfertig in den Mund. »Ich habe nur eine Handvoll echter Freunde«, sagt er von sich selbst. »Ich unterscheide zwischen Freunden und Bekannten. Bekannte sind wie scheue Vögel. Ist der Erfolg weg, fliegen sie weg. Freunde bleiben, egal was ist.«

Wer sich Maschmeyer nahe fühlte und diese Reflexionen über Freundschaft im Januar 2011 in der »Bild am Sonntag« las, konnte sich nun fragen: Galt er dem Unternehmer als echter Freund? Oder zählte er zur sicher größeren Gruppe der »scheuen Vögel«?

Drei Personen brauchten sich unterdessen keine Sorgen zu machen, bei ihnen schloss Maschmeyer jedes Missverständnis aus. Gerhard Schröder und Christian Wulff seien »enge und langjährige Freunde«, ließ er wissen. Und »auch Ursula von der Leyen gehört zum Freundeskreis«.

Die damalige Bundesarbeitsministerin konnte sich der Zuneigung des langjährigen AWD-Chefs also sicher sein, und weil zu einer Freundschaft zwei gehören, machte Maschmeyer offenbar ähnliche Gefühle von der Leyens für ihn selbst aus. Mit Gerhard Schröder, sagt Maschmeyer, verbinde ihn auch die Herkunft, der Weg von ganz unten nach ganz oben. Wie ist seine Freundschaft zu Ursula von der Leyen zu erklären?

Ursula von der Leyen entstammt einem Milieu, das wenig gemein hat mit dem Mutter-Kind-Heim in Bremen, in dem

Carsten Maschmeyer aufwuchs. Ihr Vater Ernst Albrecht
war Nachfahre des Bremer Textilkaufmanns Ludwig Knoop,
eines der erfolgreichsten Unternehmer des 19. Jahrhunderts.

Ernst Albrecht studierte zuerst Philosophie und Theologie
in Tübingen, Basel und an der Cornell University, die zu den
renommiertesten Hochschulen der USA zählt. Danach machte er noch einen Abschluss als Diplomvolkswirt und promovierte. 1954 wurde Albrecht Attaché beim Ministerrat und
vier Jahre später Chef des Kabinetts der »Europäischen Gemeinschaft für Kohle und Stahl«, aus der später die »Europäische Gemeinschaft« (EG) entstand, die Vorgängerorganisa-
tion der »Europäischen Union« (EU). Mit seiner Frau und
seinen sieben Kindern lebte Albrecht lange in Brüssel. Dort
wurde 1958 auch seine Tochter Ursula geboren.

Im Range eines Generaldirektors der Europäischen Gemeinschaft verließ Albrecht mehr als ein Jahrzehnt später
Belgien und zog mit seiner Familie nach Niedersachsen. Dort
verlief seine Karriere weiterhin rasant. 1970 übernahm er für
die CDU ein Landtagsmandat, ein Jahr später die Geschäftsführung von Bahlsen. Als Finanzdirektor managte er den
nun auch international agierenden Keks-, Kuchen- und
Chipskonzern jahrelang – bis er zum Ministerpräsidenten
Niedersachsens gewählt wurde. Letzteres war vor ihm noch
keinem CDU-Politiker gelungen.

Seine Tochter Ursula, vom Vater immer »Röschen« geru-
fen, hatte in Brüssel die internationale Schule besucht und
dann in Lehrte bei Hannover ihr Abitur abgelegt. Dass sie
eine Universität besuchen würde, stand im Akademikerhaus-
halt Albrecht außer Frage. Die Kinder erhielten eine konser-
vative Erziehung, in der der Leistungsgedanke fest verankert
war.

Einige der fünf Brüder drängten dann in die Wirtschaft,
wo sie später hohe Managementposten übernahmen. Auch

Ursula, die ältere der beiden Schwestern, studierte Wirtschaft, ein Jahr sogar an der berühmten London School of Economics. Danach aber wollte sie Ärztin werden und wechselte an die Medizinische Hochschule Hannover.

Dort lernte sie den Kommilitonen Carsten Maschmeyer kennen. »Wir standen im Anatomiekurs an der gleichen Leiche«, erinnerte sich Maschmeyer später. Er nannte in dem Interview nicht den Grund für die Nähe zu Ursula von der Leyen. Nur dass es ihm bei dieser Freundschaft nicht um ihren politischen Einfluss ging, machte er deutlich: »Wir mochten uns, lange bevor absehbar war, was aus uns wird.«

Ihr Vater allerdings war bereits etwas, was Maschmeyer sicherlich bewusst war: Der Vater seiner Kommilitonin war der amtierende Ministerpräsident Niedersachsens. Nach 14 Jahren erst, bei der Landtagswahl 1990, wurde Ernst Albrecht vom SPD-Spitzenkandidaten Gerhard Schröder besiegt. Albrecht war da 59 Jahre alt, wechselte zurück in die Wirtschaft, kaufte ein Eisenhüttenwerk bei Halle und versuchte, den Betrieb zu sanieren. Ab und zu ließ er sich noch zur Politik vernehmen. 1992 bedauerte er öffentlich den Rücktritt des Bundeswirtschaftsministers Jürgen Möllemann, der sich auf amtlichem Papier für den Einkaufswagen-Chip seines angeheirateten Vetters eingesetzt hatte. Albrecht mahnte, die Debatte um Moral in der Politik »weniger heuchlerisch« zu führen: »Wenn jeder Politiker, der einmal bewusst die Unwahrheit gesagt hat, sein Amt niederlegen müsste, würde es ziemlich leer werden in den Parlamenten und Kabinetten.«

Diese Aussage – Lügen ist normal in der Politik! – verstörte etwas, war aber eben die Ansicht dieses in Politik und Wirtschaft erfahrenen Mannes, der sich auch mit Carsten Maschmeyer einließ. Der AWD-Chef hatte bereits drei Jahre nach Gründung des Finanzvertriebs die AWD-Kinderhilfe gegründet und konnte für das Kuratorium der Stiftung nun

Persönlichkeiten mit Strahlkraft gebrauchen. 1997 gewann er dafür Ernst Albrecht. »Mit Herrn Dr. Albrecht, dem ehemaligen MP von Niedersachsen, ist die politische Schiene hervorragend abgedeckt«, stellte Maschmeyer im Januar 2000 gegenüber seinem Freund Jean-Remy von Matt, dem Besitzer einer Werbeagentur, zufrieden fest.

Als Albrecht in das Kuratorium der AWD-Stiftung eintrat, beriet er im Auftrag des Bundesministeriums für wirtschaftliche Zusammenarbeit auch den kirgisischen Staatspräsidenten. Bald engagierte sich nun auch die AWD-Stiftung in der früheren Sowjetrepublik in Zentralasien. Die Initiative dafür ging von Ernst Albrecht aus, Maschmeyer half ihm natürlich gern.

Aus Sicht des Unternehmers sprach viel dafür, ein gutes und vertrauensvolles Verhältnis zu dem Mann zu pflegen, der Niedersachsen so lange regiert hatte. Maschmeyer zögerte daher nicht, Albrecht in einer eher unangenehmen Sache um Hilfe zu bitten. Es ging um eine Art von Erpressung, die Maschmeyer still und leise geregelt haben wollte. Auf keinen Fall sollte die Angelegenheit an die Öffentlichkeit kommen. Ein erfahrener Altpolitiker wie Albrecht, dessen Tochter er so lange schon kannte, schien Maschmeyer dafür der richtige Ratgeber zu sein.

Im Mai 2001 hatte Maschmeyer anonym einen Zeitungsartikel zugeschickt bekommen. Er telefonierte darüber mit Ernst Albrecht und schickte diesem anschließend auch das Schreiben. Darin wurde ein »Herr Balzer«, so interpretierte Maschmeyer den Text, verleumdet.

Herr Balzer, mit Vornamen Karlheinz, war ein früherer Journalist, von dem Maschmeyer kleine Filme für den AWD produzieren ließ. Die beiden duzten und vertrauten sich, Balzer nämlich saß im Vorstand der AWD-Kinderhilfe. Maschmeyer ging davon aus, dass er »derzeitig das europäische Film- und Fernsehzentrum in Hessen initiiert«.

Der anonym gesandte Zeitungsartikel dürfte ein Text aus der »Ostsee-Zeitung« gewesen sein. Unter der Überschrift »Filmriss in Grimmen: Medienunternehmer eilt schlechter Ruf voraus« hatte ein Redakteur seine Recherchen über die Absicht Karlheinz Balzers veröffentlicht, in großem Stil in dem vorpommerschen Städtchen Grimmen zu investieren. »Direkt vor der Landratswahl schien eine gute Fee Grimmen entdeckt zu haben. Ein Film- und Fernsehzentrum mit 800 Arbeitsplätzen sollte entstehen. Jetzt sind Zweifel am Projekt aufgetaucht«, stand im Vorspann des Artikels.

Die Recherchen der Redaktion hatten ergeben, dass ein Filmzentrum in Balzers Heimat Michelstadt niemals gebaut worden war. Balzers Referenzen seien überhaupt »mit Skepsis zu betrachten«, etwa eine »Miss-Germany-Wahl in Berlin« und ein »Unicef-Millenniums-Event auf Mallorca«. Von der Miss-Wahl habe Balzer nur ein Video gedreht, das dann nicht mal im Fernsehen gezeigt worden sei. Die Unicef-Gala habe aus Balzers Sicht mit der Klage einer Münchner TV-Produzentin auf 400 000 Mark geendet.

Balzer stellte damit für Maschmeyer ein Problem dar: Sollte bekannt werden, dass Balzer Image-Filme für den AWD drehte und im Vorstand der Stiftung AWD-Kinderhilfe saß, könnten womöglich Maschmeyer und sein Unternehmen in die Berichterstattung mit hineingezogen werden. Das konnte Maschmeyer nicht gebrauchen. Ohnehin wurde ja aus seiner Sicht zu oft negativ über sein Unternehmen berichtet.

Maschmeyer fragte sich wohl auch, ob er Balzer noch trauen könne, falls die Vorwürfe gegen ihn stimmten. Auch deshalb suchte er Rat bei dem früheren Ministerpräsidenten Ernst Albrecht, der Balzer aus der gemeinsamen Arbeit für die AWD-Kinderhilfe kannte. Es gehe ihm darum, »etwaige Imageschäden« von der Stiftung fernzuhalten, schrieb er Ursula von der Leyens Vater und bat ihn: »Vielleicht könnten

Sie mir bis Mitte nächster Woche in einem Telefonat eine Empfehlung über die weitere Vorgehensweise aussprechen.«

Aus den Briefen geht nicht hervor, was Ernst Albrecht Carsten Maschmeyer riet. Maschmeyer regelte das Problem auf seine Art: Ende Juli 2001 schickte er einen Scheck nach Michelstadt. »Sehr geehrter Herr Balzer, in der letzten Woche haben wir einmal mehr erfahren dürfen, wie wichtig und hilfreich Ihre flexible und wirkungsvolle PR-Unterstützung für AWD ist. (…) Als Zeichen dieses Dankes erlauben wir uns, in Anlage zu diesem Schreiben einen Abschlagsscheck über 10 000,– DM beizufügen.«

Maschmeyer gratulierte Balzer im Jahr darauf wie gewohnt zum Geburtstag, schickte ein Geschenk und machte dem Geschäftspartner Mut: »Auch wenn die letzte Berufsphase sehr schmerzvoll geendet hat, heißt es doch oft so schön: Auch aus Steinen, die uns in den Weg gelegt werden, kann man etwas Schönes bauen!«

2005 und 2006 erhielt Karlheinz Balzer von Maschmeyer »private Zuwendungen«. Balzer bekam 61 000 Euro überwiesen und weitere 15 000 Euro in bar. Im Jahr 2006 erhielt Balzer vom AWD auch reichlich Aufträge. Das Problem aus Maschmeyers Sicht war nur: Balzer forderte für seine AWD-Filmchen mehr Geld, als ihm Maschmeyers Meinung nach zustand. Von »Dreistigkeit« schrieb der Unternehmer einem Freund und stellte klar: »Ich möchte mich einer möglichen Nötigung nicht beugen. Andererseits will ich wegen ein paar Euro nicht lästige öffentlichkeitswirksame Geräusche riskieren.« Vermutlich verfügte Balzer über Insider-Kenntnisse, die Maschmeyer nicht veröffentlicht sehen wollte.

Karlheinz Balzer, inzwischen ehemaliger Vertreter der AWD-Stiftung: Er war Maschmeyer nun zur Gefahr geworden.

Ende des Jahres war der »Erpresserfall«, wie Maschmeyer die Causa Balzer in dem Brief titulierte, mit anwaltlicher Hilfe gelöst. Dass er über seinen Duz-Freund Karlheinz einmal solche Worte verlieren würde, hatte Carsten Maschmeyer nicht geahnt, als er 2001 den Zeitungsartikel an Ernst Albrecht schickte und um Empfehlungen bat, wie mit der Sache umzugehen sei.

Als Ernst Albrecht damals seine Einschätzung des Falles Balzer abgab, saß seine Tochter Ursula als Abgeordnete der CDU im Stadtrat von Sehnde bei Hannover und in der Regionsversammlung Hannover. Dort hatte sie den Vorsitz im Ausschuss für Gesundheit und Krankenhäuser inne.

Die Medizinerin hatte inzwischen wie einst ihr Vater sieben Kinder, zwei Jahre alt war das jüngste. Sie war gut ausgebildet und eloquent, kam zudem noch aus parteipolitisch einwandfreiem Hause: Ursula von der Leyen war ein Trumpf für den CDU-Spitzenkandidaten Christian Wulff bei seinem dritten Anlauf, Ministerpräsident zu werden.

Das erfuhr auch Carsten Maschmeyer bei jenem Mittagessen mit Wulff im Gasthaus Wichmann im Dezember 2001. Was Wulff ihm erzählte, nahm Maschmeyer vielleicht zum Anlass, nicht mehr nur mit Ursula von der Leyens Vater zu kommunizieren. Jedenfalls schrieb er jetzt auch einen Brief an seine Kommilitonin von einst.

Der Finanzunternehmer ließ darin seine Nähe zu Christian Wulff durchblicken und beschränkte sich ansonsten erst einmal auf gute Wünsche, allerdings auf zahlreiche gute Wünsche. Der Unternehmer wünschte Ursula von der Leyen, »dass Du auch weiterhin die richtige Balance zwischen Familie und Politik finden wirst«, und war sich sicher, dass dies klappen würde. Er wünschte auch eine schöne vorweihnachtliche Zeit und regte an, diese »zu nutzen, um näher mit dem Partner zusammenzurücken, einiges zu überdenken und das Erlebte zu verarbeiten«. Maschmeyer schrieb vom »Rückhalt unserer Familien und unserer Freunde in der

Weihnachtszeit« und wünschte ein »schönes Weihnachtsfest« mit »hoffentlich ein bisschen Zeit zum Ausspannen«.

Als guter Bekannter von Christian Wulff und als Freund Ursula von der Leyens mochte Maschmeyer mit Wohlwollen beobachten, dass die große Hoffnung der Niedersachsen-CDU im Mai 2002 parteiintern zuerst dem amtierenden Abgeordneten Lutz von der Heide den Wahlkreis Burgdorf/Lehrte/Uetze abknöpfte und dann nach dem Wahlsieg im Februar 2003 auch sofort Sozialministerin wurde. »Bettina und ich sind ganz begeistert«, schrieb Maschmeyer gleich nach dem Wahltermin an die Freundin und nutzte dann einen Textbaustein, den Ursula von der Leyen mit Christian Wulff und Gerhard Schröder teilen musste: Er könne »nur erahnen, wie viel Siegeswillen, Optimismus, Energie und Ausdauer die letzten Wochen des Wahlkampfes verlangt haben. Viele Sportler könnten sich von Deiner Kämpfernatur eine Scheibe abschneiden und viele Manager würden mit diesen Eigenschaften bessere Zahlen in ihren Unternehmen präsentieren.«

Maschmeyer versetzte sich auch in die Lage Ernst Albrechts, dessen Tochter jetzt »regierende Ministerin« würde: »Es muss für Deinen Vater und Dich ein schönes Gefühl sein«, schrieb er, dass sich der Kreis des Lebens schließe.

Aber auch Maschmeyer selbst versetzte der Aufstieg Ursula von der Leyens in eine angenehme Situation. Er wurde von seiner früheren Kommilitonin nun um finanzielle Unterstützung gebeten. Jedenfalls bekam er Unterlagen zu dem Projekt »Niedersachsen baut auf Kultur« zugesandt. Er war gewissermaßen gefragt bei der Ministerin, musste den Kontakt nicht einmal mehr selbst suchen.

Maschmeyer sponserte in diesem Fall nicht. In seiner Antwort zeigte er aber Einfühlungsvermögen und hoffte, dass die Anforderungen an eine Großfamilie mit der politischen Verantwortung vereinbar seien. Außerdem wünschte er sich, dass »wir uns bald einmal sehen«, gerne zu zweit, gern aber auch »zu viert oder mit Kindern«.

Im Juni 2004 formulierte Maschmeyer diese Sponsoring-Absage – die Freundschaft litt darunter keineswegs. Es war die Zeit, in der der Kampf um die Reform der Riester-Rente weitgehend gekämpft war. Maschmeyer musste sich nun einer Idee aus der Politik erwehren, die seinem Unternehmen das Geldverdienen von Grund auf erschwert hätte: Das Konzept der Bürgerversicherung, vertreten von Grünen und Sozialdemokraten, besaß immer noch Chancen, umgesetzt zu werden. Die Existenz der privaten Krankenversicherung war also bedroht.

Maschmeyer wollte nun Kontakt zu den Lobbyisten des »Verbandes der privaten Krankenversicherungen« aufnehmen. Da konnte ihm Ursula von der Leyen behilflich sein. Es fügte sich aus Maschmeyers Sicht mal wieder glänzend: Die Ministerin war genau dort politisch aktiv geworden, wo Entscheidungen getroffen wurden, die das Geschäft des AWD-Chefs unmittelbar betrafen: in der Sozial- und Gesundheitspolitik.

Ursula von der Leyen profilierte sich dann auch als strikte Bewahrerin des alten Dualismus von gesetzlicher und privater Krankenversicherung. Seit 2003 saß sie in der nach dem früheren Bundespräsidenten genannten Herzog-Kommission zur Reform der deutschen Sozialversicherungen. Um die klassische private Krankenversicherung zu retten, arbeitete sie eng mit dem Hannoveraner Wirtschaftsprofessor Stefan Homburg zusammen, der Jahre später die Protestpartei »Alternative für Deutschland« unterstützen sollte. Homburg schaffte es, den kalt und unschön klingenden Begriff der »Kopfpauschale« aus der Rhetorik der CDU zu verbannen. Die Ziele blieben ähnlich, aber man nannte es nun positiver »Gesundheitsprämie«.

Ursula von der Leyen arbeitete sich schnell ein in die Gesundheitspolitik. Sie lernte die Konzepte und die Menschen kennen, die diese Konzepte durchsetzen oder verhindern wollten. Und natürlich kannte sie die Leute, die den Verband der privaten Krankenversicherungen lenkten. Die Ministerin half Maschmeyer, und im Oktober 2004 schrieb dieser ihr: »Nochmals vielen herzlichen Dank, dass Du den Gesprächstermin mit der Verbandsspitze der privaten Krankenversicherung ermöglicht hast.«

In dem Schreiben kam der AWD-Chef auch auf eine Veranstaltung zu sprechen, bei der die Ministerin gesprochen und der Unternehmer zugehört hatte. »Ich weiß nicht, ob Du zwischenzeitlich meine SMS erhalten hast bzw. lesen konntest? Ich war beeindruckt von Deiner Geduld, Deiner hohen Sachkompetenz und der Gesprächsführung«, lobte Maschmeyer. Er entschuldigte sich noch, dass er die Veranstaltung vorzeitig verlassen habe. »Da ich aber 80 Geschäftsgäste bei mir zu Hause eingeladen hatte, war dies ein höherer Sachzwang.«

Maschmeyer wusste als erfahrener Netzwerker und Lobbyist, dass es nur von Vorteil sein konnte, den Kontakt zu der Ministerin sowohl auszubauen als auch privat zu gestalten. Er hoffe, schrieb er seiner alten Studienfreundin, dass »ein privates Treffen vielleicht noch in diesem Jahr klappt«.

Halbwegs privat ging es immerhin im Gourmet-Restaurant des Stahlunternehmers Jürgen Großmann in Osnabrück zu. Großmann hatte im Frühjahr 2005 eingeladen, zahlreiche Freunde und eine Tischrednerin mit sieben Kindern. »Macht mit mir, was ihr wollt, aber lasst mich nie auf Empfängen herumstehen«, hatte sich Ursula von der Leyen von ihrer Partei ausbedungen. Doch für das Stelldichein von Menschen, die in ihren Branchen und Berufen vorwiegend zu den Entscheidern zählten und sich in Großmanns Gourmet-Restaurant

»la vie« gegenseitig ihrer Bedeutung versichern konnten, nahm die Ministerin dann doch die 280 Kilometer auf sich.

»Da ich Ursula privat ein bisschen kenne, kann ich es nur als ganz große Auszeichnung für Euch empfinden, dass sie sich so lange Zeit genommen hat«, plauderte Carsten Maschmeyer nach der Veranstaltung gegenüber dem Ausrichter Jürgen Großmann aus dem Nähkästchen. »Sie ist sonst konsequenter, was die Effizienz von Terminen angeht, um eine Mindestanwesenheit bei ihrer Familie sicherzustellen.«

Etwa zu der Zeit, als Maschmeyer diesen Brief an Jürgen Großmann diktierte, tat Ursula von der Leyen bereits den nächsten Gefallen, nicht Großmann diesmal, sondern Carsten Maschmeyer selbst. In der »Rheinischen Post« gab sie ein Interview. Was die Ministerin – die Haare zurückgesteckt, dezente Perlen-Ohrstecker, Gesicht ungeschminkt, wie der Reporter notierte – in dem Gespräch selbst sagte, ließ Carsten Maschmeyer unkommentiert. Doch der Fragebogen, den seine Freundin beantwortete und der ebenfalls abgedruckt wurde, las sich höchst erfreulich. »Sie gewinnen eine Million Euro. Was nun?«, stand da unter Punkt neun. »Ich würde für unsere sieben Kinder Ausbildungsversicherungen abschließen«, erklärte Ursula von der Leyen. Mit dieser Auskunft konnte ein Chef eines Finanzvertriebs schon gut leben. Doch die Ministerin fuhr fort und sagte, sie würde auch »die AWD-Kinderhilfe unterstützen«.

Vielleicht ballte Carsten Maschmeyer vor Begeisterung die Faust, als er die Antwort las, vielleicht nickte er auch nur zustimmend, vielleicht war er auch gar nicht überrascht. In seinem Dankesbrief an die Freundin lobte er den »bemerkenswerten« Artikel, der »Dich und Deine Familie in ausgesprochen positiver und sehr sympathischer Weise dargestellt hat«. Die Antwort auf Frage neun allerdings, fügte der Unternehmer hinzu, habe ihm »besonders gut« gefallen.

Maschmeyers Freude war leicht nachvollziehbar. Die beliebte Politikerin Ursula von der Leyen hatte sich gewissermaßen zum Testimonial des AWD gemacht: Sie hatte die Buchstaben AWD genannt, hatte für die AWD-Kinderhilfe geworben, hatte den AWD mit ihrem guten Namen sozusagen geadelt. Was mit Geld nicht ohne weiteres zu erlangen war, hatte Maschmeyer gratis bekommen: eine Erwähnung seines Unternehmens im redaktionellen Teil einer Zeitung, ein Lob im Grunde und zugleich auch ein Nachweis für Seriosität – die Stiftung des AWD, von einer beliebten Ministerin empfohlen.

Ursula von der Leyen hat ihr eigenes Leben wohl mehr als jede andere Ministerin und mehr als jeder andere Minister mit der Öffentlichkeit geteilt. Nicht nur ein Fotograf durfte ihre sieben Kinder mit der Mama aufstellen, nicht nur einmal erzählte sie aus dem Leben ihrer Kinder. Als sie im Dezember 2004 zur Wahl ins CDU-Präsidium antrat, des höchsten Machtzirkels der Partei, stellte sie sich dem Parteitag kurz und knapp vor: Ihr Name sei Ursula von der Leyen. Sie sei Sozialministerin in Niedersachsen. »Mein Mann und ich haben sieben Kinder.« Sie setzte sich auch in Talkshows und gab ausführlich über die Alzheimer-Erkrankung ihres Vaters Auskunft. Ursula von der Leyen hat das Private immer dem Politischen beigemischt. Auch das hat sie beliebt gemacht und damit zu ihrem Erfolg als Politikerin beigetragen.

Zu ihrem Freund Carsten Maschmeyer hat sich Ursula von der Leyen niemals mit solcher Verve geäußert. Auch über die Begegnung beim Leichenpräparationskurs an der Medizinischen Hochschule Hannover findet man von ihr keine exakten Schilderungen. Dass ihr Vater Ernst Albrecht Carsten Maschmeyer bei heiklen Fragen beriet, hat sie nie erzählt, auch nicht, dass sie Maschmeyer in Kontakt mit einem wichtigen Lobbyisten brachte. Und Punkt neun des Fragebogens in der

»Rheinischen Post«, Hunderttausende Euro für die AWD-Kinderhilfe: Dieser Text aus dem Jahr 2005 ist heute im Internet-Archiv der »Rheinischen Post« nicht mehr zu finden.

Zum 51. Geburtstag des Unternehmers im Mai 2010 kam Ursula von der Leyen jedoch persönlich in seine Hannoveraner Villa. Wie sehr fühlt sie sich Carsten Maschmeyer heute verbunden? Hat sie ihm noch mehr Gefallen getan, auf die der Unternehmer mit Dankesbriefen reagierte? Würde sie immer wieder öffentlich für die AWD-Kinderhilfe werben? Die aktuelle Verteidigungsministerin Ursula von der Leyen gilt als mögliche Nachfolgerin Angela Merkels. Falls die Niedersächsin Kanzlerin würde, hätte Carsten Maschmeyer, um es mit seinen Worten zu sagen, dann schon damals im Medizinstudium auf das richtige Pferd gesetzt?

Gut möglich, dass die neue Kanzlerin gleich nach der Wahl einen Glückwunschbrief bekäme, einen Brief mit einer kleinen Erinnerung. So erging es dem heutigen niedersächsischen Ministerpräsidenten Stephan Weil, als er im September 2006 zum Oberbürgermeister Hannovers gewählt wurde. »Zu Ihrem beeindruckenden Wahlsieg am vergangenen Sonntag darf ich Ihnen – gleich nach der Rückkehr von einem Auslandsaufenthalt – herzlich gratulieren. Sie dürfen zu Recht stolz sein, gleich im ersten Wahlgang die absolute Mehrheit der Hannoveraner und Hannoveranerinnen erreicht zu haben«, schrieb Carsten Maschmeyer. Das sei »keine Selbstverständlichkeit« und zeuge »von dem großen Vertrauen, welches Sie in der Stadt genießen«.

Den folgenden Satz konnte der neu gewählte Oberbürgermeister als freundliche Erinnerung empfinden: »Gerne habe ich deshalb bereits im Vorfeld der Wahl meinen bescheidenen Beitrag geleistet, um Ihren Wahlkampf zu unterstützen.«

Auch der Sozialdemokrat Stephan Weil konnte sich also bereits der Unterstützung des damaligen AWD-Chefs erfreuen. Und Maschmeyer bot an, sich besser kennenzulernen. Im Wahlkampf war bekannt geworden, dass Weil gerne Currywurst aß. Das nahm Maschmeyer in seinem Gratulationsbrief auf, ganz am Ende und scheinbar beiläufig: »PS. Ich esse auch unheimlich gern Currywurst! Vielleicht darf ich Sie demnächst einmal dazu in die AWD-Arena einladen.«

Die Einladungen beschränkten sich dann nicht nur auf Maschmeyers Loge im Stadion. Zwischen Maschmeyer und dem späteren niedersächsischen Ministerpräsidenten Weil entstand, so drückt es Maschmeyer selbst aus, eine Freundschaft.

Weil schaute 2009 zur Saisonabschlussparty von Hannover 96 im Hause Maschmeyer vorbei. Und er besuchte den Unternehmer auch in kleinerer Runde. Anfang Oktober 2010 berichtete Maschmeyer der »Welt am Sonntag« (WAMS) davon. Das Gespräch mit der Reporterin Dagmar von Taube führte Maschmeyer in seinem Weinkeller, wo er den charmanten Gastgeber gab:

»Maschmeyer: ... So, jetzt lüften wir zwei aber mal ein Fläschchen. Ich muss nur mal eben nach dem lieben Herrn Quebe schauen.

WAMS: Herr Quebe ist Ihr Butler?

Maschmeyer: Er ist mein ›Happymaker‹, so heißt das bei mir.

WAMS: Sind Sie heute happy?

Maschmeyer: Und wie! Die Welt, in der ich heute lebe, war für mich doch un-er-reich-bar. Ich sag immer, und wenn's ein Traum ist, bitte nicht wecken! Mein Happymaker zaubert diese Brotzeitplatten hier. Ich habe einfach gelernt zu delegieren: Wer nicht delegiert, hat zu viel Zeit, wer delegiert, hat mehr Zeit!

WAMS: Die benutzten Gläser hier hat er wohl übersehen. Sie hatten Besuch?

Maschmeyer: Mensch, ja, gestern Abend waren ein paar Freunde hier. Danach kam mir die Idee, alles doch mal so stehen zu lassen – vielleicht ganz hübsch für Ihr Foto? WAMS: Wer war denn da? Maschmeyer: Markus Schächter, der Intendant vom ZDF, unser Oberbürgermeister Stephan Weil und Gerhard Schröder.«

Der Fotograf, der die Reporterin in Maschmeyers Weinkeller begleitete, hielt die Szene dann tatsächlich fest: Maschmeyer posierte, die Ärmel des weißen Hemdes ein Stückchen hochgekrempelt.

Neben ihm stehen auf einem schweren Holztisch einige benutzte Weingläser und unverschlossene Flaschen. Im Hintergrund sieht man weitere Weinflaschen in Nischen, die nach Auskunft des Gastgebers aus den Steinen einer »uralten Burg in Kroatien« gemauert wurden. »Nichts Fake hier, alles echt«, hatte Maschmeyer der Reporterin und ihren Lesern anvertraut. Und nebenbei auch noch öffentlich gemacht, dass auch der SPD-Politiker Stephan Weil zu seinem Freundeskreis zählt.

Maschmeyer sprach oft und schrieb auch in seinem Erfolgsratgeber »Selfmade« vom »Networkingkonto«. Auf das müsse man einzahlen und dies als Investition betrachten.

Die Investition Stefan Weil verzinste sich auf Maschmeyers Networking- oder Beziehungskonto insofern, als Weil 2013 zum Ministerpräsidenten Niedersachsens gewählt wurde. Maschmeyer gewann damit einen Freund, der an der Spitze der rot-grünen Landesregierung stand. Und wie schon bei Schröder, Wulff und von der Leyen hatte Maschmeyer mal wieder frühzeitig »aufs richtige Pferd« gesetzt.

Zu Ministerehren hatte es Herbert Schmalstieg nicht gebracht. Doch der Vorgänger Stephan Weils als Oberbürgermeister Hannovers war trotzdem eine Legende. Mit nur 28
Jahren hatte Schmalstieg, ein gelernter Sparkassenkaufmann,
im Rathaus von Hannover einziehen können und war dann
34 Jahre lang im Amt geblieben. Schmalstieg wirkte über seine Stadt hinaus und hielt sogar in Japan eine Rede vor der
Generalversammlung der Vereinten Nationen.

Von einer Freundschaft mit dem Sozialdemokraten Schmalstieg spricht Carsten Maschmeyer nicht, das Verhältnis der
beiden wirkt aber offen. Es bedurfte keiner großen Umwege,
Bitten vorzutragen; wenn der eine etwas vom anderen wollte, fragte er ihn direkt. Als Herbert Schmalstieg 2006 in
Ruhestand gegangen war, schickte Maschmeyer ihm ein kleines Dankesgeschenk und schrieb: »Wir als AWD und natürlich auch ich ganz persönlich haben Ihnen viel zu verdanken.«

Der Oberbürgermeister hatte laut Maschmeyer zum Beispiel »unbürokratisch dafür gesorgt, dass die Postanschrift
unseres AWD ›AWD-Platz 1‹ lautet«. Anfang 2002 war das
gewesen, und im Handstreich hatte Herbert Schmalstieg die
Neubenennung eines Platzes nicht durchsetzen können. Im
Jahr zuvor war der AWD an den Platz östlich der Kirchhors-
ter Straße gezogen, der über die Autobahn A2 und den Mes-
seschnellweg rasch zu erreichen ist. Im Antrag zur Namens-
änderung 2001 betonte das Unternehmen seine Beziehung
zur Stadt: »Der AWD ist eines der führenden unabhängigen
Finanzdienstleistungsunternehmen Europas, welcher im Jahr
1988 in Hannover gegründet worden ist.« Weitere Anleger
seien von der Benennung nicht betroffen.

Im Dezember 2001 sprach sich dann der Bezirksrat Bothfeld-Vahrenheide bei nur einer Gegenstimme für den neuen
Straßennamen aus. Der Antrag passierte anschließend den

Stadtentwicklungs- und den Bauausschuss der Stadt Hannover, danach den Verwaltungsrat und schließlich, mit einigen Enthaltungen, aber ohne Gegenstimme, die Ratsversammlung.

Maschmeyer vermittelte dem langjährigen Oberbürgermeister das Gefühl, dass er sich immer auf ihn hatte verlassen können. Umgekehrt bezeichnete der AWD-Chef sein eigenes Unternehmen Schmalstieg gegenüber »als verlässlichen Partner der Region«. Dieser Brief ist auf den 14. Juni 2005 datiert, am Tag darauf begann der Konförderationenpokal, eine Art Mini-WM und ein organisatorisches Vorspiel zur Fußball-WM 2006. Ausgerechnet jetzt, da die Welt auch ins Fußballstadion von Hannover schaute, fehlte der AWD-Arena das »Türschild«, wie Maschmeyer es ausdrückte. Der AWD-Chef erinnerte an die Arena in Hamburg, auf der die Buchstaben des Namenssponsors AOL auf dem Dach angebracht und damit von weitem sichtbar waren. »Obwohl unsere Marketingexperten zu einer Lösung wie bei der AOL-Arena neigen, bieten wir gerne als Kompromissversion einen mit der AWD-Arena harmonierenden Pylon an.«

Die Pläne für diesen Turm präsentierte der AWD ein paar Monate später. In 50 Metern Höhe, so erfuhr die Öffentlichkeit, würde das AWD-Logo prangen, direkt neben dem Stadion und damit mitten in Hannover. Zur Pressekonferenz lud der Verein Hannover 96, Fragen beantworteten Vertreter der Stadt Hannover und auch der als »Bauherr« bezeichnete Marketingleiter des AWD.

Der AWD-Pylon wurde nie gebaut, aber Herbert Schmalstieg machte immerhin »unkompliziert«, so schrieb Carsten Maschmeyer 2006, den Weg dafür frei, »dass an den Flutlichtmasten der umbenannten AWD-Arena entsprechende Logos angebracht werden durften«. Es war dies nur eines von vielen Verdiensten, die sich der Oberbürgermeister laut Maschmeyer gegenüber dem AWD erworben hatte, »die Liste könnte problemlos verlängert werden«.

Dass er umgekehrt auch auf Carsten Maschmeyer bauen konnte, wusste Herbert Schmalstieg, als er diese Zeilen des Dankes las. Im Herbst 2004 hatte der Oberbürgermeister für eine Unterstützung der katholischen Pfarrgemeinde St. Franziskus geworben, die in einem Viertel lag, das damals als »sozialer Brennpunkt« bezeichnet wurde. Maschmeyer dankte Schmalstieg für dessen »bewegenden Brief«. Er sei »sehr beeindruckt von Ihrem großen, nie müde werdenden Engagement auch für diejenigen Einrichtungen der Stadt, die Hannover ein Stück lebenswerter machen, die andererseits aber eben über keine Lobby verfügen«. Maschmeyer versprach Schmalstieg, der Pfarrgemeinde 1000 Euro zu spenden.

Welche deutschen Politiker noch in engem oder engerem Kontakt zu Maschmeyer standen oder stehen, ist schwer zu sagen. In einer seiner Präsentationen beim AWD hatte er ein Schaubild einfügen lassen, das das Netzwerk Gerhard Schröders zeigte. Es stammte aus dem »Manager-Magazin« und zeigte neben dem Rechtsanwalt Götz von Fromberg und dem Unternehmer Jürgen Großmann in einem Kästchen auch das Foto Carsten Maschmeyers.

Großmann und von Fromberg würden sich auch in einem »Netzwerk Maschmeyer« wiederfinden, genauso Gerhard Schröder. Der Schweizer Verleger Michael Ringier, der Unternehmer Utz Claassen und der Unternehmensberater Roland Berger hätten ihren Platz ebenfalls alle auch in Maschmeyers Netzwerk. Aber welche Politiker müssten noch darin auftauchen?

Sigmar Gabriel wurde in Presseberichten bereits mehrfach in Maschmeyers Nähe gerückt. Ob dies der Wahrheit entspricht, ist fraglich. Fotos zeigen die beiden nebeneinander bei einer Wohltätigkeitsgala 2002 und beim großen AWD-Fest 2008, außerdem auf einem Bild beim Herrenabend im Hause Götz von Frombergs. Doch dort sind ja nicht alle geladenen Herren automatisch Freunde. In Briefen Maschmeyers an den heutigen SPD-Chef und Wirtschaftsminister finden sich vor allem Absagen zu offiziellen Terminen.

Über Angela Merkel äußert sich Maschmeyer in mehreren Briefen, doch die Stellen sind frei von jeder Wertschätzung für die Bundeskanzlerin. Maschmeyer baute zwar ein Foto von sich und der Kanzlerin in eine seiner Präsentationen ein, die er als AWD-Chef zeigte. Doch es ist unwahrscheinlich, dass Merkel und Maschmeyer befreundet sind.

Bei dem CDU-Politiker und EU-Kommissar Günther Oettinger ist unklar, wie sich dessen Beziehung zu Carsten Maschmeyer entwickelt hat. Das erste Gespräch im Herbst 2006 verlief vielsprechend. Oettinger stand als Ministerpräsident an der Spitze Baden-Württembergs, Maschmeyer hatte ihn auf dem Bundespresseball in Berlin getroffen. Danach schrieb er Oettinger, es sei ihm »eine große Freude und Ehre« gewesen, ihn persönlich kennengelernt zu haben. Er sei, »nachdem ich Sie getroffen habe, enorm von Ihrer Ausstrahlung, Ihren Ansichten und Ihrem Charisma beeindruckt«.

In dieser Tonlage hat sich Maschmeyer schon mehreren Politikern genähert. Mit dem Ministerpräsidenten aus dem wirtschaftlich starken Südwesten wollte er sich noch öfter austauschen: »Gerne würde ich den Kontakt halten und fände es toll, Sie in der Staatskanzlei in Stuttgart zu besuchen.« Oettinger selbst hatte nichts dagegen einzuwenden und stellte sich ein Treffen mit dem Finanzunternehmer offenbar nicht nur in steriler Arbeitsumgebung vor. »Gegen die von Ihnen angebotene Weinprobe im Anschluss habe ich selbstverständlich auch nichts einzuwenden«, fuhr Maschmeyer in dem Brief nämlich fort. »Wir können bekanntlich in Niedersachsen zwar Hochdeutsch, aber mit den Weinen können wir – unter anderem – nicht mithalten.«

Wie eng Guido Westerwelle zu seinen Zeiten als FDP-Chef mit dem Netzwerk von Carsten Maschmeyer verknüpft war, ist schwer zu sagen. 2005 trat Westerwelle beim »AWD Capital Market's Day« im Stadion von Hannover 96 auf. »Idealerweise könnte eine Rede zu dem Thema ›Deutschlands soziale Sicherungssysteme, Status quo und Lösungswege‹ hervorragend zu dem Kreis und unserem Unternehmen passen«, schrieb Maschmeyer dem ehemaligen FDP-Chef damals. Westerwelle allerdings wird in dem Schreiben gesiezt. Außerdem war er nur Ersatzmann für Christian Wulff, der den Auftritt beim AWD kurzfristig abgesagt hatte.

Allerdings ging Maschmeyer ja anfangs auch äußerst diskret vor, wenn er versuchte, Einfluss auf Spitzenpolitiker zu nehmen. 1998 etwa hatte er mit jener 650 000 Mark teuren Anzeigenkampagne anonym für Gerhard Schröder als Ministerpräsidenten und späteren Kanzlerkandidaten geworben. Auch 2007 agierte er aus dem Hintergrund heraus, als er mitten im niedersächsischen Landtagswahlkampf für 42 731 Euro Anzeigen für das Buch »Lieber die Wahrheit« des CDU-Spitzenkandidaten und amtierenden Ministerpräsidenten Christian Wulff schalten ließ. Als er 2008 die von Westerwelle angeführte Bundes-FDP unterstützen wollte, handelte Maschmeyer erneut verdeckt. So schildert es zumindest der FDP-Kommunalpolitiker und Finanzunternehmer Reinhard Listl aus Kapfelberg in Niederbayern.

Im März 2008 ging in der FDP-Zentrale in Berlin ein Scheck über 250 000 Euro ein. Absender war das FDP-Mitglied Listl, das aber andeutete, dass diese Spende ursprünglich nicht von ihm stammte. Westerwelle bedankte sich sogleich beim Parteifreund: »Ganz besondere Freude löst natürlich Ihre großzügige Unterstützung aus«, schrieb der FDP-Vorsitzende am 13. März 2008. Allerdings zitierte Westerwelle in seinem Schreiben an Listl auch ausführlich das Parteiengesetz, wonach »›Spenden, soweit sie im Einzelfall mehr als 500 Euro betragen und deren Spender nicht feststellbar sind oder bei denen es sich erkennbar um die Weiterleitung einer Spende eines nicht genannten Dritten handelt‹, von den Parteien zurückzuweisen sind. Diese Bestimmung dient dazu, die Spender im Sinne des Parteiengesetzes eindeutig zu identifizieren. Spenden in dieser großzügigen Höhe sind veröffentlichungspflichtig.«

Westerwelle bat seinen Parteifreund Reinhard Listl »um die Bestätigung, dass es sich um Ihre Spende handelt, die dann auch nach Vereinbarung durch den Bundestagspräsidenten kurzfristig veröffentlicht wird«.

Die Rückmeldung kam postwendend. Da Reinhard Listl sich im Ausland befand, antwortete dessen Ehefrau Katja dem FDP-Vorsitzenden – klar und unmissverständlich: »Die gegenständliche Parteispende stammt nicht von meinem Ehemann, sondern wurde auf dessen Anstoß hin anlässlich einer persönlichen geschäftspolitischen Unterredung in Hannover ausdrücklich durch Herrn Carsten Maschmeyer gewährt, und zwar zweckgebunden als Parteispende für die FDP-Bundespartei und direkt zur Weiterleitung an Sie persönlich.«

Carsten Maschmeyer und Reinhard Listl kannten sich seit Jahren. Listl gehörte der mittelständische Finanzvertrieb GKM, den Maschmeyer mit dem AWD seit längerem schon übernehmen wollte. »Man sagt ›E Pluribus Unum – gemeinsam ist man stärker‹«, hatte Maschmeyer Listl einst geschrieben und ihm einen Talisman geschenkt, der einen Indianer zeigte. Die Indianer hätten es »falsch gemacht und sich untereinander bekämpft, statt gegen den ›weißen Hersteller‹ gemeinsam anzutreten. Vielleicht haben wir die Chance und Sie die Größe und Offenheit, mit mir auch darüber einmal zu sprechen«, warb Maschmeyer einmal bei Listl um den kleineren Konkurrenten. »Wir gemeinsam könnten die Vertriebslandschaft wirklich in eine neue Dimension führen und etwas ganz Großes bewegen. Das Vertriebsuniversum würde uns offen stehen.«

Bei den Übernahmeverhandlungen hatte Maschmeyer Listl auch den Scheck über 250 000 Euro ausgestellt. Listl sollte ihn nach eigenen Angaben Westerwelle zukommen lassen, da »Maschmeyer aufgrund seines Engagements bei der SPD und der CDU nicht als für jedermann auf den ersten Blick ersichtlicher Unterstützer der FDP in Erscheinung treten wollte«, wie Katja Listl in ihrem Brief an den Parteivorsitzenden das ungewöhnliche Vorgehen begründete.

Als der »Stern«-Reporter Hans-Martin Tillack den Vorgang später aufdeckte, bestritt Maschmeyer, dass das Geld für Westerwelle und die FDP bestimmt war. Den Scheck habe er vielmehr Listl überreicht, weil der »eine Entschädigung« für seine Auslagen bei den Übernahmeverhandlungen verlangt habe.

Maschmeyer übernahm den Finanzdienstleister GKM ein paar Monate nach der Schecküberreichung tatsächlich – zumindest kurzfristig. Der AWD-Chef tätigte am 11. September 2008 von seinem Privatkonto eine Vorauszahlung von 40 Millionen Euro per Blitzgiro.

Zwei Tage später machte er allerdings den Millionen-Deal per Fax wieder rückgängig. Maschmeyer war zu dieser Zeit nicht mehr der Alleinherrscher beim AWD, und angeblich waren die anderen Vorstandsmitglieder sowie der Aufsichtsrat des AWD gegen die Übernahme. Es folgte ein schmutziger Rechtsstreit. Listl behauptete, Maschmeyer habe zugesagt, die GKM auf jeden Fall kaufen zu wollen, im Zweifel auch mit seinem privaten Geld. Maschmeyer trat dieser Behauptung mit einer eidesstattlichen Versicherung entgegen und ließ später über Listl verbreiten, der habe versucht, ihn um »40 Millionen Euro zu übervorteilen«. Listl wiederum konterte, »Verträge mit Herrn Maschmeyer und vor allem seine Worte bedeuten nicht viel«.

Und was wurde aus der 250 000-Euro-Spende an die FDP? Westerwelle bedankte sich bei dem Ehepaar Listl »für die Klarstellung« bezüglich des wahren Gönners. »Die Spende können wir selbstverständlich nur dann annehmen, wenn Herr Maschmeyer mit den damit verbundenen Veröffentlichungspflichten einverstanden ist. Dies wird mein Büro klären. Anderenfalls werden wir den Scheck wieder an Sie zurücksenden«, schrieb er am 20. März 2008.

Maschmeyer war offensichtlich nicht einverstanden. Die FDP schickte den Scheck nämlich »aus rechtlichen Gründen« an Listl zurück.

Westerwelle hatte damit korrekt gehandelt, und der Vorgang um die Viertelmillion Euro belastete die Beziehung des FDP-Chefs zu Maschmeyer offenbar nicht weiter. Ein Jahr später, im Mai 2009, erschien Westerwelle mit seinem Lebensgefährten Michael Mronz zu Carsten Maschmeyers 50. Geburtstag in dessen Villa in Hannover.

Das Wort Freundschaft dürfte wohl zu groß sein für die Beziehung von Westerwelle und Maschmeyer, der Unternehmer hat es selbst auch öffentlich nie benutzt. Aus den Augen haben sich die beiden aber bis heute nicht verloren. Sie trafen sich auch nach Westerwelles Rückzug aus der Politik.

13.
Maschmeyer und die Seinen
Dubiose Deals zu Lasten deutscher Steuerzahler

Es ging um Millionen, als zwei Männer im Restaurant des Hotels Park Hyatt Zürich zu Tisch saßen. Millionensummen waren Routine, für beide, auch wenn der eine nicht mal halb so alt war wie der andere. Draußen taute die Mittagssonne den Schnee.

Dr. Kai Henke, damals 43 Jahre alt, arbeitete für die vornehme Schweizer Privatbank Sarasin. Er war Direktor der Abteilung für Privatkunden und im Hause der Spezialist für den deutschen Markt. Seit Jahren schon umgarnte er sogenannte Premiumkunden, die ihre Millionen in der Schweiz anlegen wollten. Er traf seine potenziellen Kunden in deren Villen, in Nobelrestaurants, wenn nötig auch beim Polo oder auf dem Golfplatz. Henke fungierte bei der Sarasin-Bank als eine Art Vertrauter für Superreiche.

Der Banker bot all jenen sein Fachwissen an, die im großen Stil Steuern sparen oder, wie sie das nannten, »steueroptimiert anlegen« wollten. Henke wusste auch, wer in seiner Kundschaft Steuern hinterzog. Als 2004 der Bundesfinanzminister Hans Eichel allen Deutschen mit einem Schwarzgeldkonto in der Schweiz Straffreiheit angeboten hatte, führte Kai Henke nach eigenen Angaben »über hundert Gespräche« in seiner Klientel.

Henkes Verabredung an diesem 10. Dezember 2010 war gerade aus England gekommen. Kurz vor seinem 21. Geburtstag im Juni hatte er in London den Studiengang »Economics« abgeschlossen, zuvor internationale Privatschulen in Nizza und

Hannoversch Münden besucht. Der junge Mann hielt Beteiligungen an mehreren Unternehmen. Er stand auf schnelle Autos und Pizza. Sein Vorname war Marcel und sein Vater Carsten Maschmeyer.

Der potente Investor aus Hannover war für Kai Henke ein perfekter Kunde. Der Finanzunternehmer besaß nach dem Verkauf der AWD-Aktien Hunderte Millionen Euro. Er scheute nicht das Risiko und gierte nach Gewinnen. Maschmeyer hatte Henke Mitte September 2010 nach Hannover kommen lassen und sieben Tage später bei der Sarasin-Bank ein Personenkonto mit der Nummer 6061427 eröffnet. Maschmeyer überwies fünf Millionen. Nach dem Zahlungseingang plazierte die Bank die Summe in einem Investmentfonds mit einer Holding auf Malta, die nicht der Finanzaufsicht unterlag und deren Aktien- und Termingeschäfte interessante Renditen versprachen. Maschmeyer sah in Henke und der Bank, so schrieb er zumindest, »in höchstem Maße professionelle und seriöse Geschäftspartner«. Jetzt wollte er weitere Millionen investieren.

Und weil Carsten Maschmeyer, wie Henke notierte, »seinen Sohn in geschäftliche Dinge einführen wollte«, saß nun Marcel Maschmeyer im Hyatt in Zürich und hörte sich von dem Sarasin-Banker Henke an, wie man aus sehr viel Geld noch mehr machen könne.

Henke schlug als Kapitalanlage den »Sheridan SICAV-Fis: Global Equity Arbitrage Fund« vor. Dieser Fonds eignete sich für Investoren, die finanziellen Sachverstand mitbrachten und auch etwas schwierigere Konstruktionen verstanden. Der Finanzfachmann Carsten Maschmeyer, davon konnte Henke ausgehen, war solch ein Investor.

Der Banker erklärte dessen Sohn Marcel Maschmeyer den Zielmarkt, Deutschland, die Zielrendite, zehn bis zwölf Prozent, die Mindestanlage, eine Million Euro. Spätestens zum vierten Quartal 2011 gebe es das Geld zurück – und natürlich die Rendite.

Alles Weitere war kompliziert. Henke fertigte eine Skizze an. Es ging um den Geldfluss von der Schweiz über Luxemburg nach Irland, wo weitere Fonds über zwischengeschaltete Broker Aktien deutscher DAX-Unternehmen kauften und gleich wieder verkauften. Sogenannte Leerverkäufe spielten eine Rolle, Hebel, Swaps, Futures, Dividenden, Steueroptimierung. Irgendwann war es dann gut. Marcel Maschmeyer sagte zu, sich bald zu melden.

»Der Sohn bestätigte das Investment via SMS. Es sollten EUR 40 Mio. investiert werden«, heißt es in einer »Übersicht Kundenbeziehung Carsten Maschmeyer« der Bank Sarasin. Eine SMS, 40 Millionen: Nach dem Studium war das nun die Praxis.

Henke wiederum bestätigte das Investment vier Tage nach dem Lunch im Hyatt per E-Mail. Kurz vor Weihnachten ging die Summe bei der Sarasin-Bank ein. Nach dem Jahreswechsel flossen die Millionen aus der Schweiz in den Fonds nach Luxemburg. Die Cum-Ex-Deals nahmen ihren Lauf.

Bei Cum-Ex-Geschäften wurde eine besondere Form des Dividendenstrippings betrieben. Die Käufe und Verkäufe fanden jeweils um den Tag herum statt, an dem für eine Aktie die Dividende ausgeschüttet wurde. In großem Stil und mehrfach wurden Aktien deutscher DAX-Unternehmen hin und her verkauft, zuerst mit Dividende (»cum«), nach der Ausschüttung dann ohne (»ex«). Ziel der Fonds-Manager, der Banken und, sofern sie das Geschäft durchblickten, der Anleger war, sich die Kapitalertragssteuer mehrfach vom Staat zurückerstatten zu lassen. Dadurch ließen sich hohe Gewinne erzielen. Die Finanzbehörden konnten nämlich nicht nachvollziehen, wer zum Zeitpunkt der Dividendenausschüttung der rechtmäßige Inhaber der Aktien war. Sie erstatteten bis zu viermal Kapitalertragssteuern, die sie zuvor niemals oder nur einmal erhalten hatten. Die Cum-Ex-Geschäfte gingen daher zu Lasten der deutschen Steuerzahler.

In Deutschland freute sich nicht nur Carsten Maschmeyer auf Spitzenrenditen. »Herr Maschmeyer«, heißt es in dem Papier der Sarasin-Bank, sei zwar »der einzige Kunde«. Doch »in den 40 Mio. EUR« seien auch »Summen von Frau Ferres, Herrn Slomka, Frau Maschmeyer enthalten«. Gemeint waren damit Maschmeyers damalige Verlobte und spätere Ehefrau Veronica Ferres, seine Ex-Frau Bettina und der Fußballtrainer Mirko Slomka, einst bei Schalke 04, damals bei Hannover 96 und später kurzzeitig beim Hamburger SV unter Vertrag. Veronica Ferres und Mirko Slomka steckten jeweils eine halbe Million Euro in das dubiose Geschäft. Bettina Maschmeyer gab zwei Millionen hinein. Sie wusste nach eigenen Angaben nichts Genaueres über die Art der Anlage. »Ich habe lediglich auf die Erfahrung meines Ex-Mannes in Finanzangelegenheiten vertraut, der mich hin und wieder in Anlageentscheidungen unterstützt«, sagte Bettina Maschmeyer später.

Zu den Kunden aus Maschmeyers Freundes- und Bekanntenkreis stießen Anfang 2011 noch zwei weitere Großinvestoren. Die Sarasin-Bank richtete ein Konto für den Medienanwalt Matthias Prinz ein, der Maschmeyer seit fast zwei Jahrzehnten vertrat und dem Unternehmer längst auch privat zugetan war.

Prinz selbst war inzwischen Deutschlands bekanntester Medienanwalt und auch kein armer Mann. Aus einem »Order Protocol« der Sarasin-Bank vom 31. März 2011 geht hervor, dass Prinz in den Fonds »Sheridan USPP« investierte. Bald darauf orderte er weitere Anteile und hatte damit für mehrere Millionen Mark investiert. Mit welcher Art von Fondsanteilen er sich da eindeckte, das hatte die Sarasin-Bank

intern klar ausgedrückt. Eine Arbeitsgruppe bewertete diese
Anlage als »steuerlich aggressiv«. Das Modell könne »Re-
putationsschäden« einbringen. Das hieß nichts anderes, als
dass es am Rande der Legalität operiere. Im Prospekt des
Fonds selbst stand, dass Anlegern ohne Erstattung von Kapitalertragssteuer »erhebliche Risiken« drohten, »bis hin zum
Totalverlust«.

Der »Sheridan USPP« setzte auf Rückzahlungen aus der
Staatskasse und war ein Cum-Ex-Geschäft in Reinform.
Carsten Maschmeyer hatte in einen Sheridan-Fonds investiert, jetzt wollte sein langjähriger juristischer Begleiter Matthias Prinz es ihm gleichtun. »Diese Anlage«, notierte entsprechend der Sarasin-Banker Kai Henke nach einem Bera-
tungsgespräch mit dem Medienanwalt in Hamburg, »wollte
Prof. Prinz auch in seinem Depot wissen, weshalb er Kunde
der Sarasin-Bank geworden ist«. Die Anlagestrategie habe er
dem Kunden »eingehend erläutert«. Demnach kannte Prinz
das Risiko.

Ein weiterer inzwischen guter Bekannter Carsten Maschmeyers schien für die Sarasin-Bank ein noch lukrativerer
Kunde als der Anwalt Prinz zu sein: Clemens Tönnies, der
Aufsichtsratsvorsitzende des Fußballklubs Schalke 04, führt
einen der größten Schlachtkonzerne Europas. Sein Vermögen
wird auf Hunderte Millionen Euro geschätzt. Auch Tönnies
ließ sich von Kai Henke den Fonds »Sheridan USPP« erklären. Henke reiste dafür nach Rheda-Wiedenbrück. Der Unternehmer investierte nicht als Privatperson, sondern über
die »Asset Immobilien GmbH & Co. KG«. Diese Firma
gründete Clemens Tönnies, inzwischen sind auch sein Sohn
und seine Tochter Gesellschafter. Clemens Tönnies zeichnete
für die Asset Fondsanteile von 998 000 Euro. »Order des
Kunden schriftlich erhalten«, vermerkte die Bank. Durch
den Zeichnungsschein unterschrieb der Schlachtunterneh-

mer, ein Exemplar des Verkaufsprospekts erhalten zu haben und die Risiken zu kennen.

Möglicherweise wussten Carsten Maschmeyer und die anderen Investoren nicht, dass deutsche Finanzpolitiker in jener Zeit verstärkt überlegten, sogenannte Cum-Ex-Geschäfte nicht mehr länger zu dulden. Banken, Fondsbetreiber, Händler und Großanleger profitierten davon, der deutsche Staat aber verlor Milliarden. Und in Cum-Ex-Geschäfte waren auch die Millionen von Maschmeyer und seinem Investorengrüppchen geflossen.

Anfang 2012 ließ dann der Finanzminister Wolfgang Schäuble stoppen, was in seinen Augen Betrug war. Cum-Ex-Deals sparten keine Steuern. Mit diesen Geschäften versteckte auch niemand sein Geld, um weniger Steuern abzuführen. Diese Art von Anlage war keine Steuerhinterziehung. Sie war ein Griff in die Tasche des Steuerzahlers. Alle Investoren, die erfolgreich Cum-Ex-Geschäfte betrieben, nahmen dem Staat nach Schätzungen bis zu zwölf Milliarden Euro weg.

Staatsanwälte und Steuerfahnder ermitteln deshalb. Es kam zu Razzien, auch bei der Sarasin-Filiale in Frankfurt am Main. Der deutsche Fiskus zahlt seit Schäubles Stopp-Befehl kein Geld mehr aus.

Banken wie das Geldhaus Sarasin reichten das Problem an ihre Kunden weiter. Sie verweigerten die Rendite und froren auch deren Millioneneinlagen ein. Für Carsten Maschmeyer und seine Investorengruppe war das keine günstige Entwicklung.

Wer den langjährigen AWD-Chef im Frühjahr und Frühsommer 2012 erlebte, erhielt allerdings keinen Hinweis darauf, dass er Millionen Euro zu verlieren drohte durch dubiose Deals in der Schweiz, zu denen ihn zweifellos auch seine Gier angetrieben hatte. Maschmeyer, der ja bereits am Marketing der Gesprächsbiographie seines Freundes Christian Wulff mitgewerkelt und die Rechte am Rückblick seines Freundes Gerhard Schröder erstanden und weiterverkauft hatte, legte nun ein eigenes Werk vor. Sein Buch »Selfmade. erfolg reich leben« erzählte aus seinem Leben und erklärte den Lesern schon in den Kapitelüberschriften, wie man reich würde: »Durchhalten bringt's«, stand da, »Setzen Sie Ihre Geldmaschine in Gang« und »Kommen Sie in die Kontakte«.

Maschmeyer schilderte auch, wie er einst mit einem guten Freund vereinbart hatte, keine Geldanlagen für ihn zu tätigen. »Die Freundschaft soll eben Freundschaft bleiben«, empfahl er und verriet außerdem: »Nach meiner Erfahrung fährt man am besten, wenn man klassische Geldanlagen wählt.« Wie zu verfahren ist, wenn man mit dem Gegenteil von klassischen Geldanlagen stark in Bedrängnis gerät, verriet der Cum-Ex-Investor Maschmeyer in »Selfmade« nicht.

Genau das aber beschäftigte ihn in jener Zeit, als er in Interviews und Fernsehauftritten für sein Buch warb und sich als eine Art Vater aller kompetenten Finanzberater präsentierte. Bei Maschmeyers 40-Millionen-Einlage in der Schweiz ging es nämlich inzwischen nicht nur um die Rendite: Die Investitionssumme selbst schien nicht mehr sicher zu sein. Maschmeyer wollte daher zügig aussteigen. Er forderte die Einlage umgehend zurück. Doch die Sarasin-Bank hielt ihn hin.

Maschmeyer wandte sich an Eric Sarasin, einen Teilhaber der Bank. Der Schweizer, damals 54, kümmerte sich als Vorstand um das operative Geschäft. Maschmeyer und Sarasin kannten sich, seit der AWD Anfang der neunziger Jahre in die Schweiz expandiert war. Der frühere AWD-Manager Frank Henkel, der das Geschäft in der Schweiz damals aufbauen und antreiben sollte, beobachtete, wessen Produkte der AWD seinen Schweizer Kunden vorzugsweise vermittelte: »Allein im ersten Jahr flossen über 100 Millionen Schweizer Franken in Fonds des Bankhauses Sarasin.« Carsten Maschmeyer selbst erinnert sich ähnlich: Geschäfte im Wert von »vielen 100 Mio. EUR, ich schätze sogar auf dem Höhepunkt ca. eine Mrd. EUR« habe der AWD der Sarasin-Bank vermittelt.

Die Bank wurde im Laufe der Jahre mit dem AWD groß und größer und konnte ihr Personal erheblich aufstocken. Der AWD, der sich auch in der Schweiz als »unabhängiger« Finanzvertrieb gab, konnte wiederum entsprechend viele Provisionen kassieren, »in Höhe von zig Millionen«, wie der Ex-AWD-Direktor Henkel sagt. Gemeinsam mit anderen AWD-Direktoren sei er damals oft in die Sarasin-Zentrale nach Basel gefahren, erinnert sich Henkel. An Konferenzen und Seminaren habe dort zuweilen auch Eric Sarasin teilgenommen. Der Banker Sarasin wurde mit den Jahren Maschmeyers Freund.

Der Kontakt riss nie ab. Im Frühjahr 2008 besuchte Carsten Maschmeyer den Freund in dessen Villa in Basel. Sie befuhren den Rhein, und der Deutsche lernte bei einem Essen andere Größen der Schweizer Wirtschaft kennen. »Ich habe jeden Moment genossen«, resümierte Maschmeyer damals in einem Dankesbrief an den Banker.

Die Beziehung zu Eric Sarasin war ihm so wichtig, dass er ihn in dem Brief gleich dreifach einlud. Sarasin sollte mit seiner Frau zum AWD-Jubiläum nach Hannover kommen. Da Eric Sarasin sich sehr für Fußball interessierte, lud Maschmeyer ihn auch zu Spielen der Europameisterschaft ein, die im Juni 2008 in Österreich und der Schweiz ausgetragen wurde. Maschmeyer deutete an, dass Sarasin sich um die Logistik nicht zu kümmern brauche: »Das Angebot, zusammen zum Endspiel nach Wien zu fliegen und möglichst auch nachts noch zurück nach Basel zu kommen, steht.« Und auch für das Finale der kommenden Champions-League-Saison im

Juni 2009 in Rom hatte Maschmeyer bereits ein Kartenkontingent erworben.

Der Unternehmer beabsichtigte, das Spiel mit einer Gruppe von Freunden und Bekannten anzuschauen. Der Trip war bereits organisiert. »Schon heute möchte ich daran erinnern, dass Du Dir möglichst den 26.5. und 27.5. für das Champions-League-Endspiel des Jahres 2009 in Rom frei hältst«, schrieb er Eric Sarasin mit Blick in die Zukunft. »Das aus meiner Sicht beste Restaurant, das ›La Pergola‹ im Penthouse des Hilton Hotels mit Blick über ganz Rom, wird exklusiv am Mittag des 27.5. für uns öffnen.«

Knapp vier Jahre später, am 20. März 2012, besprachen Eric Sarasin und Carsten Maschmeyer ihr inzwischen problematisches Geschäft per SMS. Der Ton war noch launig, Eric Sarasin gab Entwarnung: »Werde dafür sorgen, dass diese Summen bis Anfang April zurückkommen! Er gibt immer noch 12 % Rendite.« Dann wechselte der Banker das Thema und schrieb: »Notiere Dir und Veronica zwei Termine: 2. Mai, Eröffnung unserer Repräsentanz in Hannover und 15. Juni, ART. Anlass wie immer bei mir und dann zum Italiener per Schiff!!! Herzlich, Eric«.

Mit »ART« war die Kunstmesse »Art Basel« gemeint, und Carsten Maschmeyer sagte seinem Freund umgehend zu. Aber er äußerte sich auch noch mal zu seiner 40-Millionen-Investition: »Basel auf jeden Fall. Übrigens, Henke redet von 25 % Rendite? Herzliche Grüße – in Verbundenheit – Dein Carsten«. Als Antwort flachste Sarasin: »Klar, sorry, wollte die Hälfte für mich einsacken :))«. Maschmeyer schickte ihm daraufhin das Lach-Symbol »:-))«.

Der vertrauens- und humorvolle Ton der Kurznachrichten verhalf Carsten Maschmeyer allerdings nicht dazu, dass die Sarasin-Bank zahlte. Weder die Einlage noch ein deftiger Gewinn gingen auf seinem Konto ein. »Lieber Eric«, schrieb Maschmeyer ihm am 14. Juni 2012 handschriftlich, wie er es auch den Lesern seines Buches »Selfmade« geraten hatte, und dankte dem Banker dann für »die Bestätigung, dass ich die entsprechenden Anteile aus den erwarteten Steuerrückerstattungen erhalte, sobald diese eingehen«. Maschmeyer dankte Sarasin auch »persönlich außerordentlich« dafür, »dass Du die Heilung des Problems so unbürokratisch und konstruktiv angehst. Bitte sei versichert, dass sich an der großen Sympathie und Wertschätzung Dir gegenüber (…) nichts ändern wird.«

Die eigentliche Botschaft vergaß Maschmeyer allerdings nicht. Es ging ja ums Geld: »Herrn Henke werden wir noch einmal die einzelnen Kontoverbindungen aufgeben. Wie Du weißt, haben ja meine Ex-Frau, Veronica und Mirko auch in diesen Fonds eingezahlt.«

Ende August 2012 floss tatsächlich Geld, allerdings nicht aus der 40-Millionen-Einlage. Zwei frühere Investitionen, deren Laufzeiten vor dem Stopp durch den Finanzminister Wolfgang Schäuble geendet hatten, brachten Maschmeyer üppige Gewinne: Jene fünf Millionen Euro, die er frühzeitig in den Malta-Fonds gesteckt hatte, erzielten nun die traumhafte Rendite von 23 Prozent. Eine weitere Einlage in Höhe von zehn Millionen Euro, die Maschmeyer über das Konto der »MM Familien KG« ebenfalls in diesen Fonds gesteckt hatte, brachten ihm eine Verzinsung von 8,9 Prozent. Hier hatten die Deals noch funktioniert, zum Nachteil der deutschen Steuerzahler und zum Vorteil Maschmeyers.

Die »Heilung des Problems« der weder hoch verzinst noch überhaupt zurückgezahlten 40 Millionen Euro durch Eric Sarasin fand allerdings nicht statt. Die Sarasin-Bank überwies nichts zurück. Die 40 Millionen von Carsten und Bettina Maschmeyer, Veronica Ferres und Mirko Slomka steckten weiterhin im »Sheridan SICAV-FIS Fund« fest. Es wurde Herbst.

Im Oktober 2012 überwies die Bank Carsten Maschmeyer 21 206 931,26 Euro. Das waren nicht 100 und auch nicht die 80 Prozent, die Kai Henke seinem Kunden inzwischen angekündigt hatte – das waren gerade einmal 53 Prozent der ausstehenden Summe. Von 40 Millionen fehlten noch fast 18,9 Millionen Euro.

Um Verluste solchen Ausmaßes zu machen, hatte Carsten Maschmeyer kein Konto bei der Sarasin-Bank in der Schweiz eröffnet. Es könne sich »nur um ein Missverständnis handeln«, schrieb er Kai Henke und erwartete »schnellstmöglich die Differenzgutschrift«. Maschmeyer bat, »solche Fehlbuchungen bei anderen Kunden, denen ich dieselbe Anlage bei Ihrer Bank empfohlen habe, zu vermeiden«.

Kai Henke reagierte auf den Brief sofort. »Die Differenz können wir im Moment nicht abschließend erklären bzw. bereinigen«, schrieb er Maschmeyer. Auch Eric Sarasin meldete sich per Mail: »Lieber Carsten. Du hattest mir letzte Woche eine SMS geschickt. Ich war außerhalb Dubai in der Wüste und hatte keinen Empfang.« Sarasin erläuterte den Sachstand bei der Maschmeyer fehlenden Summe und erwähnte ein Treffen mit einem Vermögens- und einem Fondsverwalter Anfang November. Sobald es Neuigkeiten gebe, werde Maschmeyer kontaktiert.

Weihnachten rückte näher, und Veronica Ferres kündigte im Fernsehen an, dass sie mit ihrer Tochter, ihrem Verlobten und dessen Söhnen auf einer Skihütte in Österreich feiere. Doch zuvor hatte Carsten Maschmeyer noch etwas in der Schweiz zu erledigen. Seinen Sohn Marcel nahm er mit.

Am 17. Dezember 2012 um 15.15 Uhr trafen die beiden in der Sarasin-Bank in Zürich den Kundenberater Kai Henke. Was sich bei dem Termin abspielte, ist in zwei unterschiedlichen Schriftstücken festgehalten. Bisher hatte Carsten Maschmeyer eine Eskalation vermieden. Doch nun war sie da.

Der Sarasin-Kunde aus Hannover beschrieb die Ereignisse tags darauf in einem Fax an Eric Sarasin, Kai Henke verfasste unmittelbar nach dem Treffen einen »Contact Client Report«. Henke formulierte mit der Zurückhaltung eines Bankers, aber dennoch unzweideutig: Sein Gesprächspartner habe ihn »direkt in äußerst aggressiver Art« bedroht.

Carsten Maschmeyer selbst fühlte sich bei dem Aufeinandertreffen offensichtlich von Henke provoziert. »Offen gesagt, hat uns das Auftreten von Herrn Henke und die dadurch übermittelte ausweichende Haltung der Bank Sarasin befremdet«, berichtete der Unternehmer einen Tag nach dem Treffen per Fax dem »lieben Eric« Sarasin. Der Kundenberater Henke habe nicht gut vorbereitet gewirkt und »nicht einmal Papier und Stift« dabeigehabt. »Erst auf unsere ausdrückliche Bitte hin war er bereit, uns Unterlagen zu dem Fonds auszuhändigen. Nach etlichen Minuten des Wartens präsentierte er uns dann einen Fonds-Prospekt und weitere schriftliche Informationen vom November 2010 (!), die wir bislang aber nie gesehen, geschweige denn erhalten haben.«

Das Fax geriet Carsten Maschmeyer umfangreicher als viele andere Briefe, die er schrieb. Er äußerte sein Unverständnis, dass er bei der Rückzahlung der investierten 40 Millionen »bei nur 53 Prozent« stehe. Und er zitierte Henke so, als habe dieser sich bei dem Treffen mit Vater und Sohn Maschmeyer äußerst cool verhalten. Henke habe sie wissen lassen, »dass wir tun sollen, was wir tun müssen«. Und Henke habe auch Verständnis dafür geäußert, dass »wir rechtliche Schritte ergreifen würden. Das hatten wir bislang nicht beabsichtigt und auch nicht erwähnt.«

Am Ende seines Schreibens beschwor der Unternehmer

den befreundeten Banker, die Öffentlichkeit zu vermeiden:
»Lieber Eric, eine solche Eskalation kann vor dem Hintergrund der medialen Folgen, einer zu erwartenden Mundpro-
paganda, dem damit einhergehenden Imageschaden und den
juristischen Folgen weder in Deinem Sinne noch im Sinne
des Bankhauses und seiner Inhaber sein«, schrieb Maschmeyer.
Dass er selbst ebenfalls überhaupt kein Interesse daran hatte,
dass seine dubiosen Deals bekannt würden, erwähnte er
nicht, dürfte Sarasin aber klar gewesen sein. Maschmeyer
fuhr fort, indem er an die Freundschaft erinnerte: »Ich vertraue DEINEN Zusagen als Freund und Kunde. Herzlichst
Dein Carsten«.

Kai Henke, das zeigt auch dessen Schilderung des Termins
im »Client Contact Report«, behielt an diesem Montag vor
Weihnachten tatsächlich die Ruhe. Er erklärte Maschmeyer
senior, dass er Maschmeyer junior seinerzeit bei dem Mittagessen im Hyatt Hotel die genaue Konstruktion der Geldanlage dargelegt habe.

Er erläuterte seinen beiden Besuchern, der Manager des
Fonds habe ihm, Henke, gegenüber versichert, dass »80 Prozent der Liquidität vorhanden sind, diese von der Depotbank
aber noch nicht freigegeben wurden«. Dann schilderte Henke in seinem Protokoll mit dem Titel »Kundenreklamation«,
worüber sich Maschmeyer noch aufregte: »Der Kunde zeigte
sich auch erzürnt darüber, dass er mehrere weitere Kunden
zu BSC [das Bankhaus Sarasin, Anm. d. Autoren] geschickt
hat, welche ebenfalls noch auf ihre Rückzahlung warten. HG
[Kai Henke] bedauerte dieses.«

Den restlichen Verlauf des Zusammentreffens fasste Henke so zusammen: »Der Kunde droht damit, dass der Kunde
Prinz (…) als Medienanwalt rechtliche und mediale Schritte
planen würde. Der Kunde beendet den Termin in sehr ag-
gressivem Ton und droht der Bank Sarasin mit Konsequen-

zen, wenn bis zum 31.12.12 nicht 98 Prozent des Investments zurückgezahlt werden.« Laut Henke legte Maschmeyer ihm in den Mund, er, Henke, habe dem Bankkunden aus Hannover empfohlen, rechtliche Schritte einzuleiten. Henke jedoch bestreitet dies ausdrücklich in seinem Vermerk. Dann schließlich, so steht es in Henkes Report, bedrohte Carsten Maschmeyer ihn »in äußerst aggressiver Art«. Der Kunde habe »eine Klage gegen HG persönlich in Deutschland und in der Schweiz« angedroht. Damit, schließt Henke trocken, sei »das Gespräch beendet« gewesen.

Im Januar 2013 erfuhr Maschmeyer, dass sein Auftritt in Zürich nichts gebracht hatte. Eric Sarasin antwortete ihm, höflich, doch in der Sache deutlich. Vom vertrauten »Du« nahm er Abstand.

»Zu keiner Zeit und in keiner Art und Weise wurde von der Bank Sarasin eine Garantie in der Höhe von 98 Prozent Ihrer Investitionen« gegeben, schrieb der Bank-Vorstand. Die 40 Millionen Euro seien erst angelegt worden, »nachdem Sie und Ihr Sohn über die Anlagestrategie und die Risiken der Anlage aufgeklärt und Ihrem Sohn beim Treffen vom 10. Dezember 2010 die Präsentation und der Prospekt in Kopie zur Verfügung gestellt wurden«.

Eric Sarasin schilderte ausführlich die Unwägbarkeiten des Geschäfts, bot Carsten Maschmeyer ein weiteres Gespräch mit einem Vertreter des Sheridan-Fonds an und teilte ansonsten mit, dass es »außerhalb unserer Macht steht, die weiteren Rückzahlungen zu beschleunigen«. Am Ende seines Briefes, den neben Sarasin noch der Managing Director Alexander Siegenthaler unterzeichnete, las der Empfänger einen Satz, der dem langjährigen AWD-Chef wie Hohn vorkommen konnte: »Wie Sie als Unternehmer, Berater und Finanzinvestor wissen, sind mit solchen Anlageformen generell Gefahren und Risiken verbunden.« Carsten Maschmeyer, dessen Expertise als Investor nicht mal seine Gegner bezweifeln würden, musste sich nun auch noch belehren – oder verspotten lassen.

Maschmeyer aber ließ sich nichts anmerken. In gewohnt freundlichem Ton fragte er Ende März 2013 per E-Mail bei Eric Sarasin nach, wie es um sein Geld stehe. Er wolle »die Sache endgültig geheilt« wissen. Der Unternehmer grüßte »auch von Veronica und Mirko« und wünschte schöne Ostern. Sarasin weilte jedoch in London und konnte sich nicht kümmern.

Maschmeyer beließ es nicht bei einer freundlichen E-Mail, er beauftragte auch zwei Bonner Steueranwälte. Die beiden Juristen, die ebenso im Auftrag von Matthias Prinz agierten, loteten aus, ob die Cum-Ex-Geschäfte der Sheridan-Fonds ihren Klienten strafrechtlich gefährlich werden könnten.

Liest man das Schreiben der Anwälte vom 2. April 2013 an die Sarasin-Bank, so ist bereits eine Verteidigungsstrategie zu entnehmen: Sie versuchten darzulegen, dass Maschmeyer und Prinz von Cum-Ex-Geschäften mit ihren Millionen nichts gewusst hätten. Dass ein Finanz- und Anlageexperte vom Schlage Carsten Maschmeyers sich nicht wirklich für die Rolle des blauäugigen und gutgläubigen Investors eignete, der, ohne durchzublicken, Millionen setzte und von Höchstrenditen ausging, störte die Juristen offenbar nicht. Sie präsentierten den Finanzprofi als Opfer.

Anschließend schickten Anwälte einen Brief an Maschmeyer, der diesen in bestem Juristendeutsch erst einmal beruhigen sollte. Als Ergebnis ihrer Recherchen teilten sie ihm »erfreulicherweise« mit, »dass wir keine Anhaltspunkte dafür gefunden haben, dass der von Ihnen gezeichnete Fonds missbräuchliche Absprachen im Hinblick auf über den Dividendenstichtag vollzogene Aktienerwerbe getroffen hat, die von der deutschen Finanzverwaltung als missbräuchlich angesehen werden könnten und die zu einer Versagung der beantragten Kapitalertragssteuererstattung führen könnten. Denknotwendigerweise haben wir daher erst recht keine Anhaltspunkte für eine strafrechtliche Vorwerfbarkeitsthematik gefunden.« Die Juristen machten Maschmeyer Mut. Strafrechtlich sahen sie keine Gefahr. Und das Geld war ihrer Einschätzung nach noch nicht einmal verloren.

Doch trotz aller Beteuerungen von Banken und Anwälten ließen die Millionen auf sich warten. Mitte Mai 2013 machte Maschmeyer sich deshalb gemeinsam mit Matthias Prinz auf den Weg nach Zürich. Eskalieren sollte diesmal nichts. »In sehr anständigem, aber bestimmtem Ton« hielt die Bank in einem internen Vermerk fest, sei es um die Anlagen von Maschmeyer und Prinz in unterschiedlichen Sheridan-Fonds gegangen. Maschmeyer wartete weiterhin auf große Teile der investierten Summe, Prinz ebenfalls. Die beiden Großkunden erhöhten den Druck. Schließlich hätten ja, so sind sie in dem Bank-Vermerk zitiert, »nicht nur sie, sondern auch eine ganze Anzahl Bekannter und Freunde von C. Maschmeyer« in die Sheridan-Fonds investiert.

Maschmeyer und Prinz hätten die Sarasin-Bank nun verklagen können. Bislang hatten das nur ganz wenige Großinvestoren aus Deutschland getan, der Milliardär Erwin Müller etwa, Gründer und Chef der gleichnamigen Drogeriekette. Maschmeyer hatte inzwischen ein Jahr lang vergebens bei der Sarasin-Bank um seine Millionen gekämpft. Er besaß allen Grund, juristisch gegen das Geldhaus vorzugehen. Doch das vermeintliche Opfer falscher Bankberatung handelte anders. Er ließ der Bank nach Monaten des Streits ein Angebot zukommen, das Eric Sarasin für den Vorstand so zusammenfasste: »Wenn wir die Sache gütlich lösen, kann er uns versichern, dass er uns neue Kunden bringen werde.« Der Bank, die ihm die wahren Hintergründe der vermittelten Investments angeblich verschwiegen hatte, die ihn also in seinen Augen getäuscht hatte, deren Geschäftsgebaren Maschmeyer im Grunde ja als unseriös brandmarkte – dieser Bank bot er nun kurzerhand an, ihr weitere Kunden zuzuführen.

Der Kontakt zu Eric Sarasin brach nicht ab, der freundschaftliche Ton kehrte zurück. Am 6. März 2014 erschien in der Wochenzeitung »Die Zeit« ein großes Interview mit Carsten Maschmeyer. Er malte und kommentierte darin die Geldkurve, die Glückskurve und die Anerkennungskurve seines Lebens. Daraufhin schrieb Eric Sarasin ihm eine SMS: »Lieber Carsten, gutes Interview in ›Die Zeit‹! Ich hoffe sehr, dass wir bald eine Lösung finden. Beste Grüße aus St. Moritz, wo ich am Sonntag den Engadiner Skimarathon laufen werde. Eric.«

Doch auch nach dem Skimarathon fand sich keine Lösung.

Am 14. März 2014 erfuhr Carsten Maschmeyer, dass der »Stern« seine Cum-Ex-Geschäfte zu Lasten deutscher Steuerzahler recherchierte. Maschmeyer bekam wie auch die anderen prominenten Investoren Veronica Ferres, Mirko Slomka, Clemens Tönnies und Matthias Prinz eine Reihe von Fragen zum Sachverhalt gemalt. Aus diesen Fragen ergab sich, dass den Journalisten die dubiosen Deals bekannt waren. Carsten Maschmeyer schaltete die Münchner Agentur CNC ein. Er wollte jetzt keine Fehler machen.

CNC – die Abkürzung steht für »Communications und Network-Consulting« – ist eine der großen deutschen PR-Agenturen. Firmen und Privatpersonen, die CNC beauftragen, dürfen nicht arm sein. Die Berater stellen für ihre Dienste Rechnungen von bis zu 850 Euro – pro Stunde. Die rund 100 CNC-Mitarbeiter sind auf Einsätze fast überall vorbereitet, können auch auf Indonesisch, Koreanisch, Hindi, Punjabi und Lettisch agieren. Seit der Gründung 2002 in München hat CNC Büros in sechs verschiedenen Ländern eröffnet. Auf seiner Homepage weist die Agentur neun Direktoren und elf Partner aus – und einen Chef: Christoph Walther, ein Jurist, der einst als Kommunikationsdirektor für den Zigarettenkonzern Reemtsma und für die Daimler-Chrysler AG kommunizierte. Walther gilt auch als Experte für sogenannte Krisenkommunikation.

Der PR-Stratege bemühte sich an jenem 14. März und auch in den Monaten danach persönlich und mit all seiner Erfahrung und Expertise darum, dass sein Kunde Carsten Maschmeyer bei den Aktiendeals zu Lasten deutscher Steuerzahler nicht wie ein hemmungsloser Abzocker erschien: Auch Christoph Walther versuchte, aus dem Macher Maschmeyer ein Opfer zu machen.

Kurz vor Redaktionsschluss schickte Walther dem »Stern« interne Dokumente. Sie sollten belegen, dass die Bank seinen Klienten nicht darüber aufgeklärt habe, dass seine Millionen in Cum-Ex-Geschäfte fließen würden. Der PR-Berater sandte auch noch eine entsprechende persönliche Erklärung und zwei eidesstattliche Versicherungen. Und er teilte dem »Stern« mit: Vielleicht sei es ja klug, die Geschichte in einer späteren Ausgabe zu veröffentlichen. Für diesen Fall sagte Walther zu, weiter konstruktiv an der Aufarbeitung des Sachverhaltes mitzuarbeiten. Der PR-Stratege wollte, aus seiner Sicht verständlich, erst einmal Zeit gewinnen. Schließlich würde noch an diesem Montagabend die neue »Stern«-Ausgabe in Druck gehen.

Doch Christoph Walther und sein Kunde Carsten Maschmeyer konnten die Veröffentlichung im »Stern« weder verhindern noch verzögern. Am Dienstag, noch bevor die Ausgabe mit der Titelgeschichte »Die Maschmeyer Connection. Hinter den Kulissen der Gier: Wie deutsche Prominente mit fragwürdigen Geschäften in der Schweiz noch mehr Geld

machen wollten« am Kiosk lag und per Post die Abonnenten
erreichte, verbreiteten Onlineausgaben von Tageszeitungen
plötzlich die Nachricht, dass Maschmeyer die Sarasin-Bank
wegen »vorsätzlicher Täuschung« verklagen wolle. Maschmeyer ließ sich mit dem Satz zitieren: »Die Bank hat zugesichert, dass es sich um ein sicheres, seriöses und legales Geschäft handelt, und verweigert seit Herbst 2011 die vollstän-
dige Auszahlung des Anlagebetrags.« Die Frage, warum er
die Bank dann nicht längst verklagt habe, blieb in den Berichten offen.

Im April 2014 erfuhr Maschmeyer von einer eidesstattlichen
Versicherung, die der Sarasin-Banker Kai Henke im Rahmen
eines Gerichtsverfahrens in Deutschland abgegeben hatte.
Was Henke dem Gericht anvertraute, stellte den Finanzunternehmer Maschmeyer nicht gerade als Opfer dar. Der Banker schrieb wörtlich über seinen ehemaligen Kunden: »Herr
Maschmeyer verlangte von der Bank sogar eine Provision für
die Vermittlung der von ihm geworbenen und betreuten
Kunden Tönnies, Ferres und Slomka.« Maschmeyer bestreitet das.

Man konnte sich gut vorstellen, dass der langjährige AWD-
Chef um Provisionen gefochten hatte, als er der Sarasin-Bank
hochvermögende Kundschaft vermittelt hatte. Wäre das
Gegenteil nicht sogar geradezu abwegig gewesen? Carsten
Maschmeyer hatte es mit der Vermittlung von Kunden an
Banken und Versicherungen zum Multimillionär gebracht.
Warum sollte er für die Vermittlung von Kunden, die bei ei-
ner Bank sogar in Millionenhöhe investieren, nicht eine Pro-
vision gefordert haben?

Carsten Maschmeyer stellte tatsächlich auch Anzeige gegen die Sarasin-Bank wegen »Verdacht eines Betruges in einem besonders schweren Fall«. Und er stellte Anzeige gegen

seinen langjährigen Freund Eric Sarasin. Er warf ihm darin vor, das Bankgeheimnis »vorsätzlich« verletzt zu haben. Maschmeyers Anwalt argumentierte, der »Stern« habe bei seinen Recherchen »vertrauliche Dokumente (...) unmittelbar von Eric Sarasin erhalten«.

Im Mai 2014 machte Carsten Maschmeyer erneut Schlagzeilen. Wieder ging es um seine Geschäfte mit der Sarasin-Bank und seinen anschließenden Kampf um die Millionen. Am 16. Mai 2014 stand auf der Seite eins der »Bild«-Zeitung in großen Buchstaben das Wort »Erpressung«. Daneben war ein Foto von Carsten Maschmeyer abgedruckt. Im Artikel hieß es: »Sorge um Carsten Maschmeyer (55)! Der Finanz-Unternehmer wird von Unbekannten erpresst, erhält Morddrohungen. Die Staatsanwaltschaft hat die Ermittlungen aufgenommen«. Unbekannte hätten »zwei Briefe (je eine Seite) an Maschmeyers Büro geschickt mit der Drohung, ihn zu töten. Die Schreiben gingen am 25. April und 8. Mai ein. In den Briefen wird Maschmeyer davor gewarnt, weiter gegen den umstrittenen Investmentfonds ›Sheridan‹ vorzugehen.« Die Erpresser, hieß es in dem Artikel weiter, hätten Maschmeyer gewarnt: »Sollte es zum Gerichtsverfahren kommen, werde er das Urteil nicht mehr erleben. Man wisse, wo er sich aufhalte und mit wem er sich treffe. Er habe keine Chance zu entkommen.«

Die Leser konnten dem Artikel noch entnehmen, dass Maschmeyer und seine Familie rund um die Uhr bewacht würden. Alle privaten und geschäftlichen Termine würden eng mit der Polizei abgesprochen. »Aus dem Umfeld des Finanz-Unternehmers hieß es: Er lasse sich von den Morddrohungen nicht einschüchtern, werde in jedem Fall an der Klage gegen die Bank festhalten.«

Wie üblich bei Nachrichten von Bedeutung nahmen On-

line-Medien und andere Zeitungen die Berichterstattung der
»Bild«-Zeitung auf und verbreiteten sie weiter. Maschmeyer
stand fortan als zweifaches Opfer dar: Er musste sich zum
einen juristisch gegen unzureichende Beratung einer Schweizer Bank wehren und auf Rückzahlung seiner Millionen klagen. Zum anderen drohten ihm deswegen auch noch Unbekannte mit dem Tode.

Drei Tage nach der »Bild«-Zeitung zitierte eine Wirtschafts-
zeitung aus den Briefen, die aus ausgeschnittenen Wörtern
und Buchstaben zusammengesetzt seien und der Redaktion
als Abschrift vorlägen. »Gehst du vor Gericht, wird sich weisen, dass du den Entscheid nicht mehr erlebst«, schrieben die
Verfasser des ersten Briefs demnach. Setze Maschmeyer seinen Weg fort und klage weiter gegen die Bank, könne er seine
»Bodenhochzeit« planen. Damit war die Beerdigung gemeint.

Die »Bunte« widmete sich dem Sachverhalt am 22. Mai
2014 mit der Überschrift: »Veronica Ferres – sie bangt um das
Leben ihres Verlobten«. Darunter stand: »Der Unternehmer
Carsten Maschmeyer wird erpresst. So gefährlich sind die
Morddrohungen«.

Der Bericht zitierte üppig aus beiden Briefen des vermeintlichen Erpressers: Wir »verfolgen deine Bewegungen«, stand
darin, Maschmeyer würde »mundtot« gemacht, und: »Leg
dich nicht weiter mit uns an« und: »keine weiteren Aktionen
zum Cum-Ex-Fonds Sheridan«. Immer krasser und entschie-
dener lasen sich die Zitate aus den Briefen: »Gehst du vor
Gericht, wird sich weisen, dass du den Entscheid nicht mehr
erlebst«, stand laut »Bunte« darin.

Die meisten Erpressungen werden diskret gehandhabt.
Schon um nicht potenzielle Nachahmer und Trittbrettfahrer
zu inspirieren, hat niemand ein Interesse daran, dass die Erpressung öffentlich wird. Der Erpresste informiert die Polizei, die Staatsanwaltschaft ermittelt.

Die zeitliche Abfolge im Fall Maschmeyer war selbst für erfahrene Juristen der Staatsanwaltschaft Hannover ungewöhnlich. Erst nachdem die Erpresserbriefe in den Medien verbreitet wurden, gingen sie laut Oberstaatsanwalt Thomas Klinge bei der Behörde ein.

Im Juni 2014 trat Carsten Maschmeyer bei der Salesleaders-Veranstaltung im Theater in Essen auf. Die Staatsanwaltschaft Hannover ermittelte weiterhin wegen der Erpresserbriefe, in denen Carsten Maschmeyer mit dem Tod bedroht wurde. Irgendwann im Laufe des Vortrags erschien auf dem großen Bildschirm hinter Carsten Maschmeyer das Cover des »Stern« mit der Geschichte »Die Maschmeyer Connection«. Der Unternehmer hatte die Titelseite kurzerhand in seine Präsentation einbauen lassen.

Maschmeyer ging nicht weiter auf seine Geschäfte zu Lasten deutscher Steuerzahler ein. Er erzählte auch nicht, dass sein Freund Eric Sarasin nun nicht mehr sein Freund sei. Er schilderte, was geschah, als seine Cum-Ex-Geschäfte enthüllt worden waren:

»Da komm ich doch vor zwei Monaten aus Indien wieder, steht meine Frau am Flughafen, sagt:
›Ach, wir haben so einen kleinen Bericht im Stern‹,
sag ich: ›Und?‹,
›Sind so ungefähr acht Seiten und die Titelseite‹,
sag ich: ›Was ist los?‹«

Maschmeyer machte eine kleine Pause. Dann trug er mit etwas lauterer Stimme aus einem Bericht des Fachmagazins »Meedia« vor:

»›Magazine punkten mit Hoeneß und Maschmeyer‹.
Hmm.
›Höchste Auflage vom Stern in diesem Jahr‹. Hmm.
›Connection mit Maschmeyer‹. Hmm.«

Maschmeyer fuhr fort: »Gut, ich hab ein umstrittenes Geschäft gemacht, werd auch dafür jetzt erpresst, hab viel Geld
verloren. Aber ist ja spannend.«
Das Publikum lachte. Maschmeyer lächelte.

Epilog
Korruption in der Politik

Während der Antike, im Mittelalter und auch noch in der frühen Neuzeit wäre Carsten Maschmeyer nicht weiter aufgefallen. Es war damals gewöhnlich, dass politisch Verbündete sich gegenseitig als Freunde bezeichneten und Freundschaft als politisches Bindemittel einsetzten. Dabei ging es nicht um eine emotionale Beziehung auf Augenhöhe, als die wir Freundschaft heute verstehen. Als Freunde konnten sich bisweilen auch der Patron und seine Klienten im antiken Rom bezeichnen, sogar der Fürst und seine Günstlinge am mittelalterlichen Herrscherhof. Sie alle sprachen von Freundschaft, selbst wenn klar war, dass der eine den anderen jederzeit vors Schafott führen ließe.

Erst mit den Demokratisierungsprozessen, die im 18. Jahrhundert einsetzten, begann der moderne Staat diese Arten von Beziehungen zu ächten. Es sollte nicht mehr reichen, mit einem Mächtigen befreundet zu sein, um politische Vorteile zu erhalten. Umgekehrt sollte auch ein Mächtiger nicht solche Politik betreiben dürfen, die seinen Freunden und nicht dem Gemeinwohl zugutekam.

Persönliche Netzwerke und politischer Klüngel verschwanden dadurch nicht vollständig. Doch einen zivilisatorischen Fortschritt bedeutete es schon, dass Ämter nicht mehr gekauft werden konnten; dass Ergebnisse von Wahlen und objektive Leistungskriterien berücksichtigt werden mussten. Die Mächtigen durften nicht mehr nur ihre persönliche Clique am Herrscherhof versammeln. Mit der Zeit entstanden Transparenzgebote, die verhindern sollten, dass Freunde sich Einfluss auf politische Entscheidungen erkaufen konnten.

Diese Transparenzgebote gelten bis heute und sind für eine Demokratie von fundamentaler Bedeutung. Sie müssen immer wieder durchgesetzt werden. Denn Freundschaft stiftet gerade im menschlich mitunter schwierigen Terrain der Politik die wohl wichtigste soziale Ressource: Vertrauen. In gewisser Weise erhöht Freundschaft den Preis: Einem Freund, dem man vertraut, einen Gefallen zu versagen, ist nicht einfach.

Carsten Maschmeyer, ein finanziell hochpotenter Mann, tat Politikern Gefallen, die unmittelbaren Einfluss auf politische Entscheidungen besaßen. Und man revanchierte sich. Zuweilen forderte er dies ganz unverblümt ein: Dem damaligen Ministerpräsidenten Christian Wulff trug er kurz vor einer Tagung der CDU-Spitze auf, noch von Maschmeyer geschickte Argumente gegen die Bürgerversicherung zu lesen. »Wir hatten vereinbart, immer offen zu kommunizieren«, schrieb er Wulff. Es war ein Geben und Nehmen, heimlich und offenbar ohne größere Hemmungen. Dass sich Christian Wulff im Sommer 2014 in seinem Buch »Ganz oben ganz unten« als Opfer von Journalisten und Parteifreunden darstellte, ist ohnehin schwer nachvollziehbar. Vor dem Hintergrund seiner Beziehung zu Carsten Maschmeyer wirkt es absurd.

Auch die Freundschaft zwischen Carsten Maschmeyer und Gerhard Schröder warf, so könnte man es formulieren, beiderseitig üppige Rendite ab. Die zwei Millionen Euro, mit der Maschmeyer Schröder nach Ende von dessen Kanzlerschaft für die Rechte an der Autobiographie bezahlte, sind ein besonders prägnanter Posten auf dem Beziehungskonto, jedoch längst nicht der einzige.

Am 1. September 2014 trat in Deutschland mit dem Paragraphen 108e des Strafgesetzbuches das Gesetz zur »Bestechlichkeit und Bestechung von Mandatsträgern« in Kraft. Es soll politische Korruption verhindern. Den Anstoß gaben die Vereinten Nationen. Sie hatten ihren Mitgliedsstaaten im Jahr 2003 mit dem sogenannten Antikorruptionsabkommen auferlegt, rechtliche Sanktionen gegen Korruption im politischen Bereich einzuführen. Die Bundesrepublik brauchte elf Jahre, um daraus ein Gesetz zu machen.

Doch selbst wenn der Bundestag dieses Gesetz früher verabschiedet hätte – Gerhard Schröder, Christian Wulff und Carsten Maschmeyer wären wohl straffrei geblieben. In dem neuen Gesetz heißt es zwar: »Wer als Mitglied einer Volksvertretung des Bundes oder der Länder einen ungerechtfertigten Vorteil für sich oder einen Dritten als Gegenleistung dafür fordert, sich versprechen lässt oder annimmt, dass er bei der Wahrnehmung seines Mandates eine Handlung im Auftrag oder auf Weisung vornehme oder unterlasse, wird mit Freiheitsstrafe bis zu fünf Jahren oder mit Geldstrafe bestraft.« Doch Thomas Fischer, Vorsitzender Richter am Bundesgerichtshof (BGH), bezeichnet das Gesetz als »Witz«.

Thomas Fischer ist Autor des wichtigsten Kommentars zum Strafgesetzbuch. Der neuen Vorschrift spricht er schlicht die Alltagstauglichkeit ab. Das Gesetz habe »turmhohe Strafbarkeitsschwellen und geradezu planmäßig wirkende Beweisschwierigkeiten«, schrieb Fischer in einem Beitrag für die »Zeit«.

Der Richter am Bundesgerichtshof hält den Paragraphen 108e des Strafgesetzbuchs für zahnlos. »Nachträgliche Belohnungen, also Vorteile, die erst nach der Vornahme der Handlungen zugewandt werden, sind vom Wortlaut nur dann erfasst, wenn sie schon vor der Handlung vereinbart worden sind. Wer das jemals beweisen kann, dürfte zum Ermittler des Jahres gewählt werden.«

Korruption läuft in der deutschen Politik heute anders, als wir uns das mit einem zuweilen überheblichen Blick in Richtung der Staaten des Südens vorstellen. Der Reiche, der etwas vom einflussreichen Politiker will, baut diesem nicht gleich ein Haus und schenkt ihm auch nicht gleich einen Koffer voller Geld. Er geht dezenter vor. Eine Beziehung entsteht. Sie intensiviert sich. Gefälligkeiten werden gewährt, Bedürfnisse befriedigt. Irgendwann ist die Verbindung zu stark, um sich gegenseitig Wünsche abzuschlagen. Die Freunde stehen dann zueinander. Sie verraten sich nicht mehr.

Es mag dramatisch klingen, doch falsch ist es deshalb nicht: Freundschaften, wie sie Christian Wulff und Gerhard Schröder mit Carsten Maschmeyer unterhielten, sind nicht vereinbar mit dem, was man in Staaten wie Deutschland unter Demokratie versteht.

Dank

Die Chefredaktion des »Stern«, damals in Person von Dominik Wichmann, Hans-Peter Junker und Giuseppe Di Grazia, hat von Beginn an die Recherchen zu diesem Buch unterstützt. Der neue Chefredakteur des »Stern« Christian Krug und sein Stellvertreter Thomas Ammann standen ebenfalls sofort hinter unserer Arbeit. Dafür danken wir. Profitiert haben wir in hohem Maße von der Zusammenarbeit mit unseren Kollegen vom »Stern«-Team Investigative Recherche. Uli Rauss hat sich einmal mehr als Herr der Akten erwiesen und ungezählte Dokumente akribisch ausgewertet. Bei der Recherche hat auch Andreas Mönnich entscheidend geholfen. Wir danken zudem unseren »Stern«-Kollegen Rüdiger Barth für wie immer vortreffliche Hinweise und Felix Bringmann für die Titelgestaltung, danken außerdem Dirk Liedtke, Nina Plonka, Anandi Fiederling-Baisch, Joachim Renter und Michel Lengenfelder.

Wir danken Kirsten von Hutten und von der Dokumentationsabteilung des Zeitschriftenverlags Gruner+Jahr Suse Bordasch, Susan Molkenbuhr, Constanze Burkert und Corinna Slotty. Torben Lütjen von der Universität Düsseldorf und der freie Fernsehautor Reinhold Rühl haben uns auf ganz unterschiedliche Weise unterstützt. Unser Agent Alexander Simon hat die Verlagsgruppe Droemer-Knaur gefunden, die vor dem Thema und allerlei zeitlichen Einschränkungen nicht zurückschreckte.

Das Team von Droemer-Knaur haben wir als entschiedene und kompetente Mitstreiter kennen- und schätzen gelernt.

Besonders danken wir Margit Ketterle, Stefan Ulrich Meyer und Hans-Peter Übleis für den Mut, dieses Buch zu machen – und Konstantin Wegner, der den Text juristisch lektoriert hat.

Literatur

Adamek, Sascha: Die Machtmaschine. Sex, Lügen und Politik. München 2013

Adamek, Sascha / Otto, Kim: Der gekaufte Staat. Wie Konzerne in deutschen Ministerien sich ihre Gesetze selbst schreiben. Köln 2009

Arnim, Hans Herbert von (Hg.): Korruption. Netzwerke in Politik, Ämtern und Wirtschaft. München 2003

Balodis, Holger / Hühne Dagmar: Die Vorsorgelüge. Wie Politik und private Rentenversicherungen uns in die Altersarmut treiben. Berlin 2013

Baum, Gerhart: Meine Wut ist jung. Bilanz eines politischen Lebens. München 2012

Baum, Gerhart / Reiter, Julius / Methner, Olaf: Abkassiert. Die skandalösen Methoden der Finanzbranche. Hamburg 2009

Götschenberg, Michael: Der böse Wulff? Die Geschichte hinter der Geschichte und die Rolle der Medien. Kulmbach 2013

Hagen, Jens / Jochims, Dörte / Schmitt, Thomas: Vorsicht Vermittler! Die fiesen Tricks von Finanzberatern und Versicherungsvertretern. München 2014

Heidemanns, Martin / Harbusch, Nikolaus: Affäre Wulff. Bundespräsident für 598 Tage – Die Geschichte eines Scheiterns. Berlin 2012

Krüger, Anja: Die Angstmacher. Wie uns die Versicherungswirtschaft abzockt. Köln 2012

Leyendecker, Hans: Die große Gier. Korruption, Kartelle, Lustreisen: Warum unsere Wirtschaft eine neue Moral braucht. Hamburg 2009

Leyendecker, Hans: Die Korruptionsfalle. Wie unser Land im Filz versinkt. Hamburg 2003

Maschmeyer, Carsten: Selfmade. erfolg reich leben. München 2012

Matern, Andreas / Marschner-Martin, Maria: Deutschlands Milliarden Magier. Das Parallel-Universum des Finanz-Messias Carsten Maschmeyer. Hamburg 1994

Reschke, Anja: Die Unbequemen. Wie Panorama die Republik verändert hat. München 2011

Riester, Walter: Mut zur Wirklichkeit. Düsseldorf 2004

Schröder, Gerhard: Entscheidungen. Mein Leben in der Politik.
Hamburg 2006

Tillack, Hans-Martin: Die korrupte Republik. Über die einträgli-
che Kungelei von Politik, Bürokratie und Wirtschaft. Hamburg
2009

Vahlenkamp, Werner / Ina Knauß: Korruption – hinnehmen oder
handeln? Wiesbaden 1995

Wehlau, Diana: Lobbyismus und Rentenreform. Der Einfluss der
Finanzdienstleistungsbranche auf die Teil-Privatisierung der Alterssicherung. Wiesbaden 2009

Wulff, Bettina: Jenseits des Protokolls. München 2012

Wulff, Christian. Ein Gespräch mit Hugo Müller-Vogg: Besser die
Wahrheit. Hamburg 2007

Wulff, Christian: Ganz oben. Ganz unten. München 2014

Wulff, Christian. Im Gespräch mit Karl Hugo Pruys: Deutschland
kommt voran. Berlin 2006

Glenn Greenwald

Die globale Überwachung

**Der Fall Snowden, die amerikanischen
Geheimdienste und die Folgen**

Das Ende unserer Privatsphäre

Im Guardian deckte der Jurist und Journalist Glenn Greenwald auf, was der Ex-Geheimdienstmitarbeiter Edward
Snowden ihm anvertraut hat. Die amerikanische Sicherheits-
behörde NSA überwacht und speichert weltweit jede Form
der digitalen Kommunikation. Alle Verschlüsselungstechni-
ken können umgangen werden. Detailliert analysiert Greenwald die Hintergründe des NSA-Skandals und die Folgen für
uns alle. Dieses Buch ist der spektakuläre Höhe- und Schluss-
punkt der Snowden-Enthüllungen.